# 財務デュー・ディリジェンスと企業価値評価

日本公認会計士協会東京会 [編]

due diligence
M&A
VALUATION

清文社

# 序　文

　企業活動のグローバル化が進む中、グローバル市場で勝ち残るため、企業が競争力のある企業体質の構築を目指すためには、M&Aを活用することが有効です。

　制度の変遷を振り返りますと、機動的な企業再編を行うことができるよう、旧商法時代から現在までの間に法律面、税制面において様々な整備がされています。すなわち、旧商法では株式交換、株式移転、会社分割制度の導入がされ、会社法においては、簡易組織再編制度及び略式組織再編制度の導入及びM&Aにおける対価の柔軟化が認められるようになりました。また、法人税制においては組織再編税制、連結納税制度、グループ法人税制が導入されています。

　また、M&Aにおいては、対象会社の実態を適切に把握した上で買収価格の決定に資する情報を入手することが必要であり、それこそがデュー・ディリジェンスの目的となります。特に、財務デュー・ディリジェンスは、対象会社の財政状態を適切に把握し、これまでの経営成績及び今後の事業計画から、将来の価値を把握する上で、非常に重要な役割を果たします。

　本書では、財務デュー・ディリジェンスに力点を置き、特に貸借対照表分析については主要な科目について科目別に解説しています。また、買収プロセスの流れや買収スキームについて解説するとともに、企業価値評価の手法や財務デュー・ディリジェンス以外のデュー・ディリジェンスについての解説及びそれらと財務デュー・ディリジェンスとの関係について解説を行っています。さらに、財務デュー・ディリジェンスにおける発見事項と価格調整、取得原価の配分についても解説しました。最終章では、共同持株会社設立による経営統合、地域経済活性化支援機構による再生支援の事例を用い、事例研究を行っています。

本書は、執筆、編集にあたった日本公認会計士協会東京会の出版委員会委員、研修出版部担当役員他関係者各位の尽力により刊行されたものであり、心から感謝の意を表します。また、本書の刊行にあたってお世話になりました株式会社清文社のご担当者諸氏に衷心より厚くお礼申し上げます。

　平成27年3月

日本公認会計士協会東京会

会長　柳澤　義一

## 執筆者一覧　平成 24 年度出版委員会委員（公認会計士）

（五十音順）

秋山　　丈

伊藤　修平

大谷　泰彦

喜多　和人

北野修一郎

小池　将史

神足　勝彦

須田　博行

髙橋　謙輔

髙畑　明久

綱野　寛之

奈良　　真

成田　礼子

前川　健嗣

宮岡　秀峰

山本　孝之

吉谷　一成

# 目　次

序　文

## 第1章　総論

1　背景 …………………………………………………………………… 2
　(1)　増加するM＆A ………………………………………………… 2
　(2)　M＆Aの目的 …………………………………………………… 6
　(3)　M＆Aのメリットとリスク …………………………………… 7
2　買収プロセスの流れ ………………………………………………… 9
　(1)　買収戦略の立案、資金調達（買い手の場合）／売却戦略の
　　　立案、売却時期の検討（売り手の場合） …………………… 9
　(2)　対象会社の選定（買い手の場合）／買い手企業の選定
　　　（売り手の場合） ………………………………………………… 9
　(3)　買収に関する基本合意 ………………………………………… 10
　(4)　デュー・ディリジェンス ……………………………………… 11
　(5)　買収条件の交渉 ………………………………………………… 12
　(6)　最終契約書の締結 ……………………………………………… 13
　(7)　クロージング …………………………………………………… 13
　(8)　経営統合（買い手の場合） …………………………………… 13
3　M＆Aにおけるプレイヤー ………………………………………… 14
　(1)　公認会計士の役割 ……………………………………………… 14
　(2)　公認会計士以外のプレイヤーの役割 ………………………… 14

## 第2章　買収スキームの立案

1　M＆A手法の概要 …………………………………………………… 18

2　買収 ································································· 19
　（1）事業譲渡 ························································· 19
　（2）株式取得 ························································· 19
3　合併 ··································································· 21
4　株式交換・株式移転 ············································· 22
5　会社分割 ····························································· 23

## 第3章　バリュエーション

1　企業価値評価の考え方 ·········································· 26
　（1）企業価値評価（バリュエーション）の考え方 ········ 26
　（2）評価手法の種類について ····································· 27
　（3）評価アプローチにおける評価法 ···························· 29
　（4）評価アプローチの一般的な特徴 ···························· 30
2　ネットアセット・アプローチ ································ 32
　（1）ネットアセット・アプローチの概要 ······················ 32
　（2）簿価純資産法 ···················································· 33
　（3）時価純資産法 ···················································· 33
　（4）時価純資産法における資産の時価評価について ······ 34
　（5）時価純資産法における負債の時価評価について ······ 38
　（6）時価評価により発生した繰延税金資産及び負債について ······ 39
　（7）ディスカウント及びプレミアムについて ················ 40
3　マーケット・アプローチ ······································ 42
　（1）マーケット・アプローチの概要 ···························· 42
　（2）市場株価法 ······················································· 42
　（3）類似上場会社法 ················································· 45
　（4）類似取引法 ······················································· 50
　（5）取引事例法 ······················································· 50
　（6）類似業種比準法 ················································· 50
　（7）ディスカウント及びプレミアム ···························· 54

4　インカム・アプローチ ………………………………………… 55
　　(1) インカム・アプローチの概要 ……………………………… 55
　　(2) DCF法（Discounted Cash Flow Method）……………… 57
　　(3) 配当還元法（配当割引モデル：Dividend Discount Model）……… 67
　　(4) 収益還元法 …………………………………………………… 70

## 第4章　デュー・ディリジェンスとは

　1　デュー・ディリジェンスとは ………………………………… 74
　　(1) 意義とその必要性 …………………………………………… 74
　2　財務デュー・ディリジェンス ………………………………… 75
　　(1) 財務デュー・ディリジェンスの概要 ……………………… 75
　　(2) 財務デュー・ディリジェンスの流れ ……………………… 79
　3　税務デュー・ディリジェンス ………………………………… 80
　　(1) 意義及び目的 ………………………………………………… 80
　　(2) 税務デュー・ディリジェンスの流れ ……………………… 81
　4　法務デュー・ディリジェンス ………………………………… 84
　　(1) 意義及び目的 ………………………………………………… 84
　　(2) 法務デュー・ディリジェンスの流れ ……………………… 86
　　(3) 法務デュー・ディリジェンスにおける主な調査対象 …… 88
　5　ビジネス（事業）デュー・ディリジェンス ………………… 90
　　(1) 意義 …………………………………………………………… 90
　　(2) ビジネスデュー・ディリジェンスの目的 ………………… 90
　　(3) ビジネスデュー・ディリジェンスの実務上の流れ ……… 92
　　(4) 実施上の留意点 ……………………………………………… 93
　6　その他のデュー・ディリジェンス …………………………… 95
　　(1) 不動産デュー・ディリジェンス …………………………… 95
　　(2) ＩＴデュー・ディリジェンス ……………………………… 95
　　(3) 人事デュー・ディリジェンス ……………………………… 96
　　(4) 環境デュー・ディリジェンス ……………………………… 97

## 第5章　M&Aにおける財務デュー・ディリジェンスの位置づけと各種デュー・ディリジェンスとの関係

1　M&Aにおける財務デュー・ディリジェンスの位置づけ …………… 100
 (1) M&Aとデュー・ディリジェンスの位置づけ ………………………… 100
 (2) M&Aにおける財務デュー・ディリジェンスの位置づけ …………… 101
2　各種デュー・ディリジェンスと
　　財務デュー・ディリジェンスの関係 ……………………………………… 106
 (1) 財務デュー・ディリジェンスと
　　ビジネスデュー・ディリジェンスとの関係 …………………………… 106
 (2) 財務デュー・ディリジェンスと
　　法務デュー・ディリジェンスとの関係 ………………………………… 107
 (3) 財務デュー・ディリジェンスと
　　税務デュー・ディリジェンスとの関係 ………………………………… 108
 (4) 財務デュー・ディリジェンスと
　　不動産デュー・ディリジェンスとの関係 ……………………………… 108
 (5) 財務デュー・ディリジェンスと
　　その他のデュー・ディリジェンスとの関係 …………………………… 109
 (6) まとめ ……………………………………………………………………… 110

## 第6章　財務デュー・ディリジェンス

1　貸借対照表分析 ……………………………………………………………… 114
 (1) 貸借対照表分析の意義 …………………………………………………… 114
 (2) 営業債権 …………………………………………………………………… 120
 (3) 棚卸資産 …………………………………………………………………… 130
 (4) 投融資 ……………………………………………………………………… 142
 (5) 有形固定資産 ……………………………………………………………… 155
 (6) 無形固定資産 ……………………………………………………………… 165
 (7) 営業債務 …………………………………………………………………… 170

(8) 借入金 ……………………………………………………………… 179
　(9) 未払税金及び繰延税金資産・負債 ………………………… 183
　(10) 退職給付に係る負債（退職給付引当金）………………… 190
　(11) オフバランス項目 …………………………………………… 206
2 損益計算書分析 …………………………………………………… 223
　(1) 損益計算書分析の意義 ……………………………………… 223
　(2) 過去の収益力分析 …………………………………………… 224
3 キャッシュ・フロー分析 ………………………………………… 230
　(1) キャッシュ・フロー分析の意義 …………………………… 230
　(2) キャッシュ・フロー分析の方法 …………………………… 231
　(3) キャッシュ・フロー分析の内容 …………………………… 232
4 事業計画分析 ……………………………………………………… 235
　(1) 事業計画分析の意義 ………………………………………… 235
　(2) 事業計画の検討 ……………………………………………… 236
　(3) 事業計画の全般的な評価 …………………………………… 240
　(4) 事業計画の主な項目別の分析 ……………………………… 242

# 第7章　財務デュー・ディリジェンスと検出事項の反映

1 財務デュー・ディリジェンスにおける検出事項とは ………… 254
　(1) 正常収益力分析による検出事項 …………………………… 254
　(2) 貸借対照表分析による検出事項 …………………………… 256
　(3) 事業計画分析による検出事項 ……………………………… 260
　(4) その他定量的評価が困難な検出事項 ……………………… 261
2 財務デュー・ディリジェンスにおける
　　検出事項の意思決定事項への反映 …………………………… 263
　(1) 買収価格又は合併比率（交換比率）への反映 …………… 263
　(2) 契約書への反映 ……………………………………………… 263
　(3) ポスト・マージャー・インテグレーションへの反映 …… 264

3 財務デュー・ディリジェンスにおける
　　検出事項の買収価格への反映 ………………………………… 265
　(1) 正常収益力分析における検出事項が買収価格に与える影響 ……… 265
　(2) 貸借対照表分析における検出事項が買収価格に与える影響 ……… 265
　(3) 事業計画分析における検出事項が買収価格に与える影響 ………… 266

## 第8章　取得原価の配分（パーチェス・プライス・アロケーション）

1　取得原価の配分（パーチェス・プライス・アロケーション）とは … 268
2　無形資産の価値評価 ……………………………………………… 270
　(1) ＰＰＡの業務フロー ………………………………………… 270
　(2) 無形資産の評価における具体的な手続 …………………… 270
　(3) 無形資産の識別 ……………………………………………… 271
　(4) 無形資産の測定 ……………………………………………… 273

## 第9章　事例研究

事例1　（株）三越伊勢丹ホールディングス
　　株式会社伊勢丹と株式会社三越との共同持株会社設立による経営統合… 280
事例2　（株）中山製鋼所
　　地域経済活性化支援機構による再生支援 ………………………… 291

（利用上の注意）

　本書は、日本公認会計士協会東京会出版委員会の研究成果として公表するものであり、日本公認会計士協会の公式見解ではございません。
　記載内容の利用に伴い結果として発生した不利益については、日本公認会計士協会及び同東京会並びに当委員会では一切の責任を負いかねますので予めご承知おきください。

## 凡 例

法令等の略記は、下記によります。

企業会計基準第9号「棚卸資産の評価に関する会計基準」：棚卸資産会計基準
企業会計基準第10号「金融商品に関する会計基準」：金融商品会計基準
企業会計基準第13号「リース取引に関する会計基準」：リース取引会計基準
企業会計基準第15号「工事契約に関する会計基準」：工事契約会計基準
企業会計基準第26号「退職給付に関する会計基準」：退職給付会計基準
平成10年公表「退職給付に関する会計基準」：旧退職給付会計基準
平成15年公表「企業結合に係る会計基準」：企業結合に係る会計基準
企業会計基準適用指針第6号「固定資産の減損に係る会計基準の適用指針」：減損適用指針
企業会計基準適用指針第10号「企業結合会計基準及び事業分離等会計基準に関する適用指針」：企業結合等適用指針
企業会計基準適用指針第16号「リース取引に関する会計基準の適用指針」：リース会計適用指針
企業会計基準適用指針第19号「金融商品の時価等の開示に関する適用指針」：金融商品適用指針
会計制度委員会報告第14号「金融商品会計に関する実務指針」：金融商品会計実務指針
経営研究調査会研究報告第32号「企業価値評価ガイドライン」：企業価値評価ガイドライン

# 第1章

## 総論

# 1 背景

## (1) 増加するM&A

企業の合併や買収のことを総称してM&A（Mergers & Acquisitions）といいます。具体的には、事業譲渡、株式取得（株式譲渡、増資引受）、株式交換、吸収合併、新設合併、会社分割といったスキームを用いて、企業や特定の事業の支配権を移転させることをいいます。M&Aは、経営戦略上の重要な選択肢の1つとして、近年増加傾向にあり、またその規模も拡大傾向にあります（図表1-1及び図表1-2を参照）。

図表1-1　1985年以降のマーケット別M&A件数の推移

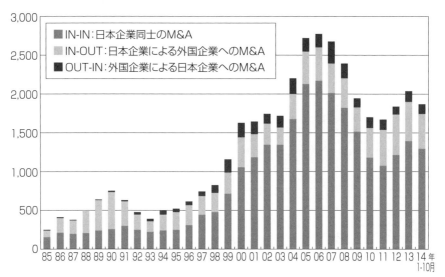

出典：レコフデータウェブサイト「マールオンライン」－「グラフで見るM&A動向」（http://www.marr.jp/mainfo/graph/　平成26年11月18日現在）

## 図表1-2　1985年以降のマーケット別M&A金額の推移

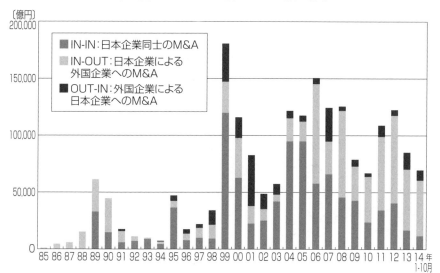

出典：レコフデータウェブサイト「マールオンライン」－「グラフで見るM&A動向」より一部抜粋（http://www.marr.jp/mainfo/graph/　平成26年11月18日現在）

　こうしたM&Aの増加の背景には、次のような、企業を取り巻く内外の環境の変化があります。

① 経営戦略上の選択肢としてのM&Aの重要性の増大

　日本経済がグローバル化する中で、日本企業の海外進出がますます増大しました。国際的な競争の中で、競争原理に基づく合理的な経営判断の基準の国際化も進みました。すなわち、グローバル市場での勝ち残りを目指して、競争力のある企業体質を構築するべく、企業価値の向上や投下資本の効率性がますます重視されるようになり、不採算事業の売却を含めたM&Aが増える背景となりました。また、株式の持ち合い解消とそれに伴う資本のグローバル化により、過去においては否定的なものとして考えられていたM&Aに対する見方が変化し、いかにM&Aを活用して経営効率を高めるかが重視されるようになりました。さらに、人口減少や消費低迷で国内市場の成長が頭打ちとなる中、今後の成長戦略として海外市場への進出が加速しており、そのための手法とし

てM&Aが用いられるようになりました。

② 会計制度改革に伴う経営判断の基準の変化
　平成12年以降、連結決算重視、金融商品の時価評価、固定資産の減損会計といった一連の会計基準の改正により、より投資家重視の透明な経営が求められるようになりました。すわなち、これらの新しい会計基準の導入により、決算時に評価損益が計上されることになりますから、自社の資産の価値を見極め、必要不可欠な資産に絞って保有することが重要になりました。また、連結決算の導入によって、企業グループ全体としての価値が問われるようになりますから、グループ内の個々の子会社の採算性を吟味し、その戦略や位置づけを明確にすることが重要になりました。これらは、事業再編を目的とするM&Aを増加させることになりました。

③ 法制度の改正
　経営戦略上のM&Aの重要性が高まる中で、機動的な企業再編を行うことができるよう、主に次のような法制度の改正がありました。

| 平成９年 | 〈旧商法改正による簡易合併制度の導入〉<br>大規模会社が小規模会社に対する吸収合併を行う場合、合併対価が存続会社の純資産額の20％以下であるなどの一定の条件を満たせば、株主総会の特別決議ではなく、取締役会決議によって合併を行うことを可能としました。<br>〈独占禁止法改正による純粋持株会社の解禁〉<br>純粋持株会社とは、事業を行わず、グループ会社の株式のみを保有する会社のことをいいます。企業グループの頭として全体戦略を決定し、傘下にある子会社等の経営を監督します。現在、業界を問わず、三菱UFJフィナンシャルグループ、キリンホールディングス、ANAホールディングス等たくさんの純粋持株会社が存在します。純粋持株会社の解禁によって、持株会社の傘下にある事業会社を個別に再編することが容易になりました。 |
|---|---|
| 平成11年 | 〈旧商法改正による株式交換、株式移転制度の導入〉<br>株式交換では、株式会社がその発行済株式の全部を他の会社に取得させ、結果として、その株式会社は他の会社の完全子会社 |

| | |
|---|---|
| | となります。また、株式移転では、株式会社がその発行済株式の全部を新たに設立する会社に取得させ、結果として、従来の株式会社は新設会社の完全子会社となります。いずれの場合にも、子会社となる株式会社の旧株主には、親会社となる会社の株式が交付されるため、買収に多額の資金を用いることなく、完全親子会社関係を作ることができます。 |
| 平成12年 | 〈旧商法改正による会社分割制度の導入〉<br>会社分割は、会社の事業部門の全部又は一部を、他の会社や新設する会社に移転することで、企業の不採算部門を切り離したり、異なる企業の同一部門を統合したりすることができます。 |
| 平成13年 | 〈組織再編税制の導入〉<br>従前はM&Aの手法によってばらばらであった税制が一本化されました。会社が組織再編を行った時に移転した資産及び負債は、本来時価で譲渡したものとして譲渡損益を計上しますが、組織再編により資産を移転する前後で実体経済に変更がないと認められる場合等で、一定の要件を満たす場合に限り、資産移転の譲渡損益を繰り延べることができることになりました。 |
| 平成14年 | 〈連結納税制度の導入〉<br>企業グループの一体的経営に着目し、企業グループ内の個々の法人の損益を集約し、あたかも企業グループを1つの法人であるかのように捉えて課税する仕組みが導入されました。 |
| 平成18年 | 〈会社法施行による簡易組織再編制度及び略式組織再編制度の導入並びに全部取得条項付株式の規定の新設〉<br>○簡易組織再編では、会社がその規模に比べて相対的に小規模な組織再編行為（合併、株式交換、事業譲渡等）を行う場合に、一定の条件を満たせば、組織的に大きな影響がないことから、会社法に規定されている本来の手続を省略することができるようになりました。<br>○略式組織再編では、支配関係のある会社間の組織再編行為で、他の会社の議決権の90％以上を保有する等一定の要件を満たす場合は、被支配会社側の株主総会決議が不要になりました。<br>○また、株主総会の特別決議により、全部取得条項付株式を強制的に取得することが可能になり、従前に比べて、既存の株主をスクイーズ・アウトすることが容易になりました。 |

| 平成19年 | 〈会社法改正によるM&Aにおける対価の柔軟化〉<br>従来は、吸収合併や株式交換の際には、株式を交付していましたが、株式ではなく現金等の財産を交付することもできるようになりました。また、三角合併が認められるようになりました。三角合併とは、子会社が他の会社を吸収合併する場合に、親会社の株式を対価として交付する合併のことをいいます。 |
|---|---|

### (2) M&Aの目的

M&Aの目的としては、主に以下のようなものがあります。

① 買い手にとっての目的：競争力強化、シナジー効果の実現による企業価値の増大のため

　経営戦略の一環として、他の会社が行う事業を取得することにより、経営の多角化、新規事業への進出、事業リスクの分散、マーケット・シェアの拡大、技術や販路の獲得といった様々な目的を達成することができます。また、M&Aの後、経営者の交代、オペレーションの改善、物流やR&D等の統合によるコスト削減、販売チャネルの共有、ベスト・プラクティスの展開等を行うことにより、経営資源をより有効に活用し、企業価値を増大させることができます。

② 売り手にとっての目的：不採算事業のリストラや破綻企業再生のため、事業継承のため

　業績が悪化しており、今後の成長も見込めない事業がある場合には、そのような不採算事業を切り離し、他社に売却することができれば、売り手としては、投下資本を回収することができ、かつ企業のコアとなる事業部門に経営資源を集中させることによって、会社の業績の回復を図り、企業体質を強化することができます。また、不採算事業の売却から得られる資金を使って、今後成長が見込める新規事業に投資を行うこともできます。この場合には、具体的には、会社分割、事業譲渡等により、いわゆる「事業の選択と集中」を行うことになります。

また、企業が、資金繰り上の問題等により倒産の危機に瀕している場合には、吸収合併等を行うことによって、企業救済を行うことができます。資金上は行き詰まったとしても、事業そのものが行き詰まっていないのであれば、M&Aを行うことで再生を図ることが可能です。
　さらに、我が国の人口構造上、少子高齢化が進み、労働力人口が減少傾向に転じるなかで、特に非上場の中小企業における事業継承問題が深刻化しています。中小企業においては、往々にして経営者に意思決定権限が集中しているため、意思決定者である経営者が高齢化してしまうと、企業の活力が低下してしまうケースがあります。このような場合、事業継承としては、親族又は社員への承継や株式上場といった選択肢があります。しかしながら、特に中小企業の場合には、親族又は社員の中に適切な後継者がいない場合もあり、また株式を上場させるにはクリアするべき諸々のハードルがあるため、なかなか現実的な選択肢とはなりません。このような場合には、事業継承を目的とした友好的M&Aを行うことが考えられます。これにより、事業を他の会社に託することによって継続させることができるとともに、投資の回収を図ることができます。

(3)　M&Aのメリットとリスク
① 　M&Aのメリット
　M&Aのメリットとしては、経営資源と時間を効率的に使えることがあります。すなわち、一般に新規事業を立ち上げる場合には、企業は自社の資金や人材といった経営資源を長い時間使わないと、新規事業を立ち上げてそれを軌道に乗せることができません。しかし、長い時間をかけて新規事業の準備を行っていては、ビジネス・チャンスを逃してしまうかもしれません。逆に、M&Aによって他社の既存事業を取得した場合、ゼロから事業を立ち上げる時間や費用を省くことができ、急速に変化する経済環境に対応した経営を展開できるようになります。

② 　M&Aのリスク
　買い手にとっては、限られた時間の中で、対象会社のビジネスや組織に内在する問題点を調査し、買収に関する意思決定を行わなければならない点が、基

本的なリスクとなります。デュー・ディリジェンスを行うことでそのようなリスクを低減させますが、デュー・ディリジェンスが適切に行われなかった場合には、当初想定していた統合目的を効果的に達成することができなくなってしまいます。具体的には、リスクの特定が不十分なために、買収時点で想定していなかった損失（引当不足、偶発債務等）が発生したり、環境問題、労働組合問題、特許や技術的な問題、企業イメージを損なう不祥事等が起こることが考えられます。また、買収価格の決定に考慮されるべきリスクや問題点が反映されない場合には、実態よりも高い価格で買収してしまうケースも考えられます。買収価格は、本来シナジー効果を織り込んだものとなりますが、不確実性が高い場合には、リスクの分だけ価格をディスカウントするか、買収条件や支払条件を有利にするような交渉が必要となります。

　また、企業風土が異なる企業同士を融合させる困難が伴います。企業風土が異なるために、統合後に社内での対立が起こると、生産性が低下する要因となります。また、企業風土が異なるために、たすきがけ人事を行う場合や、重複する制度や設備が統合後も一定期間残されたままになる場合があります。結果として、予想どおりのシナジー効果を得られないといったリスクを伴っています。

　更に、人材や顧客の流出が起こる場合があります。M&Aは従業員に在籍することを法的に強制できるものではないため、買収をきっかけに優秀な社員が退職したり、他社に引き抜かれるケースがあり得ます。また、取引先が買収後も取引を継続するという保証もありません。

## 2 買収プロセスの流れ

**買い手の場合**

**売り手の場合**

(1) 買収戦略の立案、資金調達（買い手の場合）／売却戦略の立案、売却時期の検討（売り手の場合）

　買い手の場合、まず、経営戦略の一環として、M&Aを行う目的を明確化することが大切です。これから市場でどういうポジションを目指しているのか、そして、それを実現するための手段としてM&Aが必要なのかということを、綿密に検討する必要があります。M&Aが株主価値の向上に貢献するのは、基本的に、既存事業と関連が深い事業のため買収によりシナジーが期待できる場合や、経営効率を改善する余地がある場合に限定されます。また、買い手は、資金調達も考慮しなければなりません。内部留保でまかなえれば良いですが、そうでない場合には、金融機関から借り入れるか、社債発行又は増資による資金調達を行うことになります。

　一方、売り手の場合、自社の売却のタイミングをいつにするかは、売却価格に大きく影響するので、とても重要です。自社を取り巻く経営環境、現在の業績と将来の見込み、自社の人材や設備や資金等の状況を考慮して、最良のタイミングを選ぶことが大切です。

(2) 対象会社の選定（買い手の場合）／買い手企業の選定（売り手の場合）

　買い手の場合、事業内容、業績、成長性、財務内容、株主構成、規模等を考

慮して、M&Aを行う目的に合致する対象会社をリストアップし、さらにそれらの会社を比較検討して絞り込みを行います。ただし、実際には、多くの数の企業の中から、買収戦略に適合した企業を探し出すのは大変な作業です。さらに、公開会社であれば事業内容や財務内容などが公表されていますが、未公開企業の場合はそれらの情報を得るのは困難です。このように自分自身で対象会社を探すのは限界がありますので、M&A仲介専門業者、商工会議所、証券会社、取引銀行などに依頼し紹介してもらうケースが多くあります。

その後、相手企業と具体的な交渉を行っていきますが、M&Aは片思いでは成立しませんので相手方の意向が重要になります。買収提案に応じてくれない場合には、TOB等の手段を用いて、敵対的買収を行うか否か検討することになります。

一方、売り手の場合、会社の譲渡は、従業員や取引先に与える影響が大きく、また、買い手候補となる競合他社等に売却の意思を伝えることは、自社の事業にとって、極めてリスクの高い行為ですので、情報の機密を守りながら買い手の選定及び売買交渉を進めていかなければなりません。

### (3) 買収に関する基本合意

対象会社との交渉を通して、まず守秘義務契約を結びます。これは、もしM&Aが不成立になった場合でも、交渉過程で得た相手企業の情報を第三者に漏らさないという契約になります。売り手側の企業は、本来は企業機密である経営計画や財務情報等を買い手側に開示することになるので、この契約が必要となるのです。

その後、買い手は売り手側の財務、営業、製造、人事、法務等の情報を入手し、本当にその会社を買収したいか、買収する価値があるかを検討します。この初期的段階で、買収するべきという方針が固まれば、買収価格やM&Aの形態など、諸条件の交渉に入ります。そして、これらの諸条件がほぼ合意に達した時点で、基本合意書の作成を行います。

基本合意書は、売り手側と買い手側の間で、最終契約に向けてどのような項目や事柄に留意しながら、交渉を進めていくかを明確にするためのものであり、決まった形式はありませんが、一般的には次のような内容が記載されます。

- スキーム（買収方法）の概要、買収予定金額、買収金額の算定方法、支払方法
- 買い手によるデュー・ディリジェンスを行うこと、及びデュー・ディリジェンスの結果に応じて価格等条件が修正されることの確認
- 独占的交渉権（一定期間、他の第三者との間で、M&Aの対象事業について交渉、合意、契約を行わないこと）
- 秘密保持義務
- 今後の交渉期間（基本合意の有効期間）
- 買収後の役員、従業員の処遇

ただし、基本合意書には法律的な拘束力があるわけではなく、契約の成立を保証するものではありません。このため、その後の交渉次第では、M&Aが不成立に終わることもあります。

(4) デュー・ディリジェンス

　M&Aを成功させるにはデュー・ディリジェンスは欠かすことができません。外から見ていると魅力的な買収先に思えても、実際には、不良債権や簿外債務があるなどの問題が、買収後に見つかるかも知れません。これらを完全に防ぐことはできませんが、コストと時間の許す限りデュー・ディリジェンスをすることによって、リスクを低減させることができます。

　デュー・ディリジェンスには決まったやり方はありませんが、ビジネス、財務、税務、法務といった分野ごとに、関連資料を精査したり、担当者へのヒアリングをしたり、現場視察を行ったりすることで、対象会社のビジネスの実態や財務の状況に関する情報を収集し、想定されるリスクの洗い出しを行います。具体的には、ビジネスデュー・ディリジェンスでは、主に買収対象の事業内容、競争力、人材、顧客、販売力、損益予測等を調査します。財務デュー・ディリジェンスでは、主に収益性、キャッシュ・フロー、資産の評価、負債の網羅性等を調査します。税務デュー・ディリジェンスでは、主に過去の税務調査の結果や現在の税務ポジションの把握等を行います。法務デュー・ディリジェンスでは、主に取引先との契約関係、訴訟案件の有無、行政からの許認可・特許・

技術ライセンス等の有効性、法令や会社規則の遵守状況等を調査します。また、これら以外にも、人事デュー・ディリジェンス（企業年金、労働条件、人事制度、未払残業代・未払社会保険料の有無の調査等）、IT デュー・ディリジェンス（IT インフラの整備状況の把握、進行中の IT プロジェクトの把握、システム結合上の問題点の検討等）、環境デュー・ディリジェンス（土地汚染の有無の調査等）もあります。

デュー・ディリジェンスによって把握したリスクに応じて、事前に問題を解決するか、又は買収価格に反映させる、あるいは発見した偶発債務等に関する売り手の保証等を買収契約に盛り込むなど対応を講じることができます。

## (5) 買収条件の交渉

デュー・ディリジェンスの結果に基づいて、M&A を行うことが決まれば、対象会社への具体的な条件提示を行うことになります。具体的には、買収金額とその支払方法、旧経営陣や社員の待遇、独占交渉権などについて条件交渉を行います。

買収金額については、売り手は売り手自身で評価額を算定し、買い手は売り手の提示した情報に基づいて評価額を算定します。買い手側はなるべく安く、売り手側はなるべく高くすることを希望しますが、双方が合意できる金額になるように交渉するとともに、支払方法についても交渉を行います。

旧経営陣や社員の待遇については、一般的に、買収される側の企業の従業員は解雇されるのではないかと不安を感じ、社内が動揺してしまうことがあります。また、役員についても解任されるのではないかという不安を感じます。買い手からすると、経営のコントロールは確保しなければなりませんが、一方で優秀な人材が辞めてしまっては、M&A の目的を達成できないこともあるため、こうした人的な面を十分考慮することが大切です。このため、一定期間、従業員及び役員の地位を保証することなどを買収条件に含めることもあります。

独占交渉権については、売り手側にとっては、買い手候補が複数あればその分だけ競争原理が働き、より有利な条件で売却できる可能性がありますので、特定の買い手から独占交渉締結を受け入れないほうが良いということになります。逆に買い手側にとっては、独占交渉締結を含める方が良いことになります。

## (6) 最終契約書の締結

対象会社との間で条件交渉がまとまると、最終契約書を締結することになります。最終契約書には主に次のような内容が盛り込まれます。

- 買収対象となる事業や株式数
- 買収価格、支払方法
- M&A取引実行のための前提条件（クロージング条件）及びクロージングまでの間に一定条件を充足しない場合（許認可、訴訟や環境問題等に起因）にはクロージングしない等と規定すること（停止条件）
- 財務内容の保証（対象会社の粉飾リスク等があるため、簿外債務がないことや、最終貸借対照表日から契約時点までの間に、財務内容を大きく変動させるような取引がないこと等を保証するもの）及び当該保証内容に相違がある場合の損害賠償責任
- 役員・従業員の処遇
- 秘密保持義務の遵守
- 売り手の競業禁止
- その他（例えば、社名、ブランド名称の取り扱い、価格調整条項（評価基準日からクロージング日までの間の、M&A対象会社の価値変動に基づく価格調整）等）

## (7) クロージング

最終契約書に基づいて、資産の引渡し及び代金の支払を行います。

## (8) 経営統合（買い手の場合）

対外的には、従業員や取引先といった利害関係者の理解を得て、内部的には、なるべく早く両社の組織が融合し、シナジー効果が発揮されるように実際の統合を進めていきます。

# 3 M&Aにおけるプレイヤー

　M&Aは複雑かつ長期にわたる作業であり、多くの場合、外部の専門家の力を借りることになります。対象会社の選定、交渉サポート、法務、財務、税務、契約書作成、価格算定等において、高度な専門的能力が必要となるためです。以下では、M&Aにおける公認会計士の役割と公認会計士以外のプレイヤーの役割について紹介します。

## (1) 公認会計士の役割

　公認会計士の役割は、まずは財務デュー・ディリジェンスを実施することです。先述のように、収益性、キャッシュ・フロー、資産の評価、負債の網羅性等を調査し、投資先企業のリスクを洗い出し、買収後に不測の損失が生じることがないよう調査します。また、対象会社の将来キャッシュ・フローや現在の正味財産を調査して、企業の事業価値を算出し、株価算定、合併比率、株式交換比率等の意思決定をサポートします。これらは、買収価格を直接的に大きく左右するので、極めて重要な役割です。更に、M&Aにおけるストラクチャーの選定に際し、会計・税務がどのような影響を与えるかを検証したり、買収後の財務インパクトをシミュレーションしたりして、M&Aのスキーム策定をサポートします。

## (2) 公認会計士以外のプレイヤーの役割
### ① フィナンシャル・アドバイザー

　フィナンシャル・アドバイザー（以下「FA」という。）は、M&Aの準備段階からクロージングに至るまで、全般にわたって当事者（売り手、買い手）をサポートします。通常、投資銀行、証券会社、監査法人のM&A部門、M&Aのコンサルティング会社等がFAとして選任され、次のような役割を担います。

- M&Aに当たって買い手、売り手の選定
- M&Aのスキーム等進め方のアドバイス

- 資金調達に関するアドバイス
- 相手先との交渉に当たってのアドバイス
- 企業価値の算定
- 契約等クロージングのアドバイス

なお、FAの関わり方には、主にアドバイザリー形式と仲介形式という2つの着任形式があります。アドバイザリー形式の場合には、売り手と買い手それぞれに別のFAが着任する形となり、売り手と買い手、それぞれの立場で助言を行います。一方、仲介形式の場合には、売り手と買い手の両方の間に単一のFAが着任する形となり、売り手、買い手の双方の間に立って、中立的な立場で助言を行います。

② 弁護士

　買収スキームの法的検討、法務デュー・ディリジェンス、買収に関連する契約書の作成などを行います。M&Aを行う場合には、会社法、金融商品取引法、税法、訴訟法など様々な法律が絡み合うため、法律の専門家によるサポートが欠かせません。また、法務デュー・ディリジェンスを行い、M&Aを完了させるための法的障害が存在しないか否か、また、企業の経済的価値を減少させる法的要因が存在しないか否か等を調査します。さらに、近年では、各国の独占禁止法の審査をクリアすることが非常に大きなテーマとなっており、そのような観点からも調査を行います。

③ 税理士

　企業買収によって税務面でどのような問題が生じるかについて調査します。採用するM&Aの手法によって税務上の検討事項も異なるため、専門的な知識が必要となります。税務デュー・ディリジェンスにおいては、買い手企業の税務リスクやその影響額を洗い出します。また、税務調整項目、繰越欠損金又は税額控除繰越額などの税務上の繰越項目を分析し、税務の観点から買収ストラクチャーに関するアドバイスを行います。

④　コンサルタント

　コンサルタントは、企業のニーズに基づいて、以下のような様々なサポートを行います。
- M&A 戦略の立案
- M&A の対象会社、対象事業の選定
- 市場調査や M&A による経済的効果の予測
- M&A 完了後の統合マネジメント（Post-merger integration）
- その他 M&A に関連する経営面のアドバイス

**《参考文献》**
『ゼミナール企業価値評価』伊藤邦雄、日本経済新聞出版社、平成 19 年
『M&A の戦略と法務』森信静治・川口義信・湊雄二著、日本経済新聞社、平成 17 年

第2章

# 買収スキームの立案

# 1 M&A 手法の概要

　M&A（Mergers and Acquisitions）とは、合併と買収という意味ですが、一般的には、企業の合併や買収だけではなく、事業譲渡や株式譲渡を含めた広い意味で使われています。

　M&Aの手法を類型化すると、**図表2-1**のとおりです。

図表2-1　M&A手法

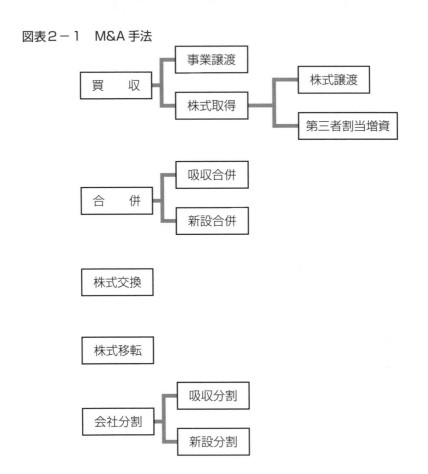

## 2 買収

### (1) 事業譲渡

事業譲渡とは、対象会社の事業の全部又は一部を他の会社に譲渡することをいいます。事業とは、一定の事業目的のために組織され、有機的一体として機能する財産・債務のほか、経営組織、ノウハウ、取引先との関係などを含む包括的な概念です。したがって、事業用財産・債務を一括して譲渡する場合でも、個々の財産・債務の譲渡と認められる場合には、事業譲渡には該当しません。

【メリット】
a 買い手が必要な事業のみを譲り受けるので、譲渡対象の事業とは無関係の保証債務・簿外債務など必要でない債務を承継することなく、将来の損害賠償やその他法的責任を負うリスクを排除することができます。

【デメリット】
a 買い手は個々の資産について、名義変更を行う必要があり、各種契約についても、契約者との同意が必要となり、名義変更が必要です。
b 従業員は転籍となるので、従業員と個々に同意を取り付けることが必要です。
c 許認可については引き継ぐことができない場合があるので、新たに許認可を取得することが必要な場合があります。
d 資産の譲渡になるので、取引に消費税が課されます。

### (2) 株式取得

#### ① 株式譲渡

株式譲渡とは、売り手の会社が保有する株式を買い手に譲渡することにより、会社の経営権を譲り渡すことをいいます。会社の支配権を移転するには、少なくとも議決権の過半数の譲渡が必要であり、特別決議要件等を考慮すると議決権の3分の2以上の株式の譲渡を想定することが一般的です。

【メリット】
a 通常、株主総会は不要であり、取締役会決議で足りますので、簡便で迅速であるといえます。
b チェンジ・オブ・コントロール条項がある場合を除いて、契約当事者との同意は不要であり、また従業員の同意も不要です。
c 株式の一部譲渡が可能であり、機動的であるといえます。
d 売り手会社の株主は、現金を手に入れることができます。

【デメリット】
a 会社が持っている債権債務、契約関係等は全て引き継がれるため、売り手会社にとって引き継ぎたくない資産・負債があっても引き継がなくてはなりません。特に簿外債務の有無について留意が必要です。
b 買い手会社は株式の取得資金が必要となります。
c 売り手会社に、買収代金が入りません。
d 売り手と買い手は別会社ですので、融合が遅く、シナジー効果が現れるのが遅い場合があります。

② 新株引受（第三者割当増資）
　新たに発行される株式を引き受けることを新株引受といいますが、そのうち既存の株主以外の特定の第三者に新株式を引き受けてもらう方法を第三者割当増資といいます。

【メリット】
a 対価は株式を発行する会社（売り手）に払い込まれ、資本金が増加することにより財務基盤が強化されます。
b 信用力の高い企業から出資を受ける場合は、株式を発行する会社（売り手）の信用力が増加し、資金調達や事業展開が容易になります。

【デメリット】
a 既存株主の持株比率が下がるため、発言力が弱まり、従来の経営がしにくくなる場合もあります。
b 買い手会社にとっても、100％の議決権を取得できません。完全買収を望む場合は不向きであるといえます。
c 買い手会社は株式取得と同様、株式取得資金が必要になります。

# 3 合併

　合併とは、法定の手続に従って、複数の会社が1つの会社になることをいいます。

　合併には、吸収合併と新設合併の2つの方法があります。

　吸収合併とは、1つの会社が存続会社となり、他の一方の会社（消滅会社）の権利義務を包括的に承継する方法であり、当該消滅会社は清算手続を経ずに解散します。

　新設合併とは、新会社を設立して、合併当事会社の権利義務等の法律関係を包括的に新設会社に承継させる方法であり、合併当事会社は清算手続を経ずして解散します。

　対価の柔軟化が認められ、合併の対価は自社株式のほか、現金や親会社株式の使用も認められています。

【メリット】
a　買い手は対価として通常は株式を発行するので、買収資金が不要です。
b　合併は法律上は包括承継になりますので、個々の財産の承継について第三者への対抗要件を備えるための手続は不要です。
c　売り手会社と買い手会社が同一法人となるので、統合効果がいち早く現れ、規模のメリットを図ることができます。

【デメリット】
a　会社のすべての資産負債、従業員及び権利義務関係の一切が統合されるので、簿外債務の引継ぎのリスクがあります。
b　債権者保護手続が必要であり、また簡易組織再編、略式組織再編に該当しない場合には、株主総会決議が必要となり、手続に時間を要し煩雑であるといえます。
c　売り手会社が入手する株式が非公開の場合、売り手は株式の現金化が困難です。

# 4 株式交換・株式移転

　株式交換とは、株式会社がその発行済株式の全部を他の株式会社又は合同会社に取得させることで、対象会社を100％子会社にする手法です。

　株式移転とは、1又は2以上の株式会社がその発行済株式の全部を新たに設立する株式会社に取得させることをいい、新設の株式会社を設立し既存の会社をその100％子会社にする手法です。

【メリット】
a　買い手会社は、自社の株式を交付することにより、現金がなくても他社を買収することができます。対価の柔軟化により、自社株式のほかに現金や新株予約権などを対価とすることもできます。
b　売り手と買い手が別法人のままであるため、従業員等の抵抗が比較的ありません。

【デメリット】
a　買い手会社が非公開会社であった場合、売り手会社又はその株主は株式の現金化が難しいといえます。
b　改正前商法では債権者保護手続が必要とされませんでしたが、会社法においては債権者保護手続が必要になりますので、株式譲渡に比べると、手続が煩雑であるといえます。

# 5 会社分割

　会社分割とは、株式会社又は合同会社が、その事業に関して有する権利義務の全部又は一部を分割して、他の会社に承継させることをいいます。

　自社の事業を他社に譲渡するという点で、事業譲渡と会社分割は類似していますが、事業譲渡は会社法上の組織再編の手法ではなく、事業を譲渡するという売買契約です。一方、会社分割は会社法上の組織再編の手法であり、会社の事業部門一体として他の会社に承継させることをいいます。

　会社分割には、吸収分割と新設分割の2つの方法があります。

　吸収分割とは、事業の全て又は一部を、他の既存会社に継承する形で会社を分割する手法をいいます。

　新設分割とは、分割する会社が新たに会社を設立し、その会社に事業を承継させる手法をいいます。

【メリット】
a　買い手は対価として、通常は株式を発行するので、買収資金が不要です。
b　事業譲渡と比較すると、個々の契約や権利などを一括して移すことができるため、手続が簡便です。

【デメリット】
a　事業部門一体として承継しますので、簿外債務を負うリスクがあります。
b　許認可を引き継げない場合があります。
c　売り手会社が入手する会社の株式が非公開の場合、売り手は株式の現金化が困難となります。
d　繰越欠損金や保有資産の含み損益など税務上の取扱いが煩雑です。

# 第3章

# バリュエーション

# 1 企業価値評価の考え方

## (1) 企業価値評価（バリュエーション）の考え方

　M&A取引に当たって、バリュエーションを行うことにより買収する事業や会社の目標価格の算定ができます。このバリュエーションで利用した前提条件等は、今後のフェーズで行われるデュー・ディリジェンスでその前提条件が正しいかの検証が行われます。

　そこで、一般的に企業価値評価に当たっては、事業価値、企業価値、及び株主価値といった3つの価値を評価するため、それぞれの価値の違いと関係を企業価値評価ガイドラインでは、以下のように説明しています。

① 　事業価値とは、「事業から創出される価値である。会社の静態的な価値である純資産価値だけではなく、会社の超過収益力等を示すのれんや、貸借対照表に計上されない無形資産・知的財産価値を含めた価値である。」[1]とされています。

② 　企業価値とは、「事業価値に加えて、事業以外の非事業資産の価値も含めた企業全体の価値である。なお、企業価値を株主価値と同義にとらえるケースも実務上あるが、本ガイドラインでは、企業価値と株主価値は別の概念として定義する。」[1]とされています。

③ 　株主価値とは、「企業価値から有利子負債等の他人資本を差し引いた株主に帰属する価値である。なお、株主価値の算定に当たっては、種類株式等の取扱いや少数株主持分を減算する等の処理が必要となる。」[1]とされています。

　上記のそれぞれの価値について、貸借対照表からの算定手法については、図表3-1のとおりです。

---

1　日本公認会計士協会「企業価値評価ガイドライン（経営研究調査会研究報告第32号）」平成25年

図表3-1　企業価値の概念図

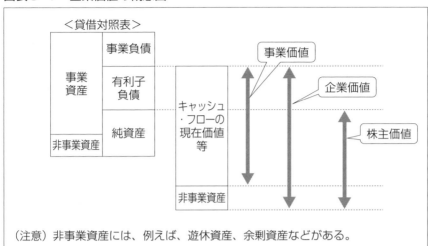

（注）非事業資産には、例えば、遊休資産、余剰資産などがある。

出典：日本公認会計士協会「企業価値評価ガイドライン（経営研究調査会研究報告第32号）」
　　　25頁、平成25年

### (2) 評価手法の種類について

　企業価値の評価に当たっては、ネットアセット・アプローチ（コスト・アプローチ）、マーケット・アプローチ、インカム・アプローチの3つの評価手法があります。企業価値評価を行う場面は様々であるため、これらの3つの評価手法のうち常に1つの手法が最も適しているということはなく、個々の場面により適合した評価手法があるため、常にどれかが最も優れているということではありません。そこで、各評価手法についての主な概要を以下に説明します。
　① ネットアセット・アプローチ（コスト・アプローチ）とは、その名のとおり企業の純資産を基準に企業価値を評価する手法です。ネットアセット・アプローチは、貸借対照表上の資産・負債を簿価で評価する簿価純資産法と時価で置き換えた時価純資産法の2つがあります。また、ネットアセット・アプローチは、企業を構成する資産・負債を購入するコストに着目した企業価値評価アプローチとして、コスト・アプローチとも呼ばれます。
　　ネットアセット・アプローチは、対象会社の貸借対照表を基準に評価するため、数的根拠に基づいた一定の客観性がありますが、あくまでも貸借

対照表に計上されている資産・負債で評価されます。そのため、将来の収益力を考慮していないことから、企業を取得する際に得られるのれん（超過収益）やブランド価値が考慮されないため、将来の収益力を獲得しようというM&Aの動機と合わない場合があります。

② マーケット・アプローチとは、株式市場の株価を基準に株主価値を評価する手法です。マーケット・アプローチの代表的な評価手法として、市場価格法と類似業種比準法等があります。市場価格法とは、評価対象の企業が証券取引所に上場している場合にその取引価格自体を基準に株主価値を評価します。実際には、どの期間の株価を基準とするか、異常な値動きをした場合の取扱いが検討され評価されます。また、類似業種比準法は、対象会社の類似同業他社を選定し、その企業の時価総額は営業利益や税引後利益の何倍の水準で評価されているかといった点を基準に株主価値を評価します。

マーケット・アプローチは、実際の取引市場に基づいた評価がされることと、市場の条件と比較するため、評価に当たっての情報が入手しやすいという長所がありますが、一方、市場評価法については非上場会社には適用できず、類似業種比準法においても企業独自の将来の成長性等が考慮されないといった短所があります。

③ インカム・アプローチとは、評価する対象の企業の収益力を基準に評価する手法です。インカム・アプローチの手法として、DCF法（Discounted Cash Flow Method）、配当還元法及び収益還元価値法があります。DCF法は、企業が事業を運営する上でもたらされる将来のキャッシュ・フローを加重平均資本コストで現在価値に割り引くことで事業価値を算出する手法です。配当還元法は、将来の配当の予想額を株主資本コストで割り引くことで株主資本価値を算定する手法です。また、収益還元法とは、企業の将来収益が永続的に継続するといった前提のもと事業価値を評価する手法です。

インカム・アプローチのDCF法は、企業の将来の予測キャッシュ・フロー又は予測収益を見積り、さらに事業を行う上でのリスクも織込んで評価されるため、評価手法の中で最も合理的な手法と呼ばれています。特に、

企業の株式や事業を取得したい買い手にとっては、取得することによって将来得られるキャッシュ・フローを基準に投資意思決定を行っているため、意思決定の判断軸と合致した評価手法となっています。しかしながら、合理的な反面、企業の将来収益を客観的に見積もるのは極めて困難であり、将来の企業戦略等に左右されるため、客観性が乏しいという短所もあります。

(3) 評価アプローチにおける評価法

ネットアセット・アプローチ、マーケット・アプローチ、インカム・アプローチの分類と各種の評価法との関係は、企業価値評価ガイドラインでは以下のように整理されています。

図表3-2　企業評価アプローチと評価法

| 評価アプローチ | 評価法 |
| --- | --- |
| ネットアセット・アプローチ | 簿価純資産法<br>時価純資産法（修正簿価純資産法）<br>その他 |
| マーケット・アプローチ | 市場株価法<br>類似上場会社法（倍率法、乗数法）<br>類似取引法<br>取引事例法（取引事例価額法） |
| インカム・アプローチ | フリー・キャッシュ・フロー法<br>調整現在価値法<br>残余利益法<br>その他<br>　　配当還元法<br>　　利益還元法（収益還元法） |

出典：日本公認会計士協会「企業価値評価ガイドライン（経営研究調査会研究報告第32号）」27頁をもとに作成、平成25年

また、「どの評価法を用いるかについては、評価目的、評価対象会社の状況、その他の状況を加味しながら決定することになる。」[2]とされています。

### (4) 評価アプローチの一般的な特徴

企業価値評価ガイドラインでは以下のように説明しています。

「ネットアセット・アプローチ、マーケット・アプローチ、インカム・アプローチの3手法の優れた点や問題点の一般的なイメージをまとめた。ただし、個々の評価対象会社の状況、各種の状況によって全く逆になることもあることに留意が必要である。

**図表3-3　3つの評価アプローチの一般的な特徴**

| 項　目 | ネットアセット | マーケット | インカム |
|---|---|---|---|
| 客観性 | ◎ | ◎ | △ |
| 市場での取引環境の反映 | △ | ◎ | ○ |
| 将来の収益獲得能力の反映 | △ | ○ | ◎ |
| 固有の性質の反映 | ○ | △ | ◎ |

◎：優れている　　○：やや優れている　　△：問題となるケースもある

「客観性」とは、客観的な前提条件に基づいた株式評価が可能かどうかであり、誰が行ってもある程度同じような評価結果が得られるかどうか、評価に恣意性が入る余地が小さいかどうかを表している。上表ではマーケット・アプローチが客観性の面で優れているとしているが、これは一般的な特徴であって、上記のように、いかなる場合でも優れているということを意味しているわけではない点に留意が必要である。他の項目についても同様である。

「市場での取引環境の反映」とは、他の類似上場会社の株価動向などを株式評価に反映させることができるかどうかを表している。

---

[2] 日本公認会計士協会「企業価値評価ガイドライン（経営研究調査会研究報告第32号）」27頁、平成25年

また、企業価値は将来獲得することが期待される利益やキャッシュ・フローに基づいて測定されることが重要であり、「将来の収益獲得能力の反映」とはこの点をどの程度反映させることができる評価アプローチかを表している。
　「固有の性質の反映」とは、評価対象会社が有する資産等の個別性や、将来成長性などをどの程度表すことができるかを示している。」[3]

　以下、ネットアセット・アプローチ、マーケット・アプローチ、インカム・アプローチの概要及び各アプローチの評価方法について解説いたします。

---

3　出所：2と同じ

# 2 ネットアセット・アプローチ

「ネットアセット・アプローチは、コスト・アプローチとも呼ばれており、会社の純資産を基準に評価する方法」[4]です。

## (1) ネットアセット・アプローチの概要

ネットアセット・アプローチには、簿価純資産法、時価純資産法の2つの種類があります。簿価純資産法とは、企業の貸借対照表における資産及び負債を適正な簿価で計上した際の純資産の額で株主価値を評価する手法です。また、時価純資産法とは、貸借対照表における資産及び負債を時価で評価替えを行った際の純資産の額を株主価値と評価する手法です。

### ① ネットアセット・アプローチの長所

ネットアセット・アプローチは、帳簿上の純資産に基づいて、一定の時価評価等の修正を行うため、帳簿の作成が適正に行われており、かつ、時価等の情報が取りやすい状況であれば、客観的に優れていると言えます。

### ② ネットアセット・アプローチの短所

ネットアセット・アプローチは、ある一時点の純資産に基づいて評価を行うため、のれん等が適正に計上されていない場合には、将来の収益能力の反映や、市場でも取引環境の反映は難しいと言え、継続企業を前提としている会社を評価する方法としては、納得感が得られにくいと考えられます。

---

[4] 日本公認会計士協会「企業価値評価ガイドライン（経営研究調査会研究報告第32号）」47頁、平成25年

## (2) 簿価純資産法

簿価純資産法は、適正な会計帳簿に計上されている資産及び負債の金額で株主価値を評価するため、会社のノウハウやブランド価値により将来獲得できる利益のみならず、資産・負債の含み益や含み損も考慮されないことから、実際の実務で利用されることは非常に少ないと考えられます。

## (3) 時価純資産法

時価純資産法では、資産及び負債は時価に修正されます。この場合、時価とは一般的に再調達価額と正味売却価額が考えられますが、原則的に再調達価額を利用します。企業をM&A等により買収する際には、通常その企業を清算や売却するためではなく、今後も事業運営を行う前提で買収すると考えられるためです。ただし、買収に当たり処分する資産・負債等があれば正味売却価額等の処分価値で評価する場合もあります。しかし、時価純資産法においても、ノウハウやブランド価値といったものを再調達価額で評価することは実務的に極めて困難であることから、将来の収益力に主眼を置いたM&Aではなく、有形固定資産などの経営資源の取得に主眼をおいたM&Aの際に、再調達価額での時価純資産法が用いられることが多いと考えられます。

### 図表3-4　簿価純資産法と時価純資産法における株主価値の比較

簿価純資産法における株主価値

| 資産（簿価） | 負債（簿価） |
| --- | --- |
|  | 株主価値 |

時価純資産法における株主価値

| 資産（時価） | 負債（時価） |
| --- | --- |
|  | 株主価値 |

上述のとおり、ネットアセット・アプローチによる評価手法を利用する場合は、企業の貸借対照表上の簿価で純資産を算定したものではなく、時価等により修正した純資産で算定する場合が一般的であるため、以下では時価純資産法を説明します。

(4) 時価純資産法における資産の時価評価について

　時価純資産法において、原則的には再調達価額を利用しますが、実務的には資産の種類や用途によって個別的に留意すべき点が異なりますので、ここでは、特に留意すべき勘定科目について、各勘定科目別にその留意事項を説明します。

① 営業債権

　営業債権については、企業会計基準第10号「金融商品に関する会計基準」（以下「金融商品会計基準」という。）及び会計制度委員会報告第14号「金融商品会計に関する実務指針」（以下「金融商品会計実務指針」という。）に基づき評価されている場合は、取立不能となる債権については個別に貸倒引当金が設定されていると考えられます。また、正常債権についても、過去の貸倒実績率等の合理的な方法で貸倒引当金が包括的に計上されていると考えられるため、特段時価評価の必要性はないと考えられます。

　しかし、貸倒引当金の設定基準が楽観的な基準となっていたり、そもそも設定していない場合には、営業債権のうち重要なものについては、貸倒引当金の追加計上が必要となります。

　営業債権については、財務デュー・ディリジェンスにおいて、回収サイトと比較して異常性がないかを検討し、重要な債権については個別に信用リスク等を調査します。

② 棚卸資産

　棚卸資産については、企業会計基準第9号「棚卸資産の評価に関する会計基準」（以下「棚卸資産会計基準」という。）に基づき評価されている場合は、取得価額を基準とした正味売却価額又は再調達価額により時価が下回っている棚卸資産については、既に評価が切り下げられていると考えられます。そのため、含み益が発生しているものについては、再調達価額により評価替えをする必要があります。ただし、買収において買い手が廃止する前提の事業における棚卸資産等については、正味売却価額で評価することが合理的となります。

　一方、棚卸資産会計基準を適用していない場合や、同基準の適用ルールが楽観的な場合には、重要な含み損益がある可能性があるので、適切な評価替えが

必要となります。特に、棚卸資産は買い手側にとって今後の事業に利用する在庫であるため、その評価を適切に行うことが必要です。また、対象会社が買い手の想定量の在庫を保有していない可能性もあるので留意する必要があります。

棚卸資産については、財務デュー・ディリジェンスにおいて、滞留している資産の有無の分析や実際の在庫の保有状況の確認を行います。

③　有形固定資産（土地）

有形固定資産のうち、土地については貸借対照表上は取得価額として評価されています。そのため、不動産鑑定評価等により時価を把握し、評価替えを行う必要があります。しかし、不動産鑑定評価は実務上時間やコストを要することが多いため、企業買収の重要な意思決定に影響が及ばないものであれば、企業会計基準適用指針第6号「固定資産の減損に係る会計基準の適用指針」（以下「減損適用指針」という。）で土地の価格指標を簡便的に把握する方法とされている路線価による相続税評価額や固定資産税評価額に基づき評価することで足りると考えられます。

④　有形固定資産（建物等その他の償却性有形固定資産）

有形固定資産のうち、建物等その他の償却性有形固定資産については、貸借対照表上は取得価額から減価償却累計額が控除された金額が帳簿価額として計上されています。ここで、時価純資産法で利用する時価は先述したとおりの再調達価額と考えることが一般的であることから、評価時の資産の価値は再度新規取得して現在の経過年数の償却をすることと変わりはありません。

そのため、建物等その他の償却性有形固定資産については、適正な減価償却が行われている限り、帳簿価額で評価することが一般的であると考えられます。

⑤　株式及び債券等の有価証券

株式及び債券については、その保有目的に応じて、以下のように貸借対照表に計上されている帳簿価額の評価基準が異なっています。

図表3-5　保有目的ごとの有価証券の評価の比較

| 保有目的 | 定　義 | 貸借対照表上の帳簿価額 |
|---|---|---|
| 売買目的有価証券 | 時価の変動により利益を得ることを目的として保有する有価証券 | 時価の変動により利益を得ることを目的としているため、市場価格等の時価で計上されています。 |
| 満期保有目的の債券 | 満期まで所有する意図をもって保有する社債その他の債券 | 利息の受取と満期時の償還額の受取を目的とするため、取得価額又は償却原価法（※）で計上されています。 |
| 子会社株式及び関連会社株式 | 子会社及び関連会社が発行する株式 | 他企業への影響力の行使を目的として保有するため、時価評価はされず、取得価額で計上されています。 |
| その他有価証券 | 売買目的有価証券、満期保有目的の債券、子会社株式及び関連会社株式以外の有価証券 | 保有目的が、余剰資金運用や、中長期的な売買目的、事業運営上の持合等の多岐にわたるため、時価で評価されています。 |

※償却原価法とは、金融資産又は金融負債を債権額又は債務額と異なる金額で計上した場合において、当該差額に相当する金額を弁済期又は償還期に至るまで毎期一定の方法で取得価額に加減する方法をいいます（金融商品会計基準 注解5）。

　図表3-5のとおり、時価純資産法により有価証券を評価する場合は、既に貸借対照表上に時価として計上されている売買目的有価証券やその他有価証券については、評価基準日が決算日と一致している限り再度評価替えをする必要はありません。しかし、満期保有目的の債券や子会社株式及び関連会社株式については、時価評価されていないため、評価替えをする必要があることに留意が必要となります。

　ここで、満期保有目的の債券については、時価のある場合は時価により評価替えを行い、時価がない場合には発行元の会社の信用リスクについて検討し、必要に応じて簿価を切り下げる等の評価替えの必要があります。

　また、子会社株式及び関連会社株式については、取得価額で評価されています。子会社株式や関連会社株式は、市場価格等の時価がない場合が多いため、

子会社及び関連会社の純資産額に持株比率を乗じた金額で評価がされます。ただし、子会社の資産及び負債にも重要な時価と簿価の差額がある場合は、子会社の純資産自体も修正した金額を用いることに留意が必要です。

⑥　繰延税金資産

　繰延税金資産とは、税効果会計を適用した際に計上される将来の税額軽減効果を資産計上したものです。主に会計上の費用や損失の計上時期が、税金計算上の損金の計上時期より先行するため、税金計算上の損金が計上される時期に納付すべき税額が会計上の利益に税率を乗じた金額より少なくなります。一方、反対に税金計算上の損金が会計上の費用又は損失より先行する場合は、繰延税金負債が計上されています。

　ここで、重要となるのは繰延税金資産の回収可能性の判断です。回収可能性とは、実際に将来の税金計算上の損金が計上される時期に、当初会計上、計上した費用又は損失額を相殺するだけの課税所得が発生するかどうかということを判断することとなります。対象会社が適切に繰延税金資産の回収可能性を判断している場合は問題ありませんが、そうでない場合は必要に応じて取り崩す処理が必要となります。

　なお、買収会社の立場で考えると、M&Aによるシナジー効果を期待しているため、それによる回収可能性への影響を考慮する必要があります。

⑦　その他の流動資産及び固定資産

　その他の資産については、営業外の債権、貸付金等の債権又は前払費用等経過勘定がある場合が多いと考えられます。これらの資産は、金融商品会計基準及び金融商品会計実務指針で金銭債権として貸倒引当金の計上対象の資産とされているものについては、営業債権同様に適切に回収可能性が検討されていれば、特段評価替えをする必要が無いと考えられます。

　また、その他の資産に計上されている前払費用等経過勘定については、適正に計上されていれば、一般的にバリュエーションにおいても重要性が少ないため、帳簿価額を時価とみなすことが一般的であると考えられます。

(5) 時価純資産法における負債の時価評価について

次に、負債科目についても各勘定科目別にその留意事項を説明します。

① 営業債務

営業債務については、通常は支払義務がある金額自体を計上しているため特段評価替え等による修正は行いません。ただし、未計上の債務が存在する場合等には評価結果に重要な影響が出る可能性があるため、財務デュー・ディリジェンスにより未計上債務の有無を分析することとなります。

② 借入金等の有利子負債

借入金やリース債務等の有利子負債については、返済義務のある金額を貸借対照表に計上している限り、特に評価替えは行わずに帳簿価額により時価純資産を算定します。

ここで、企業会計基準適用指針第19号「金融商品の時価等の開示に関する適用指針」(以下「金融商品適用指針」という。)では、長期借入金等の有利子負債は新規の借入を実行した場合に適用される利率により割り引いた現在価値を時価として開示しているような場合があります。これを時価純資産法に適用すると、借入実行時より信用リスクが低下して現在の新規借入利率が高い場合には、買収価格に考慮される場合もあります。

③ 引当金

一般的に公正妥当と認められる企業会計の基準を適用している企業では、将来に発生する費用又は損失が適正に計上されている場合は問題ないと考えられます。なお、退職給付引当金は、従来、数理計算上の差異、過去勤務債務、及び会計基準変更時差異等の債務は、会計処理上は一旦未認識として、期間按分して債務を認識している場合がありました。しかし、平成24年5月に改正退職給付会計基準が公表され、平成25年4月1日以後開始する事業年度の年度末より、当該未認識の数理計算上の差異及び未認識過去勤務債務を、税効果を調整の上純資産の部(その他の包括利益累計額)に計上することとし、積立状況を示す額をそのまま負債(又は資産)として計上することとされました。し

# 第3章 バリュエーション

たがって、追加で債務計上する必要がある場合に留意が必要です。

### ④ その他の流動負債及び固定負債

その他の流動負債及び固定負債についても、一般的には将来における支払義務が計上されていると考えられるため、帳簿価額のまま価値算定します。営業債務と同様、未計上の債務が存在する場合等には評価結果に重要な影響が出る可能性があるため、財務デュー・ディリジェンスにより未計上債務の有無を確認し、必要な場合は追加計上を行うことが必要です。

### (6) 時価評価により発生した繰延税金資産及び負債について

時価純資産法では、対象会社の資産及び負債を時価に評価替えして純資産を算定しているため、その評価替え時に先述した繰延税金資産や繰延税金負債が新たに発生することが考えられます。

具体的な例として、帳簿上2,000の土地を正味売却価額の1,200で評価替えした際の節税効果を税金資産計上した場合のイメージは以下のとおりです。

**図表3-6 税効果会計を適用した場合の資産価値**

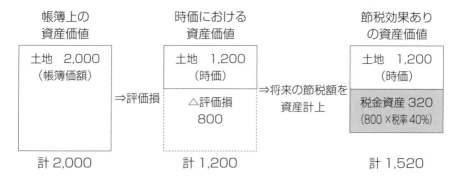

ここで、時価純資産法の時価の考え方として、一般的にはM&A等により買収する企業は、清算や転売を前提として取得されることは考えにくいため、原則的に再調達価額で評価されます。そのため、再度調達するコストで資産・負債を評価するため、税効果会計は考慮しないことが一般的です。しかし、買

収後に事業と関連がない等の理由により処分する予定の資産を正味売却価額を用いて評価替えした際には、繰延税金資産及び繰延税金負債を認識することが適切であると考えられます。

(7) ディスカウント及びプレミアムについて

株式評価においては、コントロール・プレミアム、非流動性ディスカウント、及び小規模ディスカウントといったディスカウントやプレミアムが考慮される場合があります。

① 非流動性ディスカウント

非上場企業の株式は、証券取引所で取引するよりも買い手を自己で探す時間や手間を要するため、株式取得後は売却しようとする場合に上場株式よりも流動性に欠けています。そのため、非上場株式を評価する場合には、上場企業と比較した場合と異なり一定のディスカウントがなされますが、それは非流動性ディスカウントと呼ばれます。

② 小規模ディスカウント

評価対象会社が類似上場会社に比べ、小規模会社であればその事業の安定性が低い場合があり、一般的に小規模な会社への投資はリスクが高いと考えられます。その結果、規模のリスクとして、小規模ディスカウント分を株式価値から減算する場合があります。

③ コントロール・プレミアム

株式会社の場合、株式を取得した株主は企業の株主総会での議決権を保有することになります。株主総会は、企業の最高経営意思決定機関であり、株主総会での意思決定は株主が保有する議決権の数に応じた多数決のもと行われます。そのため、株式取得により企業の議決権の過半数（50％を超える）を占めることができれば、企業の経営に大きな影響を与えることができることになるので、数値的根拠で得られる以上の価値（プレミアム）があり、取引価格に上乗せがされます。

そのプレミアム部分は、コントロール・プレミアムと呼ばれ、株式取得により議決権の過半数を獲得できる場合には特に高く評価されます。過去の取引事例では、公開買付により株式の過半数を取得する場合には、おおむね株価の20%〜40%のプレミアムが上乗せされています。

# 3 マーケット・アプローチ

## (1) マーケット・アプローチの概要

マーケット・アプローチとは、評価対象会社の株式の過去の取引における価額や対象会社と類似する上場会社の株式の市場価額を参考に評価したり、類似するM&Aの取引事例における売買価額を参考に評価する方法です。

企業価値評価ガイドラインによれば、マーケット・アプローチの評価方法として、市場株価法、類似上場会社法、類似取引法、取引事例法が挙げられています。

### ① マーケット・アプローチの長所

マーケット・アプローチは、第三者間や市場で取引されている株式との相対的な評価手法であることから、市場における取引環境を反映させることが可能で、また、誰が評価しても同様の評価結果になりやすいので、一定の客観性があると考えられます。

### ② マーケット・アプローチの短所

マーケット・アプローチは、評価対象会社が他の会社と異なる成長ステージにある場合や、そもそも類似する上場会社がない場合は評価が困難となります。

## (2) 市場株価法
### ① 市場株価法の概要

市場株価法とは、金融商品取引所等に上場している会社の株価を基準に評価する方法です。

市場株価は、多くの投資家が個々の企業の将来性、収益力、及び財産価値等の種々の要素を一体として評価した結果の集成であるとも考えられます。この市場株価に影響を与えると思われる重要事実・会社情報が全て開示され、かつ、それらが市場株価に織り込まれていると判断される限り、会社の企業価値を表

す客観的な指標ということができます。

そのため、市場で形成された株価に異常性が認められなければ、合理的な評価方法として採用できるものと考えられます。

② **市場株価法の適用場面**

上場会社が絡んだ組織再編の合併比率、株式交換比率、株式移転比率等の算定、また、上場会社の株式を株式公開買付により買収する際のTOB価格、上場会社による自社株買取の価格算定のために用いられることが多いようです。

このような場合、複数の評価方法を併用法により評価することがありますが、上場会社同士の合併等では市場株価法による評価額を無視して評価額を算定するケースは少ないようです。これは、上場会社間の組織再編の場合は、その株価が合理的に形成されている限り、上場会社の株価は客観的な指標として把握することができるためです。

ただし、上場会社の株式の評価であっても、あらゆる場面で市場株価法を優先的に適用するのではなく、取引の状況、マーケットの環境そして市場株価の動向を踏まえて、他の評価方法の採用を慎重に検討すべきであると思われます。

③ **採用する市場株価**
ア．市場株価の採用期間

市場株価は、合併等などの公表直前の終値若しくは一定期間の終値の単純平均値や加重平均値を基準として決定されますが、実務上は、一定期間の平均値を基準に評価している場合が多いようです。

これは、評価基準日あるいは特定の日といった一時点の株価のみを採用した場合、企業評価に無関係な特殊要因や一時的な市場動向に左右される可能性があります。そのため、評価基準日から遡った一定期間の平均値を採用することが合理的と考えられます。

一定期間のその期間をどの程度とするかは、企業価値評価ガイドラインでは言及されていませんが、過去1か月平均、過去3か月平均、過去6か月平均などの期間をケースバイケースにより採用している場合が多いようです。

イ．株価採用期間の市場の異常性判断

　上記のような一定期間の株価であっても、異常な変動があった場合の株価や出来高が異常に変動した場合の株価などは、これを除外して評価する必要性を検討する必要があります。

　過去の株価形成に異常性がないか判断する方法として、以下の方法が考えられます。

| | |
|---|---|
| (ア) | 株価チャートと対象会社の過去の公表情報（プレスリリース）とを比較 |
| (イ) | 評価対象会社と同業他社の株価変動をグラフ等で相対比較 |
| (ウ) | 市場インデックス（TOPIX等）と株価の相対比較 |
| (エ) | 値付率（対発行済株式）、売買回転率（対浮動株式数）の状況の把握 |

(注1) 値付率とは、金融商品取引所の立会時間中に、売買が成立し、約定値段が付いた割合をいい、「各期間の値付日数／各期間の立会日数」で計算されます。
(注2) 売買回転率とは、株式市場全体や個別銘柄がどの程度頻繁に売買されているかを表す指標をいい、「売買高／（発行済株式総数－自己株式）」で計算されます。

ウ．ディスカウント・プレミアム等の検討

　市場株価法の場合は、過去の一定期間の市場株価にディスカウント・プレミアムを考慮して株価を決定している場合があります。特に、TOB・MBOの場合では、買収プレミアムを加算することが多いようです。

　市場株価法によるディスカウント・プレミアムの程度は、上場会社のプレスリリースや過去の株価を調査することで、過去に上場会社が行った組織再編等のディスカウント・プレミアムを一定程度把握・分析することができます。

④　市場株価法の計算例

　企業価値評価ガイドラインに、以下の市場株価法の計算例が示されています（加重平均法による評価）。

―前提条件―

評価基準日：20X7年10月1日

計算方法：評価基準日前1か月間の東京証券取引所終値を出来高で加重平均

| 日付 | 終値 | 出来高株数 | 終値×出来高 |
|---|---|---|---|
| 9月1日 | 567 | 34,000 | 19,278,000 |
| 4日 | 569 | 48,000 | 27,312,000 |
| 5日 | 580 | 28,000 | 16,240,000 |
| 6日 | 578 | 46,000 | 26,588,000 |
| 7日 | 580 | 58,000 | 33,640,000 |
| 8日 | 584 | 38,000 | 22,192,000 |
| 11日 | 589 | 46,000 | 27,094,000 |
| 12日 | 590 | 49,000 | 28,910,000 |
| 13日 | 594 | 68,000 | 40,392,000 |
| 14日 | 599 | 126,000 | 75,474,000 |
| 15日 | 601 | 168,000 | 100,968,000 |
| 19日 | 599 | 263,000 | 157,537,000 |
| 20日 | 594 | 354,000 | 210,276,000 |
| 21日 | 598 | 278,000 | 166,244,000 |
| 22日 | 599 | 126,000 | 75,474,000 |
| 25日 | 603 | 234,000 | 141,102,000 |
| 26日 | 601 | 323,000 | 194,123,000 |
| 27日 | 601 | 289,000 | 173,689,000 |
| 28日 | 603 | 323,000 | 194,769,000 |
| 29日 | 602 | 389,000 | 234,178,000 |
| 合計 |  | 3,288,000 | 1,965,480,000 |

加重平均株価 = 1,965,480,000 ÷ 3,288,000 = 597.77円

出典：日本公認会計士協会「企業価値評価ガイドライン（経営研究調査会研究報告第32号）」43頁、平成25年

(3) 類似上場会社法

① 類似上場会社法の概要

　選定した類似上場会社の公表財務指標等を基に比較倍率を算定する方式で、乗数法やマルチプル法とも呼ばれることがあります。

　類似上場会社の株価を基に計算した時価総額や事業価値が、税引後利益、EBIT（支払利息控除前税引前利益：Earnings Before Interest and Taxes）、

EBITDA（減価償却費支払利息控除前税引前利益：Earnings Before Interest, Taxes, Depreciation and Amortization）などの財務指標の何倍で取引されているかを算出し、この倍率を評価対象会社の税引後利益、EBIT、EBITDAなどの財務指標などに掛け合わせることによって企業価値又は株主価値を算定する方法であり、株式市場からの客観的な株式価値算定方法として一般的に企業評価の方法に用いられています。

　類似上場会社法では、選定する類似上場会社の選定、財務数値の算定、ディスカウントやプレミアムの算定が重要になります。

　また、企業価値評価ガイドラインによれば、次のステップで計算するものとされています。

---

a) 類似する上場会社を選定する。
b) 選定した上場会社と評価対象会社の一株当たり利益や純資産などの財務数値を計算する。
c) 両社の財務数値を比較し、その指標の倍率を計算する。
d) 選定した上場会社の市場株価に倍率を掛けて評価対象会社の株価を算出する。

---

出典：日本公認会計士協会「企業価値評価ガイドライン（経営研究調査会研究報告第32号）」44頁、平成25年

② 上場類似会社の選定

　類似上場会社は、評価対象会社と同業種を営む会社を選定する必要がありますが、業種の類似性だけではなく、類似会社との売上規模、資産規模や従業員数、場合によっては地域性等を考慮して総合的に勘案して慎重に決定する必要があります。

　評価対象会社の経営者とのヒアリング・ディスカッションが可能な状況であれば、このヒアリング・ディスカッション内容が類似上場会社を選定する上での1つの重要な参考情報になる場合があります。

　また、評価対象会社の会社と類似する上場会社は、通常1社ではなく、複数の会社が選定されます。類似性が高い上場会社があれば選定する類似会社数は

少なくてもよいと思われますが、類似性が低い上場会社しかない場合などは、より多くの選定会社数が必要となります。

また、企業価値評価ガイドラインによれば、類似上場会社選定の判断要素として以下の例が挙げられています。

---

a) 業界
同じ業界団体又は同種類の産業分野に属しているかどうか。
b) 取扱商品、サービス
商品製品やサービスが同種のもの又は競合するものであるかどうか。
c) 営業などの許認可関係
事業を行うために同種の許認可などが必要かどうか。
d) 事業規模
売上高や総資産・従業員数などにおいて事業規模が同程度であるかどうか。
e) 成長性、新規性又は成熟度
新規ビジネス分野又は新規製品を取扱い、高い成長性が見込める業種かどうか、又は既に成熟産業の分野となっているどうか。
f) 収益性
収益性において同程度の会社かどうか。
g) 地域性
地域色の強い会社の場合、同地域の経済環境にある会社かどうか。
h) 事業戦略
M&Aを多用するなど事業拡大戦略などが似通っているかどうか。

---

出典：日本公認会計士協会「企業価値評価ガイドライン（経営研究調査会研究報告第32号）」44頁、平成25年

③ 倍率の算定に使用する財務指標

倍率の算定に使用する財務指標として、企業価値評価ガイドラインによれば、以下の例が挙げられています。

> a) 一株当たり収益指標：
>   税引後利益
>   支払利息控除前税引前利益（EBIT）
>   減価償却費支払利息控除前税引前利益（EBITDA）
>   売上高
> b) 一株当たり純資産：
>   簿価純資産
>   時価純資産
> c) 一株当たり配当額

出典：日本公認会計士協会「企業価値評価ガイドライン（経営研究調査会研究報告第32号）」45頁、平成25年

　これらの財務指標以外にも、営業利益や経常利益、キャッシュ・フロー指標等を使用することも考えられますが、実務上は、EBITやEBITDAによる倍率方式を採用することが多いようです。

　ただし、類似選定会社の候補とした類似企業のEBITやEBITDAがマイナスになる場合には、倍率を乗じてもその計算結果がマイナスになってしまうため、通常、その会社は選定会社から除外されることになるので注意が必要です。EBITやEBITDAがマイナスになる場合、売上高や純資産指標等を用いることが考えられます。

### ④　財務指標の調整

　財務指標として税引後純利益を採用した場合は、特別項目が含まれることになります。特別項目には、非経常的、巨額な損益が含まれていることがあり、これらが含まれたまま財務指標として利用した場合、算定される結果が大きく歪む可能性があります。そのため、一般的に非経常的な損益を除外する必要があります。

　さらに、非経常的ではないとしても事業外の損益が含まれている場合には、これを可能な範囲で除外する必要があります。

　また、財務指標としてEBITやEBITDAが採用された場合は、その比較対象として市場価格による株式時価総額ではなく、事業価値が使用されるケース

があります。この場合、株式時価総額から有利子負債を加算し、非事業用資産（現預金、投資有価証券等）を控除した事業価値を算出することが多いようです。

このような財務指標の調整は、株価評価と前後して財務デュー・ディリジェンスを行った場合にはより詳細な情報が得られるため、より正確な株価評価の実施が可能となる場合があります。

⑤ 類似上場会社法の計算例

企業価値評価ガイドラインに、以下の類似上場会社法の計算例が示されています。

---

－前提条件－
評価対象会社：X社
評価基準日：20X7年6月1日
類似上場会社：A社とする。
倍率計算に使用する財務数値：一株当たり税引後利益
財務数値の決算日：20X7年3月31日（直近決算日）

A社　20X7年3月期
　　税引後利益　2,360,000,000円
　　発行済株式総数　10,000,000株
　　一株当たり税引後利益　236円（2,360,000,000÷10,000,000株）
　　20X7年6月1日のA社株価終値　4,484円
　　株価倍率＝19（4,484÷236）
X社　20X7年3月期
　　税引後利益　160,000,000円
　　発行済株式総数　250,000株
　　一株当たり税引後利益　640円（160,000,000÷250,000株）
X社株評価額＝640円×19＝12,160円

---

出典：日本公認会計士協会「企業価値評価ガイドライン（経営研究調査会研究報告第32号）」45頁、平成25年

### (4) 類似取引法

類似取引法は、評価対象会社の財務数値等と他社が行った類似の企業買収取引の売買価額の比率等から算定する方法です。

ただし、類似した企業買収取引がない場合や、企業買収取引例の詳細を正確に把握できない場合は採用できず、実務上も類似取引法を採用している場面は少ないと思われます。

### (5) 取引事例法

評価対象会社の株式につき過去に売買がある場合に、その取引価額を基に評価する方法です。取引量が同程度であること、取引時点が比較的最近であること、独立した第三者間の取引であること等が採用の条件となります。

### (6) 類似業種比準法
#### ① 類似業種比準方式の概要

相続税法・財産評価基本通達に規定する評価方法の1つで、類似会社ではなく類似業種の税務上定められた「配当金額」、「利益金額」及び「純資産価額(帳簿価額によって計算した金額)」を基にして、評価対象会社のそれを比準要素として株価を算定する方法です。

相続税や贈与税の税額計算に当たって国税庁が定めた評価方法であり、一律に評価可能であるという客観性はあるものの、一般の取引に際して採用するケースは少ないといわれる場合があります。

この類似業種比準法は、企業価値評価ガイドラインには記載されておりませんが、個人間での株式売買、特にオーナーを含めた親族間の株式売買の場合は、個人の税金に影響するため、税務上の株価を意識した株価決定を行う場合もあることから、ここでは税務上の評価方法のうち、マーケット・アプローチに属する類似業種比準法を取り上げて説明します。

#### ② 類似業種比準方式の適用

類似業種比準方式は、財産評価基本通達における原則的評価方法の1つですが、会社の規模区分によって評価方法が決定されます。

第3章　バリュエーション

ア．評価対象会社の規模区分の判定

| 会社の規模とLの区分(中会社) | | (A) 総資産価格（帳簿価格） | | | (B) 従業員数 | (C) 取引金額 | | |
|---|---|---|---|---|---|---|---|---|
| | | 卸売業 | 小売・サービス業 | それ以外の業種 | | 卸売業 | 小売・サービス業 | それ以外の業種 |
| 大会社 | | 20億円以上 | 10億円以上 | 10億円以上 | 50人超 | 80億円以上 | 20億円以上 | 20億円以上 |
| 中会社 | 大 0.9 | 14億円以上 20億円未満 | 7億円以上 10億円未満 | 7億円以上 10億円未満 | 50人超 | 50億円以上 80億円未満 | 12億円以上 20億円未満 | 14億円以上 20億円未満 |
| | 中 0.75 | 7億円以上 14億円未満 | 4億円以上 7億円未満 | 4億円以上 7億円未満 | 30人超 50人以下 | 25億円以上 50億円未満 | 6億円以上 12億円未満 | 7億円以上 14億円未満 |
| | 小 0.6 | 7千万円以上 7億円未満 | 4千万円以上 4億円未満 | 5千万円以上 4億円未満 | 5人超 30人以下 | 2億円以上 25億円未満 | 6千万円以上 6億円未満 | 8千万円以上 7億円未満 |
| 小会社 | | 7千万円未満 | 4千万円未満 | 5千万円未満 | 5人以下 | 2億円未満 | 6千万円未満 | 8千万円未満 |

（注1）従業員100人以上の場合は、大会社となります。
（注2）「(A) と (B) のいずれか下位の区分」と「(C) の区分」のいずれか上位の区分で判定します。
（注3）特定の評価会社（株式保有特定会社、土地保有特定会社等）を除いています。
出典：国税庁「財産評価基本通達」178

イ．選択可能な評価方式

　　上記アにより決定された会社の規模区分から、以下の表に基づき評価方法が決定されます。

| 会社の規模区分 | | | 原則的評価方法 | 選択可能な評価方法 |
|---|---|---|---|---|
| 大会社 | | | 類似業種比準法 | 純資産価額法 |
| 中会社 | 大 | L＝0.90 | 類似業種比準法×L ＋純資産価額×（1－L） | 純資産価額法 |
| | 中 | L＝0.75 | | |
| | 小 | L＝0.60 | | |
| 小会社 | | | 純資産価額法 | 類似業種比準法×0.5 ＋純資産価額×0.5 |

出典：国税庁「財産評価基本通達」179

③　類似業種比準法の計算過程

　　類似業種比準方式による評価は以下のとおりです。

$$A \times \left[ \frac{\frac{Ⓑ}{B} + \frac{Ⓒ}{C} \times 3 + \frac{Ⓓ}{D}}{5} \right] \times 0.7$$

なお、上記 0.7 は大会社の場合で、中会社の場合は 0.6、小会社の場合に 0.5 になります。

```
「A」＝類似業種の株価
「Ⓑ」＝評価会社の１株当たりの配当金額
「Ⓒ」＝評価会社の１株当たりの利益金額
「Ⓓ」＝評価会社の１株当たりの純資産価額（帳簿価額によって計算した
       金額）
「B」＝課税時期の属する年の類似業種の１株当たりの配当金額
「C」＝課税時期の属する年の類似業種の１株当たりの年利益金額
「D」＝課税時期の属する年の類似業種の１株当たりの純資産価額（帳簿
       価額によって計算した金額）
```

（注）　類似業種比準価額の計算に当たっては、Ⓑ、Ⓒ及びⒹの金額は評基通183《評価会社の１株当たりの配当金額等の計算》により１株当たりの資本金等の額を50円とした場合の金額として計算することに留意する。

出典：国税庁「財産評価基本通達」180

④　評価を行う際の留意点

　税務上の類似業種比準法を採用する場合の主な留意点は以下のとおりです。

ア．上記Ⓑのうちに、特別配当、記念配当等の名称による配当金額のうち、将来毎期継続することが予想できないものは除きます。

イ．上記Ⓑのうちに、直前の期末の翌日から課税時期までの間に、配当の効力が発生した場合には、その配当の額をマイナスして修正比準価額にします。

ウ．上記Ⓒの金額からは非経常的な利益金額（固定資産売却益、保険差益等）は除きます。

エ．上記Ⓓの金額がマイナスの場合にはゼロとします。

オ．上記比準割合 B、C、D は、「類似業種比準価額計算上の業種目及び業種目別株価等について（法令解釈通達）」に従います。

カ．東日本大震災に係る財産評価関係の特例措置が設けられています。

第3章 バリュエーション

## ⑤ 税務申告書における類似業種比準価額等の計算明細書

第4表 類似業種比準価額等の計算明細書

(平成二十六年四月一日以降用)

出典:国税庁「相続税及び贈与税における取引相場のない株式等の評価明細書の様式及び記載方法等について(法令解釈通達)」より一部抜粋

(7) ディスカウント及びプレミアム

　マーケット・アプローチについても、非流動性ディスカウント、小規模ディスカウント及びコントロール・プレミアムが考慮される場合があります。

　市場株価法や類似上場会社法等で算出された価値は、あくまでも市場で売買されている価格等を考慮した評価であるため、非上場企業株は上場株と比較して流動性が欠如しているため、非流動性ディスカウントが考慮されます。また、小規模会社の場合で投資リスクが高い場合には、小規模ディスカウントが考慮されます。

　また、反対に市場での売買価格等には経営権を支配できることのプレミアムも反映されていないことから、コントロール・プレミアムについても考慮する必要があります。

# 4 インカム・アプローチ

## (1) インカム・アプローチの概要

インカム・アプローチは、評価対象会社から期待される利益、ないしキャッシュ・フローに基づいて価値を評価する方法[5]です。

### ① インカム・アプローチの長所

インカム・アプローチは、企業が将来獲得することが期待される資金又は会計上の利益に基づいて評価することから、会社の静態的な価値である純資産価値だけではなく、会社の超過収益力を示すのれんや、貸借対照表に計上されない無形資産や知的財産等の価値を含めた価値となり、将来の収益獲得能力や固有の価値を評価結果に反映させる点で優れているといわれています。

したがって、貸借対照表に計上されていない無形資産や知的財産等が企業価値の源泉の多くを占めるような知的財産集約型の企業の場合には、超過収益力等を企業価値評価に反映させやすいといわれているインカム・アプローチが望ましいと考えられます。

### ② インカム・アプローチの短所

インカム・アプローチでは、企業が生み出す将来のリターンの予測やそれを現在価値に割り引くための割引率の算定の必要がありますが、そこには不確実性が伴い、また、その判断材料となる事業計画等の将来情報には恣意性が介入しやすく、客観性が問題となります。

また、インカム・アプローチは、企業の継続（これをゴーイング・コンサーンといいます）を前提とした企業価値評価であるため、評価対象である企業の継続性に疑義があるようなケースでは、インカム・アプローチを適用することには注意が必要です。

---

[5] 日本公認会計士協会「企業価値評価ガイドライン（経営研究調査会研究報告第32号）」26頁、平成25年

### ③ インカム・アプローチの方法

インカム・アプローチの評価方法としては、企業が生み出す経済価値として、キャッシュ・フローを用いる方法と会計上の利益を用いる方法があります。前者の代表的な方法としては（ⅰ）DCF法と（ⅱ）配当還元法があり、後者の代表的な方法としては（ⅲ）収益還元法があります。

図表3-7-1　インカム・アプローチの手法（経済価値による分類）

また、株主価値の求め方として、事業価値を算出し、これに非事業資産を加算した企業価値から負債価値を控除して株主価値を算定する方法と株主価値を直接算定する方法があり、前者には(ⅰ)DCF法があり、後者には(ⅱ)配当還元法があります。なお、(ⅲ)収益還元法には両方の方法があります。

図表3-7-2　インカム・アプローチの手法（算定方法による分類）

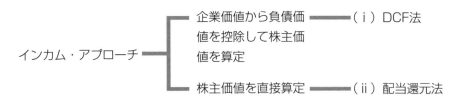

## (2) DCF法（Discounted Cash Flow Method）
### ① DCF法の概要
　DCF法とは、将来生み出されると予想されるフリー・キャッシュ・フロー（FCF：Free Cash Flow）を、株主資本と負債の加重平均資本コスト（WACC：Weighted Average Cost of Capital）で現在価値（PV：Present Value）に割り引くことにより、企業価値を算定する方法です。

　DCF法は、上場非上場を問わず、ほとんどの企業で採用される最も一般的な企業価値評価の手法です。

### ② 計算の手順
　DCF法の計算は、図表3-8の順序で行います。では、STEPごとに詳しく見ていきます。

**図表3-8　DCF法の計算プロセス**

```
STEP①　フリー・キャッシュ・フロー（FCF）の算定
　↓
STEP②　加重平均資本コスト（WACC）の計算
　↓
STEP③　終価（TV）の算定
　↓
STEP④　事業価値の算定
　↓
STEP⑤　企業価値の算定
　↓
STEP⑥　株主価値の算定
```

ア．フリー・キャッシュ・フロー（FCF）の算定
　まず、中期事業計画（予想貸借対照表・予想損益計算書）等から毎年のFCFの予想額を算定します。

FCFとは、企業が本業によって生み出したキャッシュ・フローであり、投資家(株主及び債権者)に自由に分配できるキャッシュをいいます。言い換えれば、FCFは株主と債権者に帰属するキャッシュということになります。

FCFは、会計上の利益からスタートしてキャッシュ・フローベースに修正して求めます。まず、本業から獲得した利益である営業利益から税金を控除した正味税引後営業利益(NOPAT：Net Operating Profit After Tax)を計算し、次に、減価償却費を加算して営業キャッシュ・フローを算定し、最後に、投資キャッシュ・フローである投資額及び運転資本の増加額を減算してFCFを算出します。

**図表3-9 フリー・キャッシュ・フロー(FCF)の算定**

| | |
|---|---|
| 営業利益 | …財務活動(利息)を除いた会社の本業である営業活動による利益です。 |
| − <u>営業利益に係る税金</u> | |
| NOPAT(正味税引後営業利益) | |
| + <u>減価償却費</u> | …会計上は費用として計上されますが、キャッシュの支出を伴わないため、営業利益に加算します。 |
| − <u>設備投資額</u> | …キャッシュの支出はありますが、費用として計上されないため、逆に営業利益から減算します。 |
| ± <u>運転資本の増減額</u> | …会計上の収益・費用とキャッシュの増加・減少との間にタイムラグがある場合にそのズレを調整するため、売上債権(売掛金・受取手形等)及び在庫については増加分を減算し、営業債務(買掛金・支払手形等)については、逆に増加分を加算します。 |
| <u>FCF</u> | |

<計算式>フリー・キャッシュ・フロー(FCF)

FCF = NOPAT + 減価償却費 − 設備投資額 ± 運転資本の増減額

<例題1> FCFの算定
資料① 予想損益計算書(一部)

|  | 1年度 | 2年度 | 3年度 | 4年度 | 5年度 |
|---|---|---|---|---|---|
| 減価償却費 | 700 | 700 | 600 | 600 | 600 |
| 営業利益 | 1,000 | 1,200 | 1,300 | 1,500 | 1,800 |

資料② 実効税率

|  | 1年度 | 2年度 | 3年度 | 4年度 | 5年度 |
|---|---|---|---|---|---|
| 実効税率 | 35.0% | 35.0% | 35.0% | 35.0% | 35.0% |

資料③ 設備投資額

|  | 1年度 | 2年度 | 3年度 | 4年度 | 5年度 |
|---|---|---|---|---|---|
| 設備投資額 | 1,000 | 1,000 | 500 | 500 | 500 |

資料④ 予想貸借対照表(うち運転資本)

|  | 0年度 | 1年度 | 2年度 | 3年度 | 4年度 | 5年度 |
|---|---|---|---|---|---|---|
| 売掛金 | 600 | 700 | 800 | 900 | 1,000 | 1,100 |
| 棚卸資産 | 500 | 600 | 700 | 800 | 900 | 950 |
| 買掛金 | 500 | 650 | 750 | 800 | 950 | 1,000 |

まず、資料④から運転資本の増加額を求めます。

|  | 0年度 | 1年度 | 2年度 | 3年度 | 4年度 | 5年度 |
|---|---|---|---|---|---|---|
| 運転資本残高 | 600 | 650 | 750 | 900 | 950 | 1,050 |
| 運転資本増加額 |  | 50 | 100 | 150 | 50 | 100 |

予想FCFを求めます。

|  | 1年度 | 2年度 | 3年度 | 4年度 | 5年度 |
|---|---|---|---|---|---|
| 営業利益 | 1,000 | 1,200 | 1,300 | 1,500 | 1,800 |
| 税金 | 350 | 420 | 455 | 525 | 630 |
| 税引後営業利益 | 650 | 780 | 845 | 975 | 1,170 |
| ＋ 減価償却費 | 700 | 700 | 600 | 600 | 600 |
| － 設備投資額 | 1,000 | 1,000 | 500 | 500 | 500 |
| － 運転資本増加額 | 50 | 100 | 150 | 50 | 100 |
| FCF | 300 | 380 | 795 | 1,025 | 1,170 |

イ．加重平均資本コスト（WACC）の計算
　㋐　現在価値
　　貨幣には時間価値があります。例えば、現在の100万円は、もし金利8%の定期預金に預けると、1年後には100万円×（元本1＋年利0.08）＝108万円となります。つまり、この場合、現在の100万円は1年後の108万円と同じ価値ということになります。逆に言えば、1年後の108万円の現在における価値（現在価値）は100万円となります。これは、108万円を1.08で割り戻せばいいわけです（108万円÷1.08＝100万円）。この計算を割引計算といい、1.08が割引率（discount rate）となります。
　　この「貨幣の時間価値」という考え方に基づいて、将来のFCFを、現時点における価値（現在価値）に換算する必要があります。そのためには、一定の割引率を使って割引計算を行います。

＜例題2-1＞現在価値の計算（複利計算）
- 現在の100万円の3年後の価値はいくらになりますか。割引率は8%とします。

$1,000,000 \times (1 + 0.08)^3 = 1,259,712$
　　※100万円の1年後の将来価値＝$1,000,000 \times 1.08 = 1,080,000$
　　　100万円の2年後の将来価値＝$1,000,000 \times 1.08 \times 1.08 = 1,166,400$
　　　100万円の3年後の将来価値＝$1,000,000 \times 1.08 \times 1.08 \times 1.08 = \underline{1,259,712}$

＜例題2-2＞現在価値の計算（割引計算）①
- 3年後の100万円の現在価値はいくらですか。割引率は8%とします。

$1,000,000 \div (1 + 0.08)^3 = 793,832$
　　※1年後の100万円の現在価値＝$1,000,000 \div 1.08 = 925,926$
　　　2年後の100万円の現在価値＝$1,000,000 \div 1.08 \div 1.08 = 857,339$
　　　3年後の100万円の現在価値＝$1,000,000 \div 1.08 \div 1.08 \div 1.08 = \underline{793,832}$

＜例題2-3＞現在価値の計算（割引計算）②
- 3年後の100万円の現在価値はいくらですか。割引率は5%とします。

$1,000,000 \div (1 + 0.05)^3 = 863,838$

　※1年後の100万円の現在価値 = $1,000,000 \div 1.05 = 952,381$
　　2年後の100万円の現在価値 = $1,000,000 \div 1.05 \div 1.05 = 907,029$
　　3年後の100万円の現在価値 = $1,000,000 \div 1.05 \div 1.05 \div 1.05 = \underline{863,838}$

(イ) 資本コスト

　FCFの割引計算に用いる一定の割引率とは、キャッシュ・フローを生み出す事業のリスクを反映した、投資家が要求する期待投資利回りです。

　投資家の企業に対する投資と企業の資金調達とは表裏一体の関係にあります。したがって、投資家側から見た期待投資利回りは、企業側から見れば資本を調達するためのコスト（資本コスト）ということになります。

　＜例題2-2＞と＜例題2-3＞を比較すると、割引率が大きい＜例題2-2＞のほうが現在価値は小さいことが分かります。これは、将来のキャッシュ・フローが同じ場合、投資家の要求利回りが大きいほど現在価値が小さくなることになります。

　企業に資金を提供する投資家には株主と債権者がいますが、企業はこの2つの投資家から提供された資金を事業へ投資し、事業によって生み出したキャッシュ・フローを株主と債権者へ分配します。したがって、ここでの投資家とは、資本の投資者である株主及び負債の投資者である債権者の双方であり、割引率についても、株主の必要収益率（＝株主資本コスト）と債権者の必要収益率（＝負債コスト）を加重平均した加重平均資本コスト（WACC）を用います。

※一般に事業のリスクには、業種や個別企業間で相当の差があります。
※資本構成の変化は、財務リスクの変化を通じて株主資本コストを変化させます。したがって、将来における資本構成の変化が予想される場合には、株主資本コストに反映する必要があります。

### 図表3-10　資本構成と資本コスト

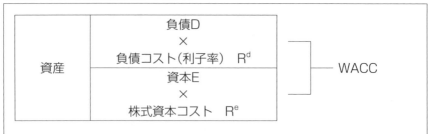

＜計算式＞WACC

$$WACC = E / (D + E) \times R^e + D / (D + E) \times R^d \times (1 - t)$$

E：株主資本の時価＝株式時価総額
D：負債の時価＝純有利子負債の時価
E／(D + E)：株主資本比率
D／(D + E)：負債比率
$R^e$：株主資本コスト＝株式の期待収益率
$R^d$：負債コスト＝利子率
t：実効税率

＜株主資本コスト＞

　株主資本コスト（cost of equity）は、キャッシュ・フローを生み出す事業のリスクを反映した株主の要求する投資収益率ですが、負債の利子率と異なり明示的に示されていないため、資本資産評価モデル（CAPM：Capital Asset Pricing Model）による以下の公式を用いて推計します。

＜計算式＞CAPM

$$R^e = R^f + \beta \times (R^m - R^f)$$

$R^e$：株主資本コスト
$R^f$：リスクフリーレート（無リスク利子率）…リスクが0である場合の期待利子率であり、実務上は10年物国債の利回りを採用するケースが一般的です。
$R^m$：株式市場全体（TOPIX）の期待収益率（expected market return）
$\beta$：株式のβ値…株式市場全体の期待収益率の変化に対する個別株式の変化の度合い（volatility）をいいます。例えばβ＝1の個別株式は市場全体の変動と同一の変動をすることを意味し、β＝1.2の個別株式は市場全体の変動に比べ20％大きく変動することを意味します。つまり、βが大きいほどvolatility（＝リスク）が高く、投資家が要求する期待投資利回りが高くなります。
　　　　上場企業のβは、Bloombergや東証のTOPIX β VALUE、日経会社情報等で入手することができます。
$R^m - R^f$：株式市場リスク・プレミアム（market risk premium）
　　　　…株式市場全体の収益率とリスクフリーレートの差

<例題３>株主資本コストの計算
- リスクフリーレート＝１％
- 株式市場全体の期待収益率＝６％
- $\beta = 1.2$

株主資本コスト＝１％＋1.2×（６％－１％）＝７％

(ウ) 負債コスト

　負債コスト（cost of debt）は、当該企業が市場から借り入れる際に債権者から要求される利子率です。対象会社が社債を発行している場合は、社債利回りとします（リスクフリーレートにデフォルト・プレミアムを加算して社債の利子率が算定されていると考えられます）。実務的には、支払利息の利率として、以下の計算式により算定するのが一般的です。

負債コスト
　＝基準年度の支払利息÷平均（前年度末と基準年度末）有利子負債残高

　なお、負債利子は、税務上損金算入が認められるため、税金を削減させる効果があり（負債の節税効果）、負債コストには（１－実効税率）を乗じます。
※実効税率とは、企業の課税所得に応じて課される法人税、住民税及び事業税の合計税率であり、日本では現行およそ35％となっています。

(エ) 資本構成

　WACCを算定する際の資本構成（株主資本比率と負債比率）は、原則として時価を用いて計算します。
　しかし、対象会社が将来の資本構成の目標値を持っている場合には、当該目標値を採用する場合があります。また、対象会社が非上場の場合等では、類似企業の資本構成を参考にする場合もあります。
　なお、負債については、株式とは異なり、それほど時価と簿価に大きな差異はないと考えられることから、実務上は、簿価とするのが一般的です。ただし、倒産可能性が高い場合には簿価と時価の乖離が大きくなることから、

実質的な負債価値を検討する必要があります。

＜例題４＞WACC の計算
- 有利子負債の時価：3,000
- 株式時価総額：7,000
- 株主資本コスト：8.0％
- 利子率：2.0％
- 実効税率：35.0％

WACC ＝ 8.0％ × 7,000 ／（3,000 ＋ 7,000）＋ 2.0％ × 3,000 ／（3,000 ＋ 7,000）
　　　× （1 － 0.35）＝ 5.6％ ＋ 0.39％ ＝ 5.99％

ウ．終価（Terminal Value:TV）の算定

　　TV とは、予想期間終了時点における事業価値です。

　　ゴーイング・コンサーンを前提とすると、半永久的に続く全期間にわたるキャッシュ・フローを予測することは不可能であるため、実務においては、ある時点（予想期間）で区切って、予想期間内については詳細に見積り、それ以降のキャッシュ・フローについては、単純な仮定をおいて予想期間終了時点の残存価値（終価）を計算します。

　　※予想期間をどの程度の期間とするべきかが問題となりますが、期間を長く設定するほどキャッシュ・フローの予測精度は落ちるため、基本的には、TV を単純な仮定の下で推定しても誤差がそれ程大きくならないと予想される期間とすべきであり、画一的に定められるものではありません（実務上は 5 ～ 10 年とすることが多いようです）。

　　TV は予想期間終了以降の半永久期間の価値であることから、企業価値の大きな部分を占めることが多く、その算定には慎重な検討が必要です。予想期間終了以降については、毎期の FCF を一定と仮定したり、一定の割合（例えば期待インフレ率）で成長すると仮定したりするなど、単純な仮定を置きます。

　　一般に採用されている定率成長モデル（Constant Growth Model）では、次の公式で計算します。

※成長率の推定は、予想期間終了後の半永久的に継続するFCFの予想を伴うことから困難と考えられるため、実務上は、対象会社の属する業界の成長率やマクロ経済指標の成長率を参考として設定します。

<計算式> TV

$$TV = FCF \times (1 + 成長率) / (割引率 - 成長率)$$

0 ≦成長率＜割引率

<例題5> TVの現在価値の計算

- 予想期間終了時点のFCF = 1,000
- 成長率 = 1％
- WACC = 6％

TV = 1,000 ×（1 + 0.01）÷（0.06 − 0.01）= 20,200

エ. 事業価値の算定

　事業価値とは、事業から生み出される価値ですが、予想期間内のFCFの現在価値と予想期間終了時点のTVの現在価値の合計で算定されます。

　事業価値＝予想期間のFCFの現在価値＋TVの現在価値

<例題6>事業価値の算定

資料① FCFとTV

|  | 1年度 | 2年度 | 3年度 | 4年度 | 5年度 |
|---|---|---|---|---|---|
| FCF | 250 | 320 | 730 | 950 | 1,000 |
| TV |  |  |  |  | 20,200 |
| 計 | 250 | 320 | 730 | 950 | 21,200 |

資料② WACC = 6％

まず、毎年の割引現在価値を求めます。

|  | 1年度 | 2年度 | 3年度 | 4年度 | 5年度 |
|---|---|---|---|---|---|
| 割引現在価値 | 236 | 285 | 613 | 752 | 15,842 |

事業価値 = 236 + 285 + 613 + 752 + 15,842 = 17,728

オ．企業価値（Firm Value）の算定

　　企業価値は、事業価値に事業以外の非事業用資産（事業に直接供されていない遊休資産や余剰現預金等）の価値を加算した企業全体の価値です。

＜例題7＞企業価値の算定
- 事業価値 = 17,728
- 余剰資金 + 保有有価証券 = 500

　　企業価値 = 17,728 + 500 = 18,228

カ．株主価値（Equity Value）の算定

　　株主価値は、企業価値から負債価値（有利子負債等の他人資本の時価）を減算することにより算定される株主に帰属する価値です。

　※株主価値の算定に当たっては、種類株式等の取扱いや少数株主持分を減算する等の処理が必要となります。
　※企業価値を株主価値と同義にとらえるケースも実務上ありますが、企業価値評価ガイドラインでは、企業価値と株主価値は別の概念として定義しています。

＜例題8＞株主価値の算定
- 企業価値 = 18,228
- 有利子負債 = 1,800

　　株主価値 = 18,228 - 1,800 = 16,428

図表3-11　株主価値の算定

```
        FCFの現在価値
    +   TVの現在価値
        ─────────────
        事業価値
    +   非事業価値
        ─────────────
        企業価値
    -   負債価値
        ─────────────
        株主価値
        ═════════════
```

## キ．ディスカウント・プレミアム

DCF法はキャッシュ・フローをベースとするため、事業計画等によって計算結果が大きく左右されます。したがって、コントロール・プレミアムが含まれていると考えられます。

また、DCF法は経営権を持つ株主に対する方法であることから、少数株主ディスカウントを行う必要があります。

さらに、資本コストの算定には株式市場の期待収益率を用いられていることから、DCF法では流動性が前提となっています。したがって、非上場会社を買収する場合には、DCF法による計算結果に対して、非流動性ディスカウントが実務上行われています。例えば、非流動性ディスカウントを資本コストに反映させる方法などがあります。

＜例題９＞ディスカウント・プレミアム
- DCF法で算定した株主価値＝10,000
- コントロール・プレミアム＝30％
- 非流動性ディスカウント＝30％

株主価値＝10,000 － 10,000 ×少数株主ディスカウント
　　　　＝10,000 － 10,000 ×（1 － 1／（1 ＋コントロール・プレミアム））
　　　　＝10,000 － 10,000 ×（1 － 1／（1 ＋ 0.3））
　　　　≒7,692

### (3) 配当還元法（配当割引モデル：Dividend Discount Model）
#### ① 配当還元法の概要

株主は企業から配当金という形でキャッシュ・フローを得ます。配当還元法は、この配当金というキャッシュ・フローの将来の予想額に基づいて株主価値を評価する方法です。DCF法では、まず企業価値を算定し、それから負債価値を減算して株主価値を求めましたが、この方法では、株主のみに帰属する配当金の期待値を株主資本コストで割り引くことによって株主価値が直接的に計算されます。

しかし、配当還元法では将来の業績や配当政策の影響を受けるため、将来の配当額の予測について不確実性が大きいという欠点があります。

また、多額の欠損が生じているために配当できない企業や将来投資のために内部留保を優先して配当を実施しないような成長企業（例えば、ベンチャー企業等）については将来の配当額の予測が困難であり、また、配当利回り（1株当たり配当額÷株価）が低水準で安定しているような企業（多くの日本企業がこれに該当します）は過小評価しやすくなります。

② 計算の手順

　配当還元法の計算は、**図表3-12**の順序で行います。では、STEPごとに詳しく見ていきます。

**図表3-12　配当還元法の計算プロセス**

```
STEP①　配当可能額の算定
　　↓
STEP②　株主資本コストの計算
　　↓
STEP③　株主価値の算定
```

ア．配当可能額の算定

　配当還元法によって算定された株主資本価値は、一定の配当金を半永久的に受け取ると想定したものです。そのため、配当還元法において採用する配当額は将来にわたって継続的に実現可能な配当額とする必要があります。

　配当額は、純利益×配当性向（配当額÷純利益）で算定されるため、業績（純利益の額）と経営者の配当政策の影響を受けます。

イ．株主資本コストの計算

　DCF法では、株主と債権者に分配可能なFCFを割り引くために株主資本コストと負債コストの加重平均資本コスト（WACC）を用いましたが、配当還元法では、株主のみに分配可能なFCFを割り引くため、株主資本コストを用います。

各年度の FCF を現在価値に割り引く計算は、DCF 法と同様です。

ウ．株主価値の算定

配当還元法による株主価値は以下の計算式で求められます。

$$株主価値 = D_1/(1+r) + D_2/(1+r)^2 + D_3/(1+r)^3 + \cdots$$

$D_n$ ＝ n 年目の予想配当額
r ＝株主資本コスト

しかし、この計算式では将来の配当額を予測する必要があり、その予測は困難であることから、これを克服する方法として、①配当額が将来にわたって一定であると仮定するゼロ成長モデルや②将来の配当額が一定の成長率で増加すると仮定する定率成長モデル（ゴードンモデル）等があります。それぞれのモデルの計算式は以下のとおりです。

＜計算式①＞ゼロ成長モデル

$$株主価値 = D / r$$

D ＝配当額の期待値
r ＝株主資本コスト

＜計算式②＞定率成長モデル（ゴードンモデル）

$$株主価値 = D/(1+r) + D(1+g)/(1+r)^2 + D(1+g)^2/(1+r)^3 + \cdots$$
$$= D/(r-g)$$

D ＝配当額の期待値
r ＝株主資本コスト
g ＝配当の成長率
$0 \leq g < r$（資本コストを上回る高成長率の場合には適用できず、安定成長期の会社に適用可能）

＜例題 10＞定率成長モデル

- 1 年後の配当額＝ 300
- 配当の成長率＝ 5 ％
- 株主資本コスト＝ 8 ％

株主価値＝ 300 ／（0.08 － 0.05）＝ 10,000

エ. ディスカウント・プレミアム

　配当還元法は、配当金を得るだけの少数株主に適合するため、コントロール・プレミアムは含まれていないと考えられます。

　また、配当金を得るだけの少数株主の価値を計算するものであるため、少数株主ディスカウントを行う必要もありません。

## (4) 収益還元法
### ① 収益還元法の概要

　収益還元法は、将来に予想される会計上の利益を一定の割引率で割り引くことによって企業価値を計算する方法です。したがって、収益還元法は、DCF法におけるキャッシュ・フローを外部者にも容易に入手可能な利益に置き換えたコストのかからない簡便法であると言えます。

　DCF法や配当還元法では、対象会社の事業計画に基づいて株主資本価値を算定しましたが、対象会社に事業計画がないか、または入手できない場合には、簡便法として収益還元法を採用することがあります。

　しかし、会計上の利益は経営者による恣意的な会計方針の選択や変更によって影響を受けやすいという批判があります。

### ② 計算の手順

　収益還元法の計算は、**図表3-13**の順序で行います。では、STEPごとに詳しく見ていきます。

**図表3-13　収益還元法の計算プロセス**

```
STEP ①　予想利益の算定
　　　 ↓
STEP ②　資本還元率の計算
　　　 ↓
STEP ③　企業価値（株主価値）の算定
```

ア．予想利益の算定

　将来の予想利益は、中期計画等の将来の一定期間の利益の期待値の平均や過去数期間の実績値の平均を用いるのが適切であると考えられます。なお、その場合、特別な要因による損益は除外した上で平均を算出すべきと考えられます。

イ．資本還元率の計算

　資本還元率としては、WACC又は株主資本コストを用います。

ウ．企業価値（株主価値）の算定

　計算方法としては、①事業価値に非事業価値を加算、負債価値を減算して株主価値を算定する場合と②直接株主価値を算定する場合の2通りがあります。株主と債権者双方に帰属する事業価値を求める①では、営業利益から債権者に帰属する支払利息を差し引かないEBITをWACCで割り引き、株主のみに帰属する株主価値を求める②では、債権者に帰属する支払利息を差し引いたEBTを株主資本コストで割り引きます。

　毎期一定の割合で収益が成長する場合の収益還元法による株主価値は、以下の計算式で算定します。

＜計算式①＞

| 株主価値＝EBIT×（1－税率）÷（WACC－成長率）＋非事業用資産　　　　　　－有利子負債 |
|---|

EBIT（利払前税引前利益：Earnings Before Interest and TAX）

＜計算式②＞

| 株主価値＝EBT×（1－税率）÷（株主資本コスト－成長率） |
|---|

EBT（利払後税引前利益：Earnings Before TAX）

エ．ディスカウント・プレミアム

　収益還元法は利益をベースとするため、事業計画等によって計算結果が大きく左右されます。したがって、コントロール・プレミアムが含まれている

と考えられます。

　また、収益還元法は DCF 法と同様に、経営権を持つ株主に対する方法であることから、少数株主ディスカウントを行う必要があります。

《参考文献等》

『図解でわかる 企業価値評価のすべて』KPMG FAS 著、日本実業出版社、平成 23 年

『企業買収の実務プロセス』三菱 UFJ リサーチ＆コンサルティング 木俣貴光著、中央経済社、平成 22 年

『企業価値評価〈第 5 版〉【上】【下】』マッキンゼー・アンド・カンパニー、ダイヤモンド社、平成 24 年

『M&A の企業価値評価』監査法人トーマツ編、中央経済社、平成 17 年

『企業価値と会計・監査』日本公認会計士協会東京会編、税務研究会出版局、平成 19 年

『ビジネス・ゼミナール経営財務入門〈第 4 版〉』井出正介・高橋文郎、日本経済新聞出版社、平成 21 年

『図解 財産評価〈平成 25 年版〉』長谷川昭男編、大蔵財務協会、平成 25 年

『企業価値評価ガイドライン』日本公認会計士協会編、日本公認会計士協会出版局、平成 25 年

『非上場株式鑑定ハンドブック―評価・価格決定の理論と実践』茂腹敏明著、中央経済社、平成 21 年

『無形資産の評価実務』デロイト トーマツ FAS ウェブサイト、平成 21 年

『類似業種比準価額計算上の業種目及び業種目別株価等について（法令解釈通達）』
http://www.nta.go.jp/shiraberu/zeiho-kaishaku/tsutatsu/kobetsu/hyoka/130603/index.htm

## 第4章

# デュー・ディリジェンスとは

# 1 デュー・ディリジェンスとは

## (1) 意義とその必要性

　デュー・ディリジェンス（Due Diligence）とは、M&A等の取引に先駆けて投資対象の事業内容や実態を詳細に調査することをいいます。具体的には、M&Aや事業再編、不動産投資など、取引の対象に応じ、財務、法務、税務、ビジネス（事業）、人事、IT、不動産、知的財産、環境など、様々な観点から必要な調査を実施します。

　M&Aや事業再編を成功させるためには、取引対象の問題点や課題を迅速に把握し、投資によって思い描く仮説が適切か、投資に対し価値が本当にあるのかどうかを確認する必要があります。デュー・ディリジェンスは、これに応えるための調査プロセスであり、売り手と買い手の情報の非対称性を緩和させ、取引の交渉材料や買収後の経営戦略立案のための情報源として欠かすことができないものとなっています。通常、デュー・ディリジェンスは財務、法務、税務、ビジネス（事業）の領域に対して実施されることが多いですが、取引の規模・複雑性の程度に応じて、ITや人事、環境などの領域についても実施されます。

　第4章では、主に買い手側が外部の専門家を利用するという前提で、各々のデュー・ディリジェンスをみていきます。

## 2 財務デュー・ディリジェンス

### (1) 財務デュー・ディリジェンスの概要
#### ① 意義

　財務デュー・ディリジェンスとは、企業買収等の意思決定を行うに当たって、財務に関する事項につき対象会社の強みや問題点の有無を把握するために行われる詳細な調査です。

　通常は、当事者間で買収や事業譲渡の基本合意後、再契約締結前のタイミングで財務面の確認を行うために調査が実施されますが、この財務デュー・ディリジェンスの結果、当初想定していなかったような問題点等が検出された場合には、当事者間において、譲渡価格等条件面での再調整を行います。

　問題点の程度によっては、当事者間での合意をはかることが困難であることもあり、その場合には、買収や事業譲渡の合意そのものが解消されてしまうこともあります。そのため、財務デュー・ディリジェンスは、買収や事業譲渡の成否にとって非常に重要な影響を及ぼす可能性のある調査であるといえます。

#### ② 対象

　デュー・ディリジェンスは、買収対象となる会社全体や事業譲渡の対象となる事業を対象として実施します。

　財務デュー・ディリジェンスでは、上記の調査対象の財務に関する事項に焦点を絞って実施します。

　調査する財務情報は、主に過去の財務情報であり、対象会社から提供を受けた財務情報の基礎となる情報の収集や提供された情報をもとに想定されるリスクの検討を行う手続となります。手続実施の際に留意すべき点としては、不正な財務情報の存在の有無、財務諸表へ適切に反映されていないオフバランス項目の確認などが挙げられます。

　また、過去の財務情報だけでなく、調査時点での財務情報への評価を実施することや将来の事業計画の検証も、調査の対象に含まれることも多いよう

です。調査時点での評価としては、財務情報の時価評価への置き換えが挙げられます。このように過去の財務情報だけを対象としない理由としては、過去の財務情報が現在の企業価値を適切に表しているとは言えないことがあることや、将来の事業計画を見込んだ上で買収の判断を行うことがあるためです。

なお、対象会社が外部監査を受けているかいどうかによって、調査の対応が変わります。監査を受けている企業が対象となる場合には、適切に監査を受けていることが前提となるので、外部監査の実施プロセスを確認することや監査人より提出されている長文式の結果報告書を入手し、結果報告書をレビューすることによって財務情報の正確性をある程度担保することができると考えられます。その一方で、監査を受けていない企業が対象となる場合には、財務情報の正確性を担保する前提が存在しないことから、調査にあっては正確性の確認作業をより慎重に行う必要があります。

③ 実施者

財務デュー・ディリジェンスの実施者として、企業内部で財務に精通したメンバーを選定して実施することもありますが、財務の専門家である公認会計士や税理士に調査を依頼し、実施することが実務上多いと考えられます。その理由としては、財務調査の専門性が高いことや独立した立場からの調査結果のほうがより企業内外への説得力が高まることなどが考えられます。

④ 手続

財務デュー・ディリジェンスは、実施する手続に関して特段制約はありません。

しかし、実施者が手続を選定するに当たっては、対象会社の属する業種や会社の規模、取引形態等により実施する手続が変わってきますので、慎重に手続の選定を行う必要があります（一般的な手続は第6章をご覧ください）。

クライアントである買い手と受嘱者であるデュー・ディリジェンス実施者は、契約書において実施する手続を合意し、契約に基づいてその手続を実施することになります。

実務上、これらは「合意された手続」として、「合意された手続契約書」

# 第4章 デュー・ディリジェンスとは

などの名称で文書化され、契約締結されます（「合意された手続」に関しては、日本公認会計士協会　監査・実務委員会研究報告第20号「公認会計士等が行う保証業務等に関する研究報告」を参考とすることが有効です）。

なお、財務の専門家の実施する手続として財務諸表監査がありますが、財務諸表監査とデュー・ディリジェンスの手続には、主に以下のような違いがあります。

（参考：財務諸表監査と財務デュー・ディリジェンスとの違い）

| | | 財務諸表監査 | 財務デュー・ディリジェンス |
|---|---|---|---|
| 1．基準の有無 | | あり | なし |
| | | 監査基準 | 委託者と受託者との合意により決定 |
| 2．実施者 | | 公認会計士のみ | 公認会計士や税理士等の財務の専門家や企業内の財務に精通したメンバーなど、制約はない |
| 3．実施する手続 | | | |
| | 実　　査 | 実施する | 通常、実施しない |
| | 確　　認 | 実施する | 通常、実施しない |
| | 立　　会 | 実施する | 通常、実施しない |
| | 合意した手続 | （特に合意は不要） | 実施する |
| 4．実施時期 | | 主な手続は決算日後 | 買収案件の発生時 |
| | | 定期的に実施 | 随時 |
| 5．実施期間 | | 比較的長期間 | 比較的短期間 |
| | | 会社法監査報告書日もしくは金融商品取引法監査報告書日までの期間 | 契約で定められた期間 |
| 6．成果物 | | 監査報告書 | 合意された手続契約に基づいて実施した場合<br>⇒「合意された手続実施結果報告書」等 |

⑤ 最終成果物

　財務デュー・ディリジェンスの最終成果物は、財務諸表監査のように「監査報告書」という所定の様式はありません。合意された手続契約に基づいて実施された場合には、「合意された手続実施結果報告書」という名称で委託者に対して報告がなされます。報告内容は、合意された手続の実施結果について報告を行うのみであり、結論を述べるものではなく、また、保証を与えるものでもありません。

　そのため、報告書を受領した委託者は、その報告書を自らの責任において、今後の対応策や解決策のために利用していくことになります。実施結果から得られるメリットについては、「⑥　財務デュー・ディリジェンスの効果」で後述します。

　なお、「合意された手続実施結果報告書」の文例は、監査・保証委員会報告第20号において掲載されていますので、参考にすることをお勧めします。

⑥ 財務デュー・ディリジェンスの効果

　財務デュー・ディリジェンスを実施した結果として、一般的には以下のような効果を得ることができます。

- 不良資産や簿外負債・債務保証、不採算事業を事前に発見できるため、買収後のリスクを軽減することができます。
- 財務デュー・ディリジェンスを実施することで、買い手と売り手の間にあった情報格差が縮小されます。その結果、買い手にとっては不当に高額な取引価額にならないようにすることができます。
- 財務デュー・ディリジェンスの結果をもとに株式取得による買収とするか、買い手にとって必要な事業のみを事業譲渡という形で受け入れるか、それとも買収・事業譲渡そのものを行わないか、選択することができるようになり、買い手の意思決定の幅を広げることができます。

## (2) 財務デュー・ディリジェンスの流れ

| スコープの決定 | 対象会社の財務リスク、予算や実施可能な期間、調査方法を総合的に勘案して調査範囲を適切に設定します。<br>調査対象となる会社（事業）、対象とする財務情報の基準日、対象項目等を具体的に決定していきます。特定の財務リスクを把握する等、クライアントのディールの目的、調査方針やその重要性に応じた手続を設定します。 |
|---|---|
| デュー・ディリジェンスプロジェクトチーム編成 | チームメンバーが決定された時点で、キックオフミーティングを開催し、クライアントのディール担当者と、外部の専門家からなるプロジェクトチームで、ディールの概要と目的、業務分担、調査日程、報告日程などの情報を共有します。 |
| 事前依頼資料リストの作成・検討 | 作業に必要な資料の一覧を作成し、対象会社へ提出します。<br>各デュー・ディリジェンスチームからリクエストされている資料が重複している場合は、それらを調整して提出する必要があります。（クライアントがFA（ファイナンシャル・アドバイザー）を起用している場合は、FAが各チームからの依頼資料リストを回収し、その調整を行います。） |
| データルーム開設調査作業・インタビュー | 通常、ディール自体を極秘扱いすることが多いため、対象会社が専用のデータルームを開設し、提供されるデータは厳重に連番管理されます。<br>調査作業は、依頼資料の棚卸からはじまり、提示されたものにつき、不足分はないか、要求水準を満たしているかなどを検討します。これに並行して、資料の閲覧・分析等を通じて調査手続を実施し、必要に応じて質問リストの作成や追加の資料を依頼します。対象会社からの回答を分析するとともに、経理部長等の経営管理層にインタビューを実施します。これらの手続を繰り返しながら、課題や財務リスクを検討するとともに、より深度のある調査や課題把握の方法、財務リスク項目の検討などをチーム内でディスカッションします。 |
| 中間報告 | 短期間のディールでなければ、大半の資料が提示され、調査がある程度実施された段階で中間報告を実施するのが一般的です。課題・問題点として認識している事項、作業の進捗状況、今後の方針等を報告します。 |
| デュー・ディリジェンス報告書作成と報告会の実施 | 報告書の内容は定形的なものではなく、クライアントとの協議の上、決定します。<br>検出された課題、財務リスクとその対応策の要約、詳細な財務情報の分析結果等について、企業や事業価値の算定にどのように影響するのか、また、これらをディールの最終的な交渉にどう活かすべきかに焦点をあて、報告書をまとめていきます。 |

# 3 税務デュー・ディリジェンス

(1) 意義及び目的
① 意義

　税務デュー・ディリジェンスとは、M&Aなどのディールに伴って買い手が引き継ぐ可能性のある税務に関するリスクを詳細に調査することです。適切な税務申告が行われているかどうかを調査・分析し、対象会社が抱える税務リスクの程度を把握します。対象会社の所得水準、繰越欠損金残高、保有資産の税務上の簿価などの情報を入手することで、潜在的な税務リスクの検出が可能となります。

　税務デュー・ディリジェンスはM&Aプロセスにおいても欠かすことのできない重要なデュー・ディリジェンスの1つとなっており、これを実施しなかった場合のリスクは大きいといえます。具体的には、本来は売り手が負うべき税務上の債務を買収価格に反映することなく買い手が承継する可能性や、対象会社の税務に関する管理体制が不十分であるため、統合後に想定外の改善経費が発生する可能性があります。また、M&A後に重大な税務リスクが顕在化し、買い手自身の評判を落とすなどのレピュテーションリスクが発生することもあります。

② 主な目的
ア．税務リスクを検出する

　税務デュー・ディリジェンスの実施を通じて、下記のような税務リスクが検出される可能性があります。

- 税務申告調整が適正でないため、過小申告である可能性又は繰越欠損金額が過大に計上されている可能性
- 過去の税務調査において指摘された事項について、対象会社の対応が不十分、又は対応策がとられていない可能性
- 対象会社の税務処理能力や内部統制の整備・運用が十分でないため、各

種法令・規則の改正を適時にキャッチアップできず、新たな税務リスクが生じる可能性
- 関係会社間取引について経済的合理性が認められないことから、今後、寄附金認定・移転価格税制の適用がなされる可能性

対象会社において潜在的な税務リスクが検出された場合、当該リスクが定量化できるものであれば、リスク相当額を買収価格から減額することを検討します。一方、その定量化が困難な際は、買収後にリスクが顕在化した場合に備え、契約書において当該税務リスク事項に係る表明・保証条項を織り込むことを検討します。

① 対象会社の事業に関する固有の税務リスクの有無
② 過去の税務調査の結果確認
③ 税務に関する内部統制の整備・運用状況の確認
④ 申告書の記載内容の確認
⑤ 税務処理能力の確認

イ．税負担がより軽減されるスキームを検討する

　対象会社の所得水準、繰越欠損金残高、保有資産の税務上の簿価などの把握に関する情報を入手することにより、買収後の税負担額をより正確に把握し、買収スキームをいくつか策定します。各々のスキームにおける税負担額を試算の上、最適なスキームを選択します。

(2) **税務デュー・ディリジェンスの流れ**

　税務デュー・ディリジェンスの手続は、通常、調査範囲の決定、税務デュー・ディリジェンスの実施、報告書の提出の順に実施されます。効果的なデュー・ディリジェンスを実施するため、調査範囲の決定は特に重要なプロセスとなります。

① 調査範囲の決定

　M&Aの規模やM&Aにおける税務デュー・ディリジェンスの位置づけ、期間、費用対効果を勘案し、調査対象とする税目、事業年度、金額の重要性基準、調査対象に子会社を含めるかどうか、調査手続などを決定します。一般的に、対象会社の規模や業種により、リスクの重要性が高いと判断される場合は、スコープは網羅的になります。

　対象会社のグループ会社が複数の国にまたがって存在する場合には、各国の税制に関する十分な知識を備えた専門家を起用し、各国のグループ会社ごとにスコープを設定しなければなりません。

　事業譲受の場合は、通常、譲受事業に係る税務リスクを買い手側が引き継ぐことはないため、潜在的税務リスクに関する調査をスコープから除外することも可能ですが、連帯納付義務や第2次納税義務が買い手に移転することもあるため、注意が必要です。連帯納付義務とは、買い手が売り手と共同して納税する義務であり、第2次納税義務とは、売り手が義務を履行できない場合に買い手が売り手に代わって納税する義務をいいます。このような税務リスクが認識された場合は契約条件に反映させていく必要があります。

ア．調査対象とする税目

　　ターゲットの事業特性や税務ポジションに応じ、重要性の高いものを選定します。通常、法人税や消費税はリスクの影響度が高いため、調査対象税目として選定されます。

イ．調査対象期間（事業年度）

　　通常は、過去3事業年度など一定の期間を定めてデュー・ディリジェンスを実施します。重要な税務リスクが検出された場合には、必要に応じ、さらに事業年度を遡って調査することもあります。

② 税務デュー・ディリジェンスの実施

　調査範囲が決定すると、法人税・地方税及び消費税申告書（修正申告書を含む）、申告書に添付した財務諸表、内訳書、納付書など、税務情報を入手するための資料の開示依頼を行います。このとき、他のデュー・ディリジェンスの専門家からの依頼分との重複を避けるための調整もしなければなりません。入

手した資料をもとに、通常、下記のような事項を調査していきます。
ア．調査対象事業年度における申告内容の妥当性
　　財務諸表や税務基礎資料の閲覧を通じて、申告書の記載内容や申告調整内容の妥当性について確認します。
イ．過去の税務調査における否認事項の内容、当該事項に対する対象会社の対応
　　過去の税務調査での指摘・指導事項を確認することで対象会社の税務処理の状況や定性的な税務リスクがどこにあるのかを把握することができます。
ウ．関連当事者間取引
　　移転価格税制の対象となる国外の関連会社との取引について、取引条件に問題がある場合には、留意が必要になります。
エ．繰越欠損金の分析
　　繰越欠損金の発生要因・発生時期と繰越可能期間、将来における利用見込み額を確認し、将来の税負担額を軽減させる効果を確認します。
オ．税務処理能力
　　申告書作成の手続、税務処理方針の文書化・統一化の状況、チェック体制、税務申告書の記載内容についての技術的な過誤の有無などの確認を通じて、税務コンプライアンスの状況を把握します。
　　調査がある程度進むと、質問リストを作成し、売り手に回答を求めます。売り手から税務担当者へのコンタクトが許されている場合は、インタビューを実施します。

③　報告書の提出（最終報告）
　開示資料の分析結果、質問リストへの回答、インタビューにより把握された税務に関する情報や税務上のリスクは、最終的に税務デュー・ディリジェンス結果報告書に記載され、報告会においてクライアントに提出されます。デュー・ディリジェンスの規模が大きい場合は、実施期間中に、中間報告が実施されます。把握された税務情報や税務リスク、進捗状況などを他のデュー・ディリジェンスのアドバイザーやクライアントと共有し、より効果的なデュー・ディリジェンスを実施するために行われます。

# 4 法務デュー・ディリジェンス

## (1) 意義及び目的

　法務デュー・ディリジェンスとは、企業や事業の買収や合併、統合などのディールに際し、主として買い手が対象会社や対象事業について、当該ディールに影響を与える法務リスクの有無を詳細に調査することをいいます。

　法務デュー・ディリジェンスを実施する目的としては、主に以下の項目を挙げることができます。

　① 取引を阻害する法律上のリスクの検出
　② 取引の対価に影響を与える法律上のリスクの検出
　③ 買収後の事業計画に影響を与える法律上のリスクの検出
　④ 経営判断に影響を及ぼし得るその他の法律上のリスクの検出

### ① 取引を阻害する法律上のリスクの検出

　検討されている取引の実行自体が、対象会社の事業上の重要な契約において即時解除事由とされているような場合や、取引の実行に伴って重要な許認可について届出・再取得の手続が必要とされる場合など、予期せぬ重大な法律上の問題を発見することが目的であり、法務デュー・ディリジェンスにおいて最も重要なものであるといえます。

### ② 取引の対価に影響を与える法律上のリスクの検出

　対象会社が当事者として係争中の訴訟の中に敗訴の可能性が高く、かつ、その金額的な重要性の高いものが存在する場合や、対象会社が扱っている商品についてリコールなど近い将来多額のキャッシュ・アウトが見込まれる場合は、対象会社の評価価値に織り込み、取引価格を調整することによって対処する必要があります。

③　買収後の事業計画に影響を与える法律上のリスクの検出

　対象会社が締結している契約において規定されている競業避止義務が、ディール実行後の事業計画に重要な影響を及ぼすなど、ディール実行前に把握しておくべき事項を検討します。

④　経営判断に影響を及ぼし得るその他の法律上のリスクの検出

　対象会社において、労務管理が十分であるかどうか、また、本来整備しておくべき内部規定に不備があるといったコンプライアンス上の問題などを洗い出し、買い手が対象会社の支配権を握った後に改善すべき事項を事前に把握しておきます。

## (2) 法務デュー・ディリジェンスの流れ

| | |
|---|---|
| （事前準備）<br>スコープの決定 | 対象会社の事業構成や資産構成の内容、クライアントの関心によって調査項目を決定します。対象会社の固定資産の大部分が知的財産権であり、かつ事業形態として少人数の従業員で当該知的財産権を利用して収益を獲得している場合は、知的財産権を中心に法務デュー・ディリジェンスを実施することが考えられます。<br>対象会社の他、対象会社の子会社又は関連会社については、当該子会社又は関連会社の事業が対象会社の事業継続に不可欠である場合や、当該事業にシナジー効果を期待している場合など、それぞれの重要性を勘案して、法務デュー・ディリジェンスの対象とするか否かを決定します。対象となった子会社などが海外で日本の法律以外の準拠法に基づいて設立され、または日本以外の法域で事業活動が営まれている場合は、外国法に関する検討も必要です。 |

| | |
|---|---|
| デュー・ディリジェンス<br>プロジェクトチーム編成と<br>事前の情報収集 | 対象会社の規模・事業内容、調査分野の専門性、予想される開示資料の量、実施期間を勘案してチームメンバーが決定されます。<br>クライアントから対象会社及び当該対象会社が実施する事業に関する基礎資料を入手したり、ホームページで開示されている情報などを取得するなど、案件に関する理解をチームで深めます。 |

| | |
|---|---|
| キックオフ<br>ミーティングの<br>開催 | クライアントのディール担当者、売り手、クライアント及び売り手の外部専門家などの関係者からなるプロジェクトチームでキックオフミーティングを開催するのが一般的です。<br>ディールの概要と目的、業務分担、調査日程、報告日程などの情報を共有します。法務デュー・ディリジェンスと並行して財務デュー・ディリジェンスなど他の専門家によるデュー・ディリジェンスが実施される場合は、他の専門家も同席することも考えられます。 |

| | |
|---|---|
| 事前依頼<br>資料リストの<br>作成・検討 | 対象会社の事業や取引形態、クライアントと協議した法務デュー・ディリジェンスの範囲などを考慮の上、事前依頼資料リストを作成し、対象会社に送付します。この際、実務上、事前依頼資料リストを見ただけで請求者が意図する資料を的確に準備することは難しいと考えられるため、対象会社の担当者に対する説明の場を設けるなど、効率的なデュー・ディリジェンス実施のための配慮が必要です。<br>（各デュー・ディリジェンスチームからリクエストされている資料が重複している場合や追加で資料が必要な場合、それらを調整の上、対象会社に提出します。） |

第4章 デュー・ディリジェンスとは

| | |
|---|---|
| データルーム開設<br>及び<br>資料の開示 | 開示資料を備え置く際の便宜、機密性の保持、クライアントとの連絡の容易性などを勘案し、対象会社の本社内や対象会社のアドバイザーのオフィス内などにデータルームの設置場所を決定します。<br>調査作業は、依頼資料の棚卸からはじまり、提示されたものにつき、不足分はないか、要求水準を満たしているかなどを検討し、必要に応じて追加の開示請求を行います。 |

| | |
|---|---|
| インタビューの<br>実施 | 対象会社の役員及び従業員に対してインタビューを実施します。開示された資料の内容についての疑問点やこれらから派生する論点について質問を行い、書面による資料の開示だけでは明らかにされない事項をヒアリングします。このとき、他のデュー・ディリジェンスの専門家と重複する質問を回避するため、適宜、他の専門家と合同してインタビューを実施することも検討します。<br>効率的なインタビューを実施するために、開示された資料を検討する際、疑問に思った事項等を適宜整理しておき、これを質問事項リストとして作成しておくことも有用です。 |

| | |
|---|---|
| 調査作業<br>及び<br>法律上の論点検討 | 法務デュー・ディリジェンスの実施に当たっては、事実面と法律面の2つの観点からアプローチします。事実に関する事項は、法務デュー・ディリジェンスの性質や時間の制約上、その内容の正確性に特段の疑義が生じていない限り、開示資料の検討及びインタビュー結果が正確であるとされることが一般的です。これに対し、法律に関する事項は、特定の事項につき、対象会社が運用は適法である旨の見解を主張したとしても、常に法務デュー・ディリジェンスを担当する専門家がその適否を評価する必要があります。<br>このような開示された資料の検討及びインタビューによって得られた情報から、法律上の問題点が検出された場合には、当該問題につき詳細な検討を行っていくことになります。 |

| | |
|---|---|
| 報告書作成<br>及び<br>クライアントへの報告 | 報告書の内容は定型的なものではなく、クライアントとの協議の上、決定します。<br>開示資料の検討、インタビューの実施及び法律問題の検討の結果を受け、その問題点とその分析、とるべき対応策についてレポートの形にまとめます。<br>法務デュー・ディリジェンスの実施期間が1か月以上の長期にわたる場合は、中間報告を行うことがあります。これは中間時点の実施結果をクライアントに知らせるとともに、その後のデュー・ディリジェンスの視点や方向性、範囲についてクライアントからフィードバックを得ることを目的としています。また、キックオフミーティングと同様に、他の専門家によるデュー・ディリジェンスが実施されている場合は、他の専門家が発見した問題点を共有することなどを目的に、他の専門家が同席することは有用です。<br>法務デュー・ディリジェンスがすべて完了した段階で、クライアントへの最終報告が行われます。この最終報告によって、クライアントから追加の調査依頼が発生し、追加デュー・ディリジェンスが実施されることは少なくありません。 |

(3) 法務デュー・ディリジェンスにおける主な調査対象

| | |
|---|---|
| 設立・会社組織・株式 | 【調査要点】<br>法務デュー・ディリジェンスにおける基本的かつ重要な調査事項で、以下に挙げる事項を中心に対象会社の組織の全体像を把握します。会社法令、定款などに照らして、対象会社が会社組織として有効に存続していることを確認します。<br>・適法かつ有効に設立されていて、現在も有効に存続しているかどうか<br>・取締役の業務執行や取締役会の運営は適法かどうか<br>・株式の発行・譲渡は適法かつ有効かどうか、株式が担保に付されていないかどうか<br>・新株予約権等の潜在株式はないか<br>・取締役会、経営会議議事録を通査し、対象会社の運営上の問題点がないかどうか<br>【調査対象資料】<br>設立手続に関する資料、対象会社の組織図、定款、登記簿謄本、取締役会規則等の内部規則、株主総会議事録、取締役会議事録等の重要な会議体の議事録、株主名簿、株式の発行・新株予約権の発行に関する資料など |
| 関係会社 | 【調査要点】<br>企業グループ全体、グループ会社間の取引状況の把握、グループ会社間取引において通常とは異なる特殊な条件による契約はないかどうかなどを中心に調査します。<br>【調査対象資料】<br>関係会社一覧、定款、内部規則、各関係会社の登記簿謄本、重要な関係議事録、対象会社と関係会社又は関係会社間で締結された契約の一覧、重要な契約書など |
| 許認可 | 【調査要点】<br>規制業種のM&A取引においては特に重要な調査項目です。以下のような視点で検討します。<br>・対象会社が事業の実施に必要な許認可をすべて取得しているか<br>・M&Aの実行に際して、事前又は事後に関係当局へ相談、届出が必要か<br>・現在取得している許認可の承継が可能か、新たに許認可を取得する必要があるか<br>【調査対象資料】<br>対象会社が事業に関して取得している許認可・届出の一覧及びこれに関連する資料、当局からの指摘・指導、調査、処分等に関する資料など |
| 契約 | 【調査要点】<br>対象会社が契約当事者となっている契約の中に、下記に挙げるような契約がないかどうかを確認します。<br>・対象会社にとって不利な契約の有無<br>・M&Aを実行した場合に契約の相手方から解除されるおそれのある契約の有無<br>・通常とは異なる取引慣行を定めた契約の有無<br>・チェンジ・オブ・コントロール条項のある契約の有無<br>※チェンジ・オブ・コントロール条項とは、契約の一方当事者の内部的な支配権の移転があった場合、相手方当事者に契約の解除を認めるもの<br>【調査対象資料】<br>対象会社が締結している契約一覧及び契約書など<br>(一般に膨大な量が想定されるため一定の基準を設けて査閲の対象とすることが多い) |

| | |
|---|---|
| 負債 | **【調査要点】**<br>以下の点を中心に、対象会社の資金調達の全体像を把握します。資金調達に関する契約ではチェンジ・オブ・コントロール条項が規定されていることが少なくないため、留意が必要です。<br>・各契約における解除事由、期限の利益喪失事由、債権者の承諾の取得の要否<br>・対象会社が企業グループを形成している場合には、対象会社と子会社・関連会社、関係会社間における資金の流れと、それに伴う担保権設定契約や保証契約の有無及び内容等の調査 |
| | **【調査対象資料】**<br>金融機関からの資金調達、担保権、保証の設定状況を記載したリスト、銀行取引約定書、金銭消費貸借契約書、担保権設定契約書、保証契約書、社債発行に関する資料など |
| 知的財産権 | **【調査要点】**<br>知的財産権に関する法律上の問題点につき、下記の事項を中心に確認します。<br>・対象会社が保有している知的財産権の権利関係の確認<br>・知的財産権を対象とする契約に関連するリスクの有無<br>・職務発明に起因する潜在債務のリスクの有無<br>・対象会社による第三者の知的財産権侵害<br>・第三者による対象会社の知的財産権侵害等の知財紛争の有無及びそれが事業運営に与える影響<br>・知的財産の管理状況及び管理体制の確認 |
| | **【調査対象資料】**<br>・対象会社が保有する、又はライセンスを受けている知的財産権の一覧及び関連する契約書<br>・対象会社が第三者にライセンスを行っている場合にはその一覧及び関連する契約書<br>・登録原簿謄本(特許登録原簿・商標登録原簿)<br>・知的財産権に関する訴訟その他の紛争に関する資料<br>・対象会社の職務発明規定など |
| 訴訟・紛争 | **【調査要点】**<br>下記のような事項を中心に、対象会社の訴訟・紛争に関する問題点を確認します。<br>・対象会社が現在関わっている訴訟・紛争の有無及びその内容、それにより対象会社が負う可能性がある債務の程度<br>・過去の訴訟や紛争の有無及びその内容<br>・対象会社の訴訟や紛争への対処に問題点があるか否か |
| | **【調査対象資料】**<br>・対象会社が当事者となっている訴訟・紛争の一覧及びこれに関連する資料<br>・過去の訴訟や紛争の一覧<br>・紛争などの処理に関する内部規則など |

出典:有限責任監査法人トーマツ 北地達明・北爪雅彦・松下欣親 編『最新 M&A 実務のすべて』(日本実業出版社、平成 24 年)177 ~ 183 ページをもとに作成

# 5 ビジネス（事業）デュー・ディリジェンス

(1) 意義

ビジネス（事業）デュー・ディリジェンスとは、M&Aや投資を行う際に、対象会社のビジネスモデルや事業環境を分析し、ビジネス（事業）の現状や将来性を見極めるための詳細な事業環境の調査です。

ビジネスの将来性は景気や業界動向などの外部要因や対象会社の採用する事業戦略などの内部要因によって大きく左右され、他のデュー・ディリジェンスと比べて調査範囲が広いといえます。したがって、ビジネスデュー・ディリジェンスにおいては、まずは仮説を立て、柔軟に調査項目を選定し、検証することがポイントとなります。マクロ環境、事業構造、競合構造、事業計画がその分析の対象となります。

通常のデュー・ディリジェンスは契約当事者の基本合意後に実施することがほとんどですが、ビジネスデュー・ディリジェンスは、入札案件で応札すべきかどうかを判断するために、基本合意前にプレデュー・ディリジェンスを実施することもあります。

(2) ビジネスデュー・ディリジェンスの目的
① 現状のビジネス（事業）の実態を把握する

通常、企業が公開している情報は限定的であるため、対象事業の現状を把握し、買収リスクを検知します。対象会社のビジネスモデルの収益性が重要な変化にさらされていないか、重要な資産や業務遂行能力が想定どおり存在し、買収後に社外に流出する可能性はないかなどをチェックします。また、M&Aに際し、売り手が作成したインフォメーション・メモランダムにおける情報の正確性や網羅性を検証することもあります。

② 買収後のシナジーを検討する

　買収後のシナジーをどのようにして実現できるのか、企業価値向上のための源泉（流通チャネルや店舗の統廃合など）について定量的な調査を実施します。

③ 事業計画（将来キャッシュ・フロー）の妥当性を検討する

　M&Aにおける企業（事業）価値評価の方法としてDCF法があります。DCF法は、将来稼得されるキャッシュ・フローを見積り、当該キャッシュ・フローを現時点での価値に割り引いて企業（事業）価値を算定する最もポピュラーな方法です。そこで売り手が作成している事業計画における損益やキャッシュ・フローが妥当なものであるか、事業計画の根拠などを検証し、買い手側の視点で、将来キャッシュ・フローや将来損益を実現可能性が高いと思われるレベルに修正していきます。事業計画分析は、財務デュー・ディリジェンスとの連携が有用です。

## (3) ビジネスデュー・ディリジェンスの実務上の流れ

| | |
|---|---|
| （事前準備1）<br>全般的事項 | M&Aの目的に基づき、デュー・ディリジェンスの目的と調査対象項目の選定を行い、チーム編成、資料の収集、調査・分析方法、マネジメント・インタビューのセッティングなどを計画します。一般的に時間の制約が厳しいため、デュー・ディリジェンスの成否は事前準備に左右されます。効率良くデュー・ディリジェンスが実施できるよう留意しなければなりません。 |

| | |
|---|---|
| （事前準備2）<br>●デュー・ディリジェンスプロジェクトチーム編成<br>●事前依頼資料リスト作成<br>●マネジメント・インタビューのセッティング | 対象会社の規模・事業内容、調査分野、予想される開示資料の量、実施期間を勘案してチームメンバーが決定されます。<br>調査・分析の項目に基づき、必要となる資料を選定し、事前依頼資料リストを作成の上、依頼します。<br>マネジメント・インタビューのアポイントメントをとります。インタビュー対象者、質問内容の要旨を事前に伝え、セッティングします。ビジネスデュー・ディリジェンスでは、通常、調査対象となっている企業や事業に関する初歩的な理解を得るために、マネジメント・インタビューを実施します。 |

| | |
|---|---|
| 事業構造の理解 | 対象会社（事業）のビジネスモデルを定義し、その特徴を理解します。その事業のターゲット顧客、どのような価値を顧客に提供しているのか、どのようなチャンネルや仕組みで製品やサービスを提供しているのか、同業他社比較などを行い、結果、その企業や事業がどのような強みと弱みを有しているのかを整理していきます。 |

| | |
|---|---|
| 市場分析 | まず、市場を定義します。対象会社の事業が提供する財やサービスをどのように捉えるかで、ターゲットとする市場は大きく異なってきますので、十分に検討する必要があります。<br>次に定義された市場について、現在の市場規模と過去のトレンドを把握します。対象の市場に関する統計情報が整備されていない場合は、主要企業の売上高を積み上げ、その市場規模を推計する必要があります。<br>最後に、統計データや年平均成長率などに基づき、市場の将来動向について予測します。 |

| | |
|---|---|
| 競合他社分析 | 対象会社（事業）現在の市場シェアを把握し、その市場は寡占型又は分散型の競争構造なのかなど、競争構造がどのようになっているかを確認します。<br>また、対象会社と競合企業の採用する戦略を比較します。公表情報などをもとに、戦略を明確にし、対象会社がどのような強み・弱みをもっていて、その戦略が将来、市場シェアにどのような影響を及ぼすかを検討します。 |

# 第4章 デュー・ディリジェンスとは

| 事業計画の妥当性検証 | 実務上、売り手作成の事業計画は実現可能性が低いものが多いのが現状です。<br>事業計画の妥当性検証は買収価格を決定する上で非常に重要であるため、慎重な検討を行う必要があります。<br>例えば、事業計画における売上高をいくつかの要因にブレークダウンし、各要素の過去トレンドを確認します。具体的には、対象会社における各要素の過去データと事業計画上の基礎数値を比較し、楽観的な数値計画になっていないかどうかを検証します。 |
|---|---|
| 企業(事業)価値向上のための施策 | M&Aの目的によって、企業(事業)価値向上のための施策は異なります。自社の企業価値向上を目的として、事業拡大や新規事業進出のための投資の場合、M&Aの目標は、ある市場における持続的競争力の獲得であり、企業(事業)価値向上のための施策は、中長期的なシナジーの抽出が中心となります。一方、純粋な投資目的の場合、できるだけ早く企業(事業)価値を向上させた上で、投資を回収することがその目的ですから、短期的な視点に立った経営改善策がその中心となります。企業(事業)価値向上のための施策が複数ある場合、施策によってもたらされる効果と実現可能性の観点からプライオリティをつけます。このとき、施策によってもたらされる効果については定量的・定性的効果に焦点をあてます。効果を定量化しておくと、優先順位づけが可能となるのみならず、実行計画を実行する際の定量的な目標として活用したり、買収価格を最終的に決定する際の判断材料となります。<br>最後に、企業(事業)価値向上のための施策について実行計画を作成します。実行計画に具体的なアクションとそのマイルストーンを落とし込んでおきます。 |

### (4) 実施上の留意点

　ビジネスデュー・ディリジェンスは、事業の現状や将来に関する項目が非常に多岐にわたるため、スコープの決定が容易ではありません。そこで、調査対象事業に対する期待や懸念事項から仮説を立て、その仮説からスコープを決定することが有用です。また、その仮説を検証するに当たっては、一部、財務デュー・ディリジェンスや法務デュー・ディリジェンスの調査結果を利用することも多く、計画時において他のデュー・ディリジェンスとの連携にも留意しておく必要があります。

　M&Aは売り手と買い手の交渉であるという取引の性質上、デュー・ディリジェンス実施前に守秘義務契約を締結している場合であっても、顧客や事業のノウハウに関する詳細な情報など、買い手の意思決定において必要な情報がす

べて適時に入手できるとは限りません。十分な情報が入手できない場合はそこから想定されるリスクはどの程度であるのか、外部の情報等から推測することは可能かどうかなどを検討することが必要になります。

　対象会社が同業他社であり、かつ、買い手よりも小規模の会社（事業）である場合は、財務・法務デュー・ディリジェンスの結果から判断し、ビジネスデュー・ディリジェンスについてはマネジメント・インタビューを実施するにとどめることもあります。一方、他業種や川下の製造業者が川上の製造業者を買収する場合は、マクロ環境、事業構造、競合構造、事業計画など詳細に確認する必要があります。

第4章 デュー・ディリジェンスとは

## 6 その他のデュー・ディリジェンス

(1) 不動産デュー・ディリジェンス
① 意義及び目的

　不動産デュー・ディリジェンスとは、対象不動産について適切な投資判断を行うための多面的な調査・分析であり、また、検出された不動産に関するリスクや検討結果を当該ディールの交渉に活かすための調査をいいます。

　不動産は、法的・経済的リスクなどその不動産が個別に有しているリスク要素が多く、当該リスクに懸念がある不動産取引の場合は、デュー・ディリジェンスを実施し、適正な投資価値の判断に資する情報を得るとともに、投資後のリスクを回避します。

② 調査項目

　不動産デュー・ディリジェンスは、法律的調査、経済的調査、物理的調査に分類されますが、ディールの目的により、各調査の比重は異なります。

　法律的調査は、主に、権利関係（所有権、担保権などの負担）、賃貸借契約の内容、行政上の制限や当該物件の遵法性、係争の有無を調査します。特に関係者が複数存在している場合、権利関係の事前把握は重要となります。経済的調査は、対象不動産の存在する地域の経済・需給動向、対象不動産における過去の収支実績などを調査します。物理的調査は、土地の面積・形状・間口・奥行・境界、建物の面積・用途・構造・築年・アスベストなどの有害物質の有無を確認します。

(2) ITデュー・ディリジェンス
① 意義及び目的

　ITデュー・ディリジェンスとは、投資やM&A等の取引に際し、対象会社の情報システムに関するリスクについて事前に調査することをいいます。対象会社の利用している情報システムを確認し、買い手側のシステムとの親和性、

現状維持のための費用や将来の投資額、システム障害が発生した場合に事業遂行にどれくらいの影響を与えるかなどを検討します。

ITデュー・ディリジェンスの実施により、安全性・信頼性に関するリスク、コンプライアンスリスク、システム統合に関するリスクなどが検出されます。システムの統合を計画している場合は、対象会社又は買い手側の情報システムの一部又は全部を存続させ、統合システムとの連携を図るため、情報システムの改修工事が必要になります。このため、現行システムの改修を困難なものとするような要因の洗出しは重要な作業となります。

一部の事業を買収する場合は、買収後の事業単体では事業を継続できなくなる可能性もあるため、留意が必要です。

② 調査項目
- 情報システムの利用状況
- ハードウェア群とソフトウェア群の構成、ネットワーク
- 対象会社の情報システム戦略が経営戦略と適切に連携されているか
- 情報システムに関する組織体制及び人材の評価
- IT投資計画、過去の情報システム投資額・費用発生額、減価償却費、今後の投資額・費用発生見込額
- 業務アプリケーションはどの程度あるか(システム化されている業務領域と手作業による業務領域)
- システム運用の状況の調査(保守と障害対応)
- 情報セキュリティの調査

(3) 人事デュー・ディリジェンス
① 意義及び目的

人事デュー・ディリジェンスとは、企業や事業の買収、合併、統合などのディールを実施するに当たって、事前に対象会社の人事制度や人件費などを詳細に調査することです。特に対象会社の競争力の源泉が人材にある場合や人事制度が大きく異なる場合は、欠かせない調査となります。

財務情報及び非財務情報をもとに、コンプライアンスや労使関係に関する問

題点、ディール後に人件費が変動する要因、組織風土の不一致による重要な人材の流出など、統合後の業務に重要な影響を与える事項やシナジーの実現可能性などを明らかにすることで適切な統合計画を策定します。

② 調査項目
- 人事部門の機能、従業員の年齢構成
- 給与水準及びインセンティブ構造、株式報酬の有無
- 勤怠管理状況、未払残業代の有無
- 離職率・休職率の水準（同業他社比較など）
- 労働争議、労働基準監督署勧告、労使関係の状況
- 出向社員の有無及び契約内容
- キーパーソンの特定及び退職可能性
- 統合時における雇用調整費用の算定

(4) 環境デュー・ディリジェンス
① 意義及び目的
　環境デュー・ディリジェンスとは、M&A、不動産取引などに際し、建物や土壌など環境上の顕在的・潜在的リスクを適正に評価するために行われる調査をいいます。環境リスクを評価することによって、投資対象の不動産価値や収益性への影響を明らかにし、また取引実施後の対策を講じることができます。

② 調査対象項目
　原状回復費用を負担することとなる環境汚染リスク、規制法令違反（環境コンプライアンスリスク）、企業の評判に多大な影響を及ぼすレピュテーションリスクが生じないかどうか、主に下記の項目を検討します。
- 対象会社の環境管理体制の状況
- 土壌汚染、土壌地下水汚染
- アスベスト、PCB、有害物質管理
- 廃棄物、大気排出、給排水管理
- オゾン層破壊物質管理、温室効果ガス管理

- 労務安全衛生管理

　M&A後、このようなリスクに対応するために多額の費用と時間を要する可能性があり、環境デュー・ディリジェンスは、非常に重要な調査となりつつあります。

**《参考文献》**

『M&Aを成功に導く財務デューデリジェンスの実務（第3版)』プライスウォーターハウスクーパース編、中央経済社、平成22年

『M&Aを成功に導く法務デューデリジェンスの実務（第2版)』長島・大野・常松法律事務所編、中央経済社、平成21年

『M&Aを成功に導く税務デューデリジェンスの実務（第2版)』税理士法人トーマツ編、中央経済社、平成24年

『最新 M&A実務のすべて』有限責任監査法人トーマツ 北地達明 北爪雅彦 松下欣親編、日本実業出版社、平成24年

『M&Aを成功させるデューデリジェンスのことがよくわかる本』新日本有限責任監査法人、新日本アーンスト アンド ヤング税理士法人、アーンスト アンド ヤング・トランザクション・アドバイザリー・サービス編著、中経出版、平成22年

第5章

# M&Aにおける財務デュー・ディリジェンスの位置づけと各種デュー・ディリジェンスとの関係

# 1 M&Aにおける財務デュー・ディリジェンスの位置づけ

(1) M&Aとデュー・ディリジェンスの位置づけ

① 総論

　第1章でも述べたように、M&A、買収プロセスは一般的に以下のような流れで行われます。

　ア．買収戦略の立案、資金調達（買い手の場合）／
　　　売却戦略の立案、売却時期の検討（売り手の場合）
　イ．ターゲット企業の選定（買い手の場合））／
　　　買い手企業の選定（売り手の場合）
　ウ．買収に関する基本合意
　エ．デュー・ディリジェンス
　オ．買収条件の交渉
　カ．最終契約書の締結
　キ．クロージング
　ク．経営統合（買い手の場合）

　M&Aの目的には様々なものがありますが、そもそもM&Aが「合併と買収」という意味を持つ以上、基本的には他の企業を自分の企業に取り込み、企業規模の拡大を目指すところにその主な目的があるといえるでしょう。すなわち、買い手側の視点が中心となり、売り手はあくまでも取引の相手方として存在していると見るのが自然だと考えられます。

　ここで、当然ながら上記プロセスはそれぞれが重要な意味を持ちますが、その中でも特に重要性を帯びてくるのが、デュー・ディリジェンスを適切に実施できるかというところにあります。

　デュー・ディリジェンスが適切になされないと、買い手企業としては、買った後に判明する様々なリスクに晒されることになります（売り手は売ったら基本的に終了で、それ以後のリスクは基本的には負わないこととなります）。

したがって、ターゲット企業等（以下「対象会社」という）との条件交渉や契約締結前に実施されるデュー・ディリジェンスは、非常に重要な手続であるといえます。

② M&Aにおけるデュー・ディリジェンスの目的

ここで、M&Aにおけるデュー・ディリジェンスの目的について触れたいと思います。

通常、買い手企業は当然ながら情報量において売り手に比して不利な立場に置かれています。こうしたギャップを埋めるためにデュー・ディリジェンスが実施されるということも重要な目的の1つだとは思われますが、改めてデュー・ディリジェンスを実施することにより、売り手ですら知らなかった潜在的なリスクを含めた情報を検出・入手することも可能でしょう。

いずれにしても、デュー・ディリジェンスを幅広く実施することにより、対象会社の実態を適切に把握した上で買収価格や条件の決定に資する情報を入手する、これこそがデュー・ディリジェンスの最大の目的となると思われます。

(2) M&Aにおける財務デュー・ディリジェンスの位置づけ

① M&Aにおける財務デュー・ディリジェンスの重要性

デュー・ディリジェンスの中でも、財務デュー・ディリジェンスは、対象会社の財政状態を適切に把握し、これまでの経営成績及び今後の事業計画から、将来の価値を把握する上で、非常に重要な役割を果たします。

特に、買い手にとって財務デュー・ディリジェンスが適切になされたかどうかは、M&Aが成功するかどうかにとって、非常に重要になります。

「(1) M&Aとデュー・ディリジェンスの位置づけ」でも述べたように、買い手にとって、対象会社がどういう資産を持っているのか、又は、どういう債務（負担）を負っているのかを事前に適切に把握できないと、思わぬリスクを買収後に負ってしまうことになります。

その意味でも、偶発事象、偶発債務等のオフバランス項目までも含んだ対象会社の債務・負債の網羅性に対する財務デュー・ディリジェンスの重要性が高いということがいえるかと思いますが、それ以外でも、将来の収益性や財務健

全性についても適切に把握できないと、想定した結果と異なり、買い手企業としては、思わぬお荷物を背負ってしまうことになりかねません。すなわち、第4章でも述べられているように、フロー及びストックの両観点から財務デュー・ディリジェンスを適切に行うことによって、対象会社のリスクの存在を把握・評価することが重要な意味を持ってくることになります。

　財務デュー・ディリジェンスの位置づけは、このように、買収プロセスの中でも特に重要であり、かつ、特に財務諸表監査を経験してきた公認会計士などの専門家にとっては、監査で培った手法・手続が有効な場面が多く存在するため、腕の見せ所となる部分も多いといえるでしょう。

　詳細については第6章以下で後述しますが、ここで、一般的な財務デュー・ディリジェンスの手続を挙げておきます。

　ア．貸借対照表分析
　イ．損益計算書分析
　ウ．キャッシュ・フロー分析
　エ．事業計画分析

② 一般的な財務デュー・ディリジェンスの手続

ア．貸借対照表分析

　貸借対照表分析は、現在の対象会社の財政状態を把握し、本来あるべき純資産を適切に認識する上で重要な手続となります。対象会社の作成した貸借対照表は、必ずしもすべての資産・負債について適切に実在性・網羅性等が具備されたものとは限りません。特に、財務諸表監査を受けていない企業の貸借対照表は、それぞれの企業の政策的理由によって、過去に減価償却を任意に止めている期間が存在したり、税務上の要件を充たせていないために、ほとんど回収不能とも考えられる資産であっても貸借対照表に計上されていたりと、様々なリスクが存在する可能性が否定できません。

　また、財務諸表監査を受け、適正意見が表明されている貸借対照表であったとしても、財務諸表監査と財務デュー・ディリジェンスとでは、その目的の相違から、手続や調査（監査）対象が異なる部分も多く存在することとなるため（第4章2(1)④「参考：財務諸表監査と財務デュー・ディリジェン

スとの違い」参照)、財務デュー・ディリジェンスを省略してそのまま使用することはできないでしょう。

　財務諸表監査においては、その国、その時期に応じた一般に公正妥当と認められる会計基準に準拠して作成されているかどうかが重要であり、また、対象会社の規模に応じて監査上の重要性の基準値も異なってくることになるため、当該重要性の観点から、細かな誤謬等については、監査上適正の範囲内に含められている可能性があります。しかし、対象会社全体に対して設定された重要性の基準値からは適正だと判断されていたとしても、対象会社の全事業のうち、M&Aの対象となる一事業の規模に照らしてみると、買い手からは無視できない誤謬等が存在する可能性もあります。

　すなわち、財務諸表監査の目的は、あくまでも経営者の作成した財務諸表が、一般に公正妥当と認められる企業会計の基準に準拠して、企業の財政状態、経営成績及びキャッシュ・フローの状況をすべての「重要な」点において適正に表示しているかどうかについて、監査人が意見として表明することにあるため、企業の規模等に照らして投資者の投資意思決定に重要な影響を及ぼさない誤謬等については、それが明らかな間違いであったとしても、財務諸表監査上、「適正」の範囲内に含められることになります。

　さらに、従来から広くいわれているように、財務諸表監査には以下のような限界があるため、必ずしも買い手の要求水準に合致した貸借対照表が作成されているとは限らないことになります。

　　・財務諸表の作成には経営者による見積りや判断が多く含まれていること
　　・内部統制には状況によっては機能しない限界があること
　　・監査が原則として試査により実施されること　　　等
　その意味でも財務諸表監査の対象となっている貸借対照表であっても、買い手にとって改めて財務デュー・ディリジェンスを実施することは重要です。詳細な分析手法等については、第6章で後述します。

イ．損益計算書分析

　損益計算書分析は、過去の損益推移を分析することによって、対象会社の正常収益力を把握するとともに、後述する事業計画分析の際に有益な情報を

入手するために実施されます。

　対象会社の正常収益力を把握するためには、対象会社の過去の損益計算書の中で、一時的ないし特殊な要因で発生した箇所を適切に把握し、それらを除外した上で、対象会社ないしM&Aの対象事業が持続的に達成可能な収益力を算出する必要があります。

　こうして把握された正常収益力は、対象会社の現時点における収益獲得能力であり、価格決定に与える影響は非常に大きいものとなります。

　詳細な分析手法については、第6章で後述します。

ウ．キャッシュ・フロー分析

　キャッシュ・フロー分析は、損益計算書分析では得られない、対象会社ないし事業のキャッシュの獲得能力を適切に把握するために重要なものとなります。

　損益に計上されない、営業債権その他の債権の回収状況、営業債務や金融負債の支払・返済状況、固定資産の取得及び売却等の情報などを適切に把握することにより、対象会社ないし事業の持続的に達成可能なキャッシュの獲得能力を把握することは、M&Aを実施する上では不可欠な手続となります。

　詳細な分析手法については第6章で後述します。

エ．事業計画分析

　事業計画分析は、対象会社ないし事業の最新の事業計画を入手し、それが過去及び現在に対して実施された貸借対照表分析、損益計算書分析及びキャッシュ・フロー分析を通じて入手された情報に照らして合理的なものかどうかを比較・検討することで、対象会社ないし事業の事業計画が達成可能であるかどうか、達成可能な計画はどのようなものであるかを把握するために実施されます。

　また、特に将来の収益力把握のためには、過去及び現在の情報だけでなく、市場の動向や税法の改正情報等、未来に対する情報も必要になるため、適切な専門家の助言等が必要となる場面も多くあります。

　この意味で、財務デュー・ディリジェンスだけでなく、ビジネスデュー・

ディリジェンスや税務デュー・ディリジェンス等、その他のデュー・ディリジェンスとの連携も非常に重要となってくることとなります。
　詳細な分析手法については、第6章で後述します。

## 2 各種デュー・ディリジェンスと財務デュー・ディリジェンスの関係

(1) 財務デュー・ディリジェンスとビジネスデュー・ディリジェンスとの関係

　ビジネスデュー・ディリジェンスは、対象会社の事業内容を理解し、その事業から産出される収益・キャッシュの源泉たる経営資源を把握するためには必須の作業であると言え、特に価値評価・価格決定に際して、将来の収益力やキャッシュ・フローが重視される場合には、ビジネスデュー・ディリジェンスが適切に実施されたかどうかは、M&Aを成功に導くための鍵となるといっても過言ではないほど、非常に重要な手続となります。

　したがって、ビジネスデュー・ディリジェンスは、その範囲・深度の差はあれど、M&Aにおいて必須のデュー・ディリジェンスの1つといってよいと考えられます。

　また、ビジネスデュー・ディリジェンスの調査対象は対象会社のあらゆる事項に及び、対象会社のビジネス上のリスクを適切に把握できるかどうかは、財務デュー・ディリジェンスが適切に実施されるかどうかにも影響します。すなわち、ビジネスデュー・ディリジェンスにおける各種情報の調査・分析に基づいて、財務デュー・ディリジェンスで実施される事業計画分析を中心とした各種分析が実施されることになるため、かなり密接に関係することとなります。

　その意味でも、ビジネスデュー・ディリジェンスと財務デュー・ディリジェンスとで実施される調査の範囲としては重複する部分も多く、実際にデュー・ディリジェンスを実施する際には、対象会社への質問や事業計画分析等について、効率性の観点からも、それぞれのチームが別々に実施するのではなく、同時に、あるいは常に情報を共有しあいながら実施することが重要となります。特に事業計画分析については、医療関係など、従業員の職種の専門性が高い分野や業種の特殊性が高い業界ほど、その市場・業界に精通したチームによって実施されるビジネスデュー・ディリジェンスの守備範囲は広くなります。この場合には、減価償却費や租税公課等、財務・税務的な要素を除く営業損益まで

の分析をビジネスデュー・ディリジェンスのチームが中心になって行い、ビジネスデュー・ディリジェンスのチームの担当から外れた減価償却費等の項目と、営業損益以外の営業外損益、特別損益項目を財務デュー・ディリジェンスのチームが中心になって実施するといったことも少なくありません。

このように、財務デュー・ディリジェンスとビジネスデュー・ディリジェンスは、相互に緊密な関係を持ち続けることが有用であり、重要なものとなります。

## (2) 財務デュー・ディリジェンスと法務デュー・ディリジェンスとの関係

対象会社が、現時点でどういった法務上の問題点を抱えているかを明らかにしないでM&Aを実施し、契約を締結するということは、あまりにもリスクが高いものと考えられます。したがって、法務デュー・ディリジェンスもM&Aを実施する上では必須の手続の1つとなってきます。

ここで、法務デュー・ディリジェンスで調査・検証された内容は、財務デュー・ディリジェンスでも検証する必要があります。すなわち、法務デュー・ディリジェンスで調査・把握された重要な契約内容や訴訟問題等は、偶発事象・偶発債務として、現在ないし将来において、対象会社に財務的な負担を及ぼす可能性のある場合が少なくありません。例えば、法務デュー・ディリジェンスの実施過程で、対象会社の事業遂行上重要な契約についてチェンジ・オブ・コントロール条項があることが検出されたような場合には、事業計画分析等、財務デュー・ディリジェンスに多大な影響を及ぼすといったことも考えられます(特に、その事業が特許ライセンスを必要とする場合などでは、当該ライセンスの地位を引き継ぐことが可能かどうかなどに留意する必要があります。また、近年、企業買収の防衛策としてチェンジ・オブ・コントロール条項が付されているケースも多いといわれています)。したがって、こうした法務デュー・ディリジェンスの結果は、必ずその財務的影響を財務デュー・ディリジェンスでも把握・検証することとなり、その意味で、財務デュー・ディリジェンスと法務デュー・ディリジェンスとは、密接な関係にあります。

また、担保の状況や今後の支払状況を把握するため、不動産に係る登記簿謄本や金銭消費貸借契約書の入手・閲覧や、取締役会や経営会議の議事録等、対

象会社の重要な資料の入手・閲覧、また、対象会社の経営者等の重要な人物に対するインタビューなど、財務デュー・ディリジェンスと法務デュー・ディリジェンスとでは、入手資料や調査手続が重複する場面が多く存在します。

したがって、財務デュー・ディリジェンスを担当するチームと法務デュー・ディリジェンスを担当するチームとは、緊密に連絡を取り合いながら、情報を共有しつつ、作業を進めていくことが重要になります。

### (3) 財務デュー・ディリジェンスと税務デュー・ディリジェンスとの関係

税務デュー・ディリジェンスは、対象会社に存在する追徴課税等の税務リスクの把握・検討、対象会社の税務ポジションの確認等を実施する上で重要な手続となります。特に、過去の税務調査の結果を検討した結果、税務当局からの否認事例が多い企業の場合には、適切な税務デュー・ディリジェンスの実施の重要性は高まることとなります。

こうした税務デュー・ディリジェンスで検出されたリスクは、当然に税金という金額で表現される要素に影響を与える可能性があるということになるため、税務デュー・ディリジェンスで実施された結果は、財務デュー・ディリジェンスでも把握・検討せざるを得ないものとなります。そのため、税務デュー・ディリジェンスと財務デュー・ディリジェンスは、その入手する資料の共通性からいっても、同じチームで実施されるか、若しくは同じ会計・税務グループに所属する公認会計士・税理士等の専門家によって実施されることが、効果的かつ効率的なものとなります。

### (4) 財務デュー・ディリジェンスと不動産デュー・ディリジェンスとの関係

対象会社の貸借対照表に計上されている不動産は、いわゆる取得原価主義に基づいて計上されているため、時価とは大きく乖離している可能性が非常に高いものとなっています。対象会社の事業の継続性を前提とする限り、現時点での時価情報というものの重要性はそれほど高くはないと考えられますが、買収後、不要な不動産を売却する可能性や、今後の事業計画上織り込まれている売却価格や設備投資計画、修繕計画等の妥当性を判断する上では、不動産デュー・

ディリジェンスを実施する意義は大きなものとなってきます。したがって、不動産鑑定士等の専門家によって、対象会社の不動産の状況を適切に把握・評価する作業は非常に重要な意味を持つことになります。

　こうした不動産デュー・ディリジェンスの結果は、財務デュー・ディリジェンスのうち、特に事業計画分析等を実施する上で非常に重要となってくるため、不動産デュー・ディリジェンスは財務デュー・ディリジェンスの実施を補完・サポートするという意味で、緊密な関係があるといえます。

### (5) 財務デュー・ディリジェンスとその他のデュー・ディリジェンスとの関係

　その他の主要なデュー・ディリジェンスとして、人事デュー・ディリジェンス、環境デュー・ディリジェンス、ITデュー・ディリジェンスが挙げられます。これらのデュー・ディリジェンスと財務デュー・ディリジェンスとの関係について、以下で説明します。

### ① 財務デュー・ディリジェンスと人事デュー・ディリジェンスとの関係

　人事デュー・ディリジェンスは、その名のとおり対象会社の人事面に着目して実施されるデュー・ディリジェンスのことをいいます。M&Aにおいては、重要な経営資源であるヒト・モノ・カネのすべてが対象となってくることも少なくありません。その場合、異なる人事制度、（福利厚生も含んだ）労働条件、給与体系等で働いていた人員を取り込むこととなる買い手側としては、対象会社のこれらの制度を適切に把握し、買収後の対応を検討することは必須かつ極めて重要な作業といえます。この意味で、人事デュー・ディリジェンスは、ビジネスデュー・ディリジェンスや法務デュー・ディリジェンスとも密接に関わってくることとなりますが、財務デュー・ディリジェンスにおいても、退職給付債務や未払給与、未払賞与等の適切な把握・測定や、対象会社との交渉過程で決定される新たな給与水準等を反映した人件費、及び将来のリストラ等も含めた様々なコストの事業計画への影響の把握・検討等、必要な手続が多々存在することとなります。したがって、人事デュー・ディリジェンスは財務デュー・ディリジェンスを実施する上で、非常に重要な手続となってきます。

② 財務デュー・ディリジェンスと環境デュー・ディリジェンスとの関係

土壌・地下水汚染やアスベスト・PCBなど（近年においては、東日本大震災の関係で、放射能の問題も重要になっているものと考えられます）、環境問題が取り沙汰されている昨今、こうした問題に対する財務的な負担というものは無視できません。

したがって、こうしたリスクに対する調査というものも財務デュー・ディリジェンスを適切に実施する場合には不可欠のものであり、環境デュー・ディリジェンスの結果を財務デュー・ディリジェンスにおいても把握・検討するという意味で、両者は緊密な関係にあります。

③ 財務デュー・ディリジェンスとITデュー・ディリジェンスとの関係

近年、ますます企業のITの重要性は高まっており、企業のITに対する投資やその管理・運営に対する費用は、年々増加傾向にあります。

そのため、対象会社が把握しているITに対する今後の予算や設備投資計画だけでなく、ITデュー・ディリジェンスを実施することによって得られる、現状維持のための費用や将来の必要投資額、システム障害が発生した場合の影響等の情報は、財務デュー・ディリジェンスにおいて損益計算書分析や事業計画分析を実施する際の有益な情報となります。したがって、ITデュー・ディリジェンスもまた、財務デュー・ディリジェンスの実施をサポートするという意味で、緊密な関係にあるといえます。

(6) まとめ

以上、各種デュー・ディリジェンスと財務デュー・ディリジェンスとの関係を説明してきましたが、企業というものが利益の獲得を目的ないし手段としている以上、デュー・ディリジェンスという手続全体が、最終的には、現在及び将来における財務的・金銭的影響の可能性を把握する作業であるという面を否定することはできないと考えられます。

したがって、すべてのデュー・ディリジェンスについて、直接的にせよ間接的にせよ、何らかの形で財務デュー・ディリジェンスと関係しており、財務デュー・ディリジェンスチームは、すべてのデュー・ディリジェンスの調査結

果を把握し、その財務的影響を検証するという手続が必要となります。

**《参考文献》**
『M&Aを成功に導く財務デューデリジェンスの実務（第3版）』プライスウォーターハウスクーパース編、中央経済社、平成22年

# 第6章

# 財務デュー・ディリジェンス

本章では「第5章1(2)②一般的な財務デュー・ディリジェンスの手続」でふれた財務デュー・ディリジェンスの手続について、貸借対照表分析、損益計算書分析、キャッシュ・フロー分析、事業計画分析の順に詳述します。

# 1 貸借対照表分析

## (1) 貸借対照表分析の意義
### ① 貸借対照表分析の目的
貸借対照表分析の主な目的は、調査基準日における貸借対照表を分析し、適正な簿価純資産と時価純資産を把握するとともに、他の分析や価値評価のための情報を収集し、提供することにあります。

ア．適正な簿価純資産と時価純資産の把握

　企業価値評価の方法として、ネットアセット・アプローチ（コスト・アプローチ）を採用している場合を除き、簿価純資産が直接企業価値評価に結び付くことはありません。しかし、企業価値評価を検証する手段として適正な簿価純資産の把握は重要な意味を持ちます。そのため、企業価値評価の方法に何が用いられるかに関係なく、まずは対象会社の貸借対照表が一般に公正妥当と認められる企業会計の基準に従って作成されているかどうかを検証する必要があります。

　適正な簿価純資産への修正項目の代表例として、回収可能性の乏しい売掛金や滞留在庫、多額の含み損を抱えた有価証券が取得価額のまま計上されている場合や、賞与引当金・退職給付引当金などの各種引当金が未計上となっている場合などが挙げられます。特に窮地に陥っている会社を調査の対象とする場合には、いわゆる粉飾決算を行っている場合が少なくなく、これらの修正項目が顕在化しやすい傾向にあります。また、小規模な会社を調査の対象とする場合には、いわゆる税務基準で決算が行われている場合が多く、制度会計上必要な引当金の計上などが行われていない場合があります。貸借対

照表分析ではまずはこれらの修正項目を抽出し、対象会社の貸借対照表を修正することにより、適正な簿価純資産を把握する作業を行います。

次に、適正な簿価純資産を時価純資産に置き換えるための修正を行うことになります。実務上は財務デュー・ディリジェンスの時間的制約などの関係上、貸借対照表に計上されていない無形資産やのれん、時価評価が容易ではない資産の時価評価が行われることは少なく、土地や保険積立金などの時価情報を収集しやすい資産のみ、評価替えを行うことが多くなっています。

この時価評価した純資産を実態純資産、時価評価した貸借対照表を実態貸借対照表と呼ぶことがあります。

修正・補正等を行うべき具体的な事例としてよく見受けられるものには、以下のようなケースがあります。

| ケース | 修正・補正 |
|---|---|
| 滞留債権の評価減 | 滞留債権が存在する場合には、当該滞留債権の評価額の妥当性を検証し、当該滞留債権が回収可能見込額で評価されていない場合には、簿価と回収可能見込額との差額を控除する。 |
| 滞留在庫の評価減 | 滞留在庫が存在する場合には、当該滞留在庫の評価額の妥当性を検証し、当該滞留在庫が時価で評価されていない場合には、簿価と時価との差額を控除する。 |
| 非上場株式の含み損 | 非上場株式を保有している場合、基準日時点における含み損の有無を検証し、実質価額が簿価よりも低い場合には、その差額を控除する。 |
| 引当金の計上不足 例えば、賞与を支給する見込みであるにもかかわらず賞与引当金を計上していない場合や、退職金制度があるにもかかわらず、退職給付引当金を適切に計上していない場合などである。また、回収懸念債権について、 | 引当金の計上不足を確認し、計上不足がある場合には、引当金の追加計上を行う。 |

115

| | |
|---|---|
| 貸倒引当金を計上していない場合も含まれる。 | |
| 固定資産の減損損失の計上不足 | 例えば、遊休固定資産が存在する場合には、遊休固定資産の評価額の妥当性を確認する。当該遊休固定資産について、回収可能価額が簿価を下回っているにもかかわらず、回収可能価額で評価されていない場合には、簿価と回収可能価額との差額を控除する。 |
| 固定資産の除却処理漏れ | 対象会社の固定資産の除却処理を期末に一括して行う場合、除却処理漏れが発生する場合がある。この場合、当該除却損を控除する。 |

イ．他の分析や価値評価のための情報提供

　貸借対照表分析の実施に当たっては、貸借対照表自体の検討のみならず、他の分析や企業価値評価のための情報提供も視野に入れておかなければなりません。

　例えば、企業価値評価の手法としてDCF法や類似上場会社法を用いる場合、貸借対照表分析において事業外資産や有利子負債・有利子負債類似債務などを把握しておくことが重要となります。事業外資産とは、具体的には余剰資金や有価証券などの投資資産をいいます。有利子負債・有利子負債類似債務とは、具体的には借入金や社債、割賦未払金、リース債務、退職給付引当金などをいいます。DCF法や類似上場会社法では、それぞれの評価アプローチで算定した事業価値にこれら事業外資産や有利子負債・有利子負債類似債務を加減することにより株主価値を算定するため、これらの評価アプローチを適用する上で、事業外資産と有利子負債・有利子負債類似債務を把握しておくことは特に重要となります。

　また、貸借対照表分析の結果、回収不能債権や滞留在庫の存在が明らかになり、貸借対照表の修正が必要となった場合には、これに関連して運転資本分析や正常収益力分析などに影響を与える場合もあります。そのため、貸借

対照表分析の結果を他の分析担当者と適時に共有しておくことが重要になります。

② **貸借対照表分析における全般的留意点**
ア．増減比較

　貸借対照表分析では、調査基準日時点の貸借対照表と過去の貸借対照表を比較し、増減内容の検証を行うことが一般的です。この増減比較においては、特定の２期間のみを比較対象とするのではなく、可能であれば過去５年～10年程度の貸借対照表を入手し、趨勢を分析することが重要です。過去数期間の趨勢と対象会社から得た情報（沿革や事業内容の変化、過去の重要なイベントなどの情報）を照らし合わせ、調査日時点の貸借対照表が出来上がるまでの過程を想像することにより、貸借対照表に対する理解が高まるからです。また、過去の貸借対照表の推移と対象会社から得た情報に不整合がある場合には、調査対象項目を絞り込むヒントにもなります。

　なお、増減比較では調査基準日以降の直近時点の貸借対照表との比較を実施しておくことも重要です。調査基準日以降の貸借対照表との比較を行うことにより、重要な後発事象の存在などが判明することもあるからです。この際、比較の対象となる貸借対照表が月次決算ベースのものであることも多いため、調査基準日における貸借対照表と直近時点の貸借対照表の作成過程の違いなども合わせて確認しておくことが重要です。

イ．調査期間と調査手法の選択

　M&Aの情報は極めて慎重に取り扱われ、対象会社においても一部の役員や従業員にしか知らされていないことが多くあります。そのため、貸借対照表を分析する過程で情報へのアクセスが制限されることや、資料の提供までに時間を要することが想定されます。また、ごく限られた期間で調査を実施しなければならないことが多く、財務デュー・ディリジェンス以外のデュー・ディリジェンス（法務デュー・ディリジェンスなど）と同時並行で調査が行われることも珍しくありません。そのため、無計画に調査を進めると、決められた期間内に調査を終了できない事態も想定されます。

効率的かつ効果的に調査を実施するためには、事前に依頼主との間で重点調査項目を確認しておき、調査範囲と調査手法の大枠について合意しておくことも重要です。質問や分析的手続などの調査手法を中心に採用し、証憑突合のような手続は限定的に実施する対応もよいでしょう。また、実務上、効率的に調査を進めるために質問リストや依頼リストが用いられるケースも多くなっています。より効率的に調査を進めるためには、これらのリストを財務デュー・ディリジェンスのチームメンバーで共有し、資料依頼や質問の重複を避ける工夫も必要です。可能であれば、事業デュー・ディリジェンスや法務デュー・ディリジェンスなどを担当する他のアドバイザーともリストを共有することが望ましいといえます。

ウ．他の分析との関係・価値評価手法との関係

「本章1(1)①イ．」で述べたとおり、貸借対照表分析の結果は他の分析や価値評価手法と密接に関連しています。そのため、貸借対照表分析を実施する担当者は、貸借対照表分析以外の分析（正常収益力分析、運転資本分析、設備投資分析など）や価値評価手法の内容についても理解しておくことが重要であり、他の分析との連携を常に意識した調査を行うことが望まれます。

③ 貸借対照表分析における時価概念

企業会計において時価とは公正な評価額であり、取引を実行するために必要な知識を持つ自発的な独立第三者の当事者が取引を行うと想定した場合の取引価額であるとされています。公正な評価額には、市場で取引され、そこで成立している価格がある場合の「市場価格に基づく価額」と、市場価格がない場合の「合理的に算定された価額」があります。

M&Aにおける貸借対照表分析で用いる時価概念も基本的には企業会計における時価概念と同一です。実務上、問題となりやすいのは「合理的に算定された価額」の算定手法です。この算定手法には一般的に、ネットアセット・アプローチ（コスト・アプローチ）、マーケット・アプローチ、インカム・アプローチによる方法が考えられ、資産の特性等に応じてこれらのアプローチを併用又は選択適用して「合理的に算定された価額」を算出することになります。

ア．ネットアセット・アプローチ（コスト・アプローチ）

算定対象資産そのもののコストに着目する算定手法であり、同等の効用又は機能を有する代替資産の取得に要するコストをもとに評価するアプローチです。この場合に用いるコストには以下の２種類があります。

(ｱ)　再調達原価
取得者が算定対象資産を別のもので代替する場合に要するコスト

(ｲ)　複製原価
取得者が算定対象資産と同等のものを複製する場合に要するコスト

この算定手法は、一般的に、機械装置やソフトウェアなどの非金融資産を評価する際に用いられます。

イ．マーケット・アプローチ

算定対象資産に関する市場の評価に着目する算定手法であり、同一又は類似の資産の市場価格をもとに評価するアプローチです。実務上は算定対象資産に関連する信頼性のあるマーケットデータを収集できる場合は少なく、この算定手法が用いられる場面は限定的です。

ウ．インカム・アプローチ

算定対象資産が生み出すキャッシュ・フローに着目する算定手法であり、対象資産の将来キャッシュ・フローを現在価値に割り引くことにより評価額を算定するアプローチです。この算定手法は、「将来キャッシュ・フロー」、「キャッシュ・フロー予想期間」、「割引率」の３要素が決まれば評価額を算定できるため、多くの資産・負債の時価評価に適用できる可能性があります。しかし、これらの３要素は見積りへの依存度が高く、財務デュー・ディリジェンスの期間内に信頼性のある見積情報を入手できるかどうかを事前に見極めておく必要があります。

以上を踏まえ、貸借対照表分析において時価を考える場合には、事前に依頼主との間で重要な資産の時価評価の範囲と算定手法の選択について協議してお

くことが望まれます。

## (2) 営業債権
### ① 科目の概要

営業債権とは売掛金、受取手形など営業取引から獲得した金銭債権をいい、棚卸資産や営業債務と合わせて対象会社の運転資本を構成します。これら営業債権の主なリスクは、評価の妥当性（帳簿価額は適切か）、実在性（実際に資産が存在するかどうか）、期間配分の適切性（正しい期間に収益計上されているか）です。

### ② 業種によって留意すべき事項
ア．製造業

製造業では、企業向けの販売がほとんどであり決まった相手先に製品を納入する傾向があります。そのため、一度販売先が固定されると安定的な売上が見込まれる一方、昨今では製品ライフサイクルが短くなってきており、依存度の高い取引先への販売が打ち切られると一気に売上が減少する可能性があります。

昨今の厳しい経済環境においては、予算達成のために期末近辺に押し込み売上などが行われるリスクを常に意識しておく必要があります。また、製造業特有の論点として、未出荷売上（預かり売上）の存在にも注意を払う必要があります。

イ．建設業

取引1件当たりの金額が大きく、滞留債権や回収懸念債権の存在には特に注意を払う必要があります。官公庁向けの売上の場合には通常、貸倒リスクはありませんが、民間工事の場合には貸倒によって多額の損失を被る可能性もあります。また、売上計上の期ズレによる損益インパクトも大きいため、期末近辺の売上計上の期間帰属が適切か否かの検証が特に重要となる業種です。

ウ．卸売業

　取引量が多く、扱うアイテム数も多いため、営業債権の管理事務が適切に行われているか否かが重要な検証ポイントとなります。請求管理や消込管理が適切に行われていない場合、違算が長期間放置され、回収不能となっている債権が多額に生じている可能性があります。

③ **主な調査手法**[6]
ア．一般的な趨勢分析

　趨勢分析では勘定明細や売掛金台帳などをもとに、得意先ごとに数期間の売掛金の残高推移を分析します。この際、損益計算書の売上推移と整合性が取れているかどうかについても確認をします。

　著しい増減がある場合や、売上高の推移と不整合がある場合には、その理由を把握するとともに、より詳細な調査を実施することを検討します。

　なお、趨勢分析を行うに当たり、分析期間内に事業内容の変化や会計方針の変更がないかどうか、営業債権の中に"通常の営業活動において発生した債権"以外のものが含まれていないか等を検討しておく必要があります。

イ．重要な取引先とその取引内容・条件の把握

　売上の集中度合いが高い取引先が存在する場合、その得意先が倒産等した場合には、大きな影響を受けることになります。また、M&A実施後において、取引条件が変更されないかどうか、取引を継続してもらえるかどうかについても重要な検証ポイントとなります。

　特に中小企業の場合には、対象会社の社長個人との人的繋がりによって取引が行われている場合も多く、M&Aの実行による社長交代を機に取引条件の変更が求められる可能性も想定されます。そのため、このような取引条件の変更可能性については特に注意を払って調査を行う必要があります。

---

6　財務デュー・ディリジェンスでは、調査期間の制約等の理由により、債権残高の実在性を確かめるための確認状発送手続を実施しない実務が一般的です。

ウ．グループ会社・関連当事者との取引内容・条件の把握

　グループ会社との取引では、取引当事者のどちらか一方の便宜を図るために、一般の取引先とは異なる条件で取引が行われている可能性があります。例えば、グループ会社に対して売上を計上している場合に、決済までの期間を他の得意先よりも短く設定することで当該グループ会社から実質的な資金融通を受けていることがあります。また、売上単価を調整することにより、対象会社とグループ会社との間で意図的な利益調整が行われていることもあります。財務デュー・ディリジェンスでは、グループ会社や関連当事者との取引内容や条件を把握し、M&A実行後の取引条件の変更可能性や変更した場合の財務数値に与える影響について情報を入手しておくことが重要となります。

エ．回転期間分析

　回転期間分析とは、特定科目について複数期間の回転期間を比較することにより、帳簿残高が異常な状態になっていないかどうかを確かめる分析手法です。この分析によって滞留債権などの兆候を確認できる場合があります。

　営業債権の回転期間は、営業債権を認識してから回収されるまでの期間をいい、計算式は以下のとおりです。

$$営業債権回転期間（月、日）＝\frac{営業債権}{年間売上高÷基準期間（12ヶ月\ or\ 365日）}$$

　営業債権回転期間の主な変動要因として以下が考えられます。

---

・決済条件が変更になった

　例えば、決済条件の変更があり債権の発生時点から回収されるまでの期間が長くなると、売上高の水準に変わりがなくても営業債権の残高が増えることになるので、回転期間は長くなります。

・滞留債権や架空売掛金が存在する

　滞留債権や架空売掛金がある場合には、売上高の水準に変化がなくても営業債権の残高が増えることになるので、回転期間が長くなる可能性があります。

・年間売上高の発生態様に変化がある

　売上高に季節変動がある場合には、異なる季節間で回転期間を比較するとその乖離が大きくなる場合があります。

回転期間分析では、過去数期間の営業債権回転期間を比較し、その変動について合理的な説明ができるかどうか、約定の回収サイトと回転期間に整合性があるかどうかを検証します。

なお、回転期間分析は営業債権全体を対象に分析するほか、必要に応じて主要な得意先ごとに分析を実施します。下表はその例です。

**図表6-1　売掛金回転期間分析の例**

| 得意先 | ① 年間売上高 | ② = ①÷365 平均日商 | ③ 売掛金期末残高 | ④ = ③÷② 回転期間 | 約定サイト |
|---|---|---|---|---|---|
| A社 | 250,000 | 685 | 70,000 | 102 | 90 |
| B社 | 200,000 | 548 | 38,000 | 69 | 60 |
| C社 | 100,000 | 274 | 15,000 | 55 | 30 |
| D社 | 50,000 | 137 | 10,000 | 73 | 45 |

例えば、上表において、A社とB社の回転期間は約定サイトとおおむね近い数字となっていますが、C社とD社については約定サイトからの乖離が見受けられるため、詳細な原因分析が必要となります。

オ．年齢調べ

年齢調べとは営業債権の発生年月日からの経過期間を調べ、会社の通常の回収サイトと比較検討を行うことにより、滞留している売掛債権を識別する分析手法です。通常は、対象会社が債権管理のために営業債権の年齢表を作成しているため、これを利用することになります。

図表6-2　売掛金年齢分析の例

| 得意先 | 与信限度 | 回収条件 | 売掛金残高 | ～1か月 | ～2か月 | ～3か月 | ～4か月 | 4か月超 |
|---|---|---|---|---|---|---|---|---|
| A社 | 300 | 2か月 | 200 | 70 | 100 | 30 | | |
| B社 | 200 | 2か月 | 150 | 50 | 70 | 20 | 10 | |
| C社 | 50 | 3か月 | 100 | 40 | 30 | 30 | | |
| D社 | 100 | 2か月 | 50 | 20 | 30 | | | |

　例えば上表において、A社とB社は回収条件が2か月となっていますが、年齢表において2か月を超える売掛金が存在しています。この場合には回収が遅延している理由について詳細な検討を行うことになります。また、C社については与信限度を上回る売掛金残高が存在するため、管理状況を確認する必要があります。

④　他の分析との関係・価値評価手法との関係

ア．実態貸借対照表との関係

　売掛金に関する調査の結果、その資産性について問題が発見された場合は、実態貸借対照表にその修正を反映させることになります。また、売掛金を修正する場合、売上原価や棚卸資産の金額も修正が必要となることが多いため、棚卸資産の調査担当者と連携して修正手順を確認しておく必要があります。

イ．他の分析との関係

　営業債権は運転資本を構成するため、営業債権の金額を修正する場合には、運転資本分析の調査担当者と連携し、その修正額の影響を運転資本の分析に反映させる必要があります。

　また、営業債権の修正額が過去の正常収益力に影響を及ぼす場合もあるため、損益計算書分析の担当者と修正手順について確認をとっておく必要があります。

　加えて、営業債権の中に正常な営業循環過程から外れた債権（例えば、設備売却の未収入金など）がある場合には、運転資本ではなく、事業外資産と

第6章 財務デュー・ディリジェンス

して価値評価手法に反映することを検討します。

⑤ **時価**

ア．営業債権の時価の考え方

　財務デュー・ディリジェンスの実務では、金融商品会計基準に従って処理した評価額をもって営業債権の時価とすることが一般的です。営業債権は短期間（通常1年以内）に決済されるものが多く、時価と簿価がほぼ等しいという前提を置く場合が多く見られます。

イ．財産評定と時価（参考）

　公表されている財産評定基準のうち、営業債権の時価について記述されているものを参考として要約します。

(ア) 経営研究調査会研究報告第23号「財産の価額の評定等に関するガイドライン（中間報告）」

| 科　　目 | 時価の考え方 |
|---|---|
| 受取手形、売掛金、貸付金、その他の金銭債権 | 受取手形、売掛金、貸付金、その他の金銭債権の第83条時価は、債権個々の債権金額から貸倒見積高を控除した金額とする。貸倒見積高の算定に当たっては、金融商品会計基準で規定する債権の区分（一般債権、貸倒懸念債権、破産更生債権等）ごとに行う。<br>一般債権の貸倒見積高については、過去の貸倒実績率等合理的な基準により算定するのが一般的である。しかし、そのうち営業債権等（子会社、関連会社に対する債権を除く。）は、回収までの期間も通常数か月程度と短く、実際に財産の評定作業を完了する時点では、ほぼ回収が終了していると考えられる。このような営業債権については、貸倒実績率を用いた貸倒見積高を控除しないことができる。<br>更生手続開始を申し立てた親会社と財務及び営業において重要な取引を行っている子会社及び関連会社がある場合には、同社への債権は、親会社の更生手続開始申立てによる影響を十分に考慮して貸倒見積高を算定する。また、親会社と子会社・関連会社だけでなく子会社間等で保有している債権の評定についても、同様に影響を考慮 |

| | する。<br>貸倒懸念債権については、債権の状況に応じて、金融商品会計実務指針第113項が定める次のいずれかの方法により貸倒見積額を算定する。<br>・担保又は保証が付されている債権について、債権額から担保の処分見込額及び保証による回収見込額を減額し、その残額について債務者の財政状態及び経営成績を考慮して貸倒見積高を算定する方法(財務内容評価法)<br>・債権の元本の回収及び利息の受取に係るキャッシュ・フローを合理的に見積もることができる債権について、債権の発生又は取得当初における将来キャッシュ・フローと債権の帳簿価額との差額が一定率となるような割引率を算出し、債権の元本及び利息について、元本の回収及び利息の受取が見込まれるときから当期末までの期間にわたり、債権の発生又は取得当初の割引率で割り引いた現在価値の総額と債権の帳簿価額との差額を貸倒見積高とする方法(キャッシュ・フロー見積法)<br>破産更生債権等の貸倒見積額の算定については、債権額から担保の処分見込額及び保証による回収見込額を減額し、その残額を貸倒見積高とする。また、清算配当等により回収が可能と認められる額は、担保の処分見込額及び保証による回収見込額と同様に取り扱う。|

(イ) RCC「再生計画における「資産・負債の評定基準」(別紙5)」

| 科　　目 | 時価の考え方 |
|---|---|
| 売上債権 | 原則として、各債権金額から貸倒見積額を控除した価額により評定する。貸倒見積額の算定は次の通りとする。<br>(i) 一般債権については、原則として過去の貸倒実績率等合理的な基準により貸倒見積額を算定する。ただし、評定基準日以降の回収実績による算定も可能とする。<br>(ii)貸倒懸念債権については、当該債権額から担保処分見込額及び保証による回収見込額を控除し、残額について債務者の財政状態及び経営成績を考慮して貸倒見積額を算定する。 |

| | |
|---|---|
| | (iii) 破産更生債権等については、当該債権額から担保処分見込額及び保証による回収見込額を減額し、その残額を貸倒見積額とする。また、清算配当等により回収が可能と認められる額は、担保処分見込額及び保証による回収見込額と同様に取扱う。<br>(iv) 子会社等の関係会社に対する売上債権に係る貸倒見積額については、親会社等として他の債権者と異なる取扱いを受ける可能性がある場合には、これによる影響額を合理的に見積もるものとする。 |

(ウ) 中小企業再生支援協議会「実態貸借対照表作成に当たっての評価基準(別紙)」

| 科　　目 | 時価の考え方 |
|---|---|
| 売上債権 | 売上債権については、原則として、各債権金額から貸倒見積額を控除した価額により評定する。貸倒見積額の算定は次の通りとする。<br>(i) 一般債権については、原則として過去の貸倒実績率等合理的な基準により貸倒見積額を算定する。ただし、評定基準日以降の回収実績による算定も可能とする。<br>(ii) 貸倒懸念債権については、当該債権額から担保処分見込額及び保証による回収見込額を控除し、残額について債務者の財政状態及び経営成績を考慮して貸倒見積額を算定する。<br>(iii) 破産更生債権等については、当該債権額から担保処分見込額及び保証による回収見込額を減額し、その残額を貸倒見積額とする。また、清算配当等により回収が可能と認められる額は、担保処分見込額及び保証による回収見込額と同様に取扱う。<br>(iv) 子会社等の関係会社に対する売上債権に係る貸倒見積額については、親会社等として他の債権者と異なる取扱いを受ける可能性がある場合には、これによる影響額を合理的に見積もるものとする。 |

㈜ 私的整理に関するガイドライン Q&A「Q. 10－2　実態貸借対照表作成に当たっての評価基準」

| 科　　目 | 時価の考え方 |
|---|---|
| 売上債権<br>（受取手形・売掛金・完成工事未収入金） | (i) 原則として、相手先別に信用力の程度を評価し、回収可能性（注）に応じて減額する額を決定する。<br>・信用力の高い先に対する債権は減額不要。<br>・不渡手形およびその他回収不能の債権は、当該額を減額する。<br>・決算日後に大口販売先の倒産が判明した場合には、実態にあわせて損失見込額の調整を行う。<br>　（注）次の事象が確認できる場合、回収可能性は低い、またはなしと判断する。<br>　　破産、回収遅延、減額要請、休業、店舗閉鎖、行方不明、等。<br>(ii) 関係会社宛売上債権については、清算予定会社宛債権は全額減額し、その他の債権は財務内容を把握し、回収可能性に応じて　減額する額を決定する。<br>・財務内容の把握の結果、当該関係会社が債務超過である場合には、当該関係会社向け債権を債務超過額まで減額（複数の勘定科目に亘る場合には流動性の低い勘定科目から減額）する。<br>・債務超過額が債権の減額合計額を上回っており、当該関係会社の債務保証を行っている場合あるいは追加支援が発生する懸念が大きい場合には、債務保証額あるいは追加支援額を上限として債務超過額に対する債権の減額合計額の不足分を保証債務として負債に計上する。 |

㈷ 地域経済活性化支援機構の実務運用標準「再生計画における資産評定基準（別紙1）」

| 科　　目 | 時価の考え方 |
|---|---|
| 売上債権 | 売上債権については、原則として、各債権金額から貸倒見積額を控除した価額により評定する。貸倒見積額の算定は次の通りとする。<br>(i) 一般債権については、原則として過去の貸倒実績率 |

| | |
|---|---|
| | 等合理的な基準により貸倒見積額を算定する。ただし、評定基準日以降の回収実績による算定も可能とする。<br>(ii) 貸倒懸念債権については、当該債権額から担保処分見込額及び保証による回収見込額を控除し、残額について債務者の財政状態及び経営成績を考慮して貸倒見積額を算定する。<br>(iii) 破産更生債権等については、当該債権額から担保処分見込額及び保証による回収見込額を減額し、その残額を貸倒見積額とする。また、清算配当等により回収が可能と認められる額は、担保処分見込額及び保証による回収見込額と同様に取扱う。<br>(iv) 子会社等の関係会社に対する売上債権に係る貸倒見積額については、親会社等として他の債権者と異なる取扱いを受ける可能性がある場合には、これによる影響額を合理的に見積もるものとする。 |

(カ) 事業再生に係る認証紛争解決事業者の認定等に関する省令第十四条第一項第一号の資産評定に関する基準

| 科　目 | 時価の考え方 |
|---|---|
| 売上債権 | 売上債権については、原則として、各債権金額から貸倒見積額を控除した価額により評定する。貸倒見積額の算定は次の通りとする。<br>(i) 一般債権については、原則として過去の貸倒実績率等合理的な基準により貸倒見積額を算定する。ただし、評定基準日以降の回収実績 による算定も可能とする。<br>(ii) 貸倒懸念債権については、当該債権額から担保処分見込額及び保証による回収見込額を控除し、残額について債務者の財政状態及び経営成績を考慮して貸倒見積額を算定する。<br>(iii) 破産更生債権等については、当該債権額から担保処分見込額及び保証による回収見込額を減額し、その残額を貸倒見積額とする。また、清算配当等により回収が可能と認められる額は、担保処分見込額及び保証による回収見込額と同様に取扱う。 |

| | ⑷ 子会社等の関係会社に対する売上債権に係る貸倒見積額については、親会社等として他の債権者と異なる取扱いを受ける可能性がある場合には、これによる影響額を合理的に見積もるものとする。 |
|---|---|

### (3) 棚卸資産

#### ① 科目の概要

棚卸資産とは、主に営業目的を達成するために保有し、売却を予定している資産であり、具体的には商品、製品、仕掛品、半製品、原材料などをいいます。棚卸資産は対象会社のビジネスの特質を表すことが多いため、棚卸資産の調査を行うに当たっては、対象会社のビジネスモデルの理解が不可欠となります。

これら棚卸資産の主なリスクは、棚卸資産の実在性（実際に資産が存在するかどうか）、評価の妥当性（帳簿価額は適切か）、期間配分の適切性（正しい期間に費用計上されているか）です。

#### ② 業種によって留意すべき事項

棚卸資産は企業のビジネスの特質を表すことが多いため、業種によって多種多様な棚卸資産が存在します。ここでは、代表的・特徴的な業種を取り上げ、棚卸資産の調査において留意すべき事項について述べます。

ア．製造業

製造業といっても多種多様な業種があり、業種によって棚卸資産の特徴も異なります。例えば食品製造業の場合、商製品に賞味期限があることが大きな特徴であり、電機業界であれば、製品ライフサイクルが短く新製品が次々に発売されるといった特徴があります。このように業種によって特徴の違いはありますが、製造業における一般的な留意事項を示すと以下のようになります。

(ア) 原価計算制度の概要把握

製造業では期末の棚卸資産を評価するために原価計算を行うことが一般的

です。そのため、製造原価の集計範囲や仕掛品・製品の計算方法について、その概要を把握することが重要となります。

外注先に製造工程の一部を委託している場合には、材料の有償・無償支給の状況やその処理方法についても把握しておく必要があります。

(イ)　預かり在庫、預け在庫

製造業では製造現場や倉庫に多くの棚卸資産が保管されています。しかし、対象会社の倉庫等に保管されている棚卸資産のすべてが対象会社に帰属する資産とは限りません。取引先の都合で預かっている棚卸資産が対象会社の倉庫等に保管されている場合もあるため、これらの棚卸資産が対象会社の帳簿に誤って計上されていないかどうかを把握しておく必要があります。反対に、対象会社に帰属する棚卸資産が取引先倉庫等に保管されているケースもあります。この場合には、その理由を把握するとともに実地棚卸時に預り証などの証憑が入手されているかどうかを把握しておくことが重要となります。

(ウ)　未出荷売上

製造業では、製品出荷時に売上を計上している例が多くあります。しかし、対象会社の倉庫等に保管されている棚卸資産が出荷されないまま売上として計上され、帳簿から除外されている場合もあります。この場合には、出荷されないまま売上として計上されている理由について慎重に検討する必要があります。

(エ)　滞留品、損傷品、型落品

長期間使用されていない原材料、将来において使用見込みのない原材料、販売見込みのない仕掛品や製品、長期間滞留している製品、製造コストが販売価格を上回る仕掛品や製品等の有無を把握し、これらの帳簿価額が適切に評価されているかどうかを検証することが重要です。

イ．小売業

小売業は、仕入れた商品を消費者に販売する業態であり、百貨店、スーパー

マーケット、コンビニエンスストア、家電量販店等が代表的な小売業になります。小売業では取扱品目が多種多様であり、店頭に陳列されている商品の入れ替わりが激しいといった特徴があります。このような小売業の一般的な留意事項を示すと以下のようになります。

(ア) 売価還元法

取扱品目が多いことから原価ではなく売価で棚卸資産を管理し、棚卸資産の評価方法として売価還元法を採用している場合が多いのが特徴です。[7] 売価還元法が適切に適用されているかどうかを検証するために、原価率の設定方法や評価単位（グルーピング単位）の決定方法を把握することが重要となります。

(イ) 滞留品、損傷品、賞味期限切れ品、型落品

長期間販売されずに滞留している商品、損傷している商品、賞味期限切れで販売できない商品、新しい商品が発売されたことにより型落ちとなった商品などの有無を把握し、これらの評価が適切に行われているかどうかを検証することが重要になります。

ウ．建設業

建設業は受注産業であり、工事の規模や期間は様々ですが、工事期間が1年を超えるものも珍しくありません。そのため、製造業に比べて受注から引渡しまでの期間が長いのが特徴です。このような建設業の一般的な留意事項を示すと以下のようになります。

(ア) 原価計算制度の把握

製造業と同様に原価計算制度の概要を把握することが重要となります。建設業では、一般的に工事契約ごとに原価を集計する個別原価計算により棚卸

---

7 売価還元法とは、値入率等の類似性に基づく棚卸資産のグループごとの期末の売価合計額に、原価率を乗じて求めた金額を期末棚卸資産の価額とする方法です（棚卸資産会計基準6-2(4)）。

資産の金額を計算しています。そのため、利益操作目的で恣意的に工事原価の付け替え[8]が行われるリスクがあります。

(イ) 実行予算の管理

建設業では、一般的に実行予算書で発生原価の管理を行っています。この実行予算書は、受注損失引当金の計上要否や工事進行基準[9]の工事進捗度の妥当性を検証する上で重要な資料となります。そのため、実行予算書の作成過程や更新頻度等を把握しておくことが重要となります。

③ **主な調査手法**[10]

ア．一般的な趨勢分析

趨勢分析では、製品商品別の残高一覧表などをもとに、製品商品ごと、あるいは製品商品のグループごとに数期間の残高推移を分析します。この分析により、棚卸資産の残高に異常な変動があるかどうかを確かめます。よく行われるのが当期末残高と前期末残高の比較や、売上推移との関連の分析です。例えば、棚卸資産の当期末残高が前期末と比較して異常に増加しており、その理由について合理的な説明ができない場合、棚卸資産の当期末残高の妥当性を慎重に検証する必要があります。ただし、事業内容の変化によって棚卸資産の残高に著しい変動が生じる場合もあるので、事業内容の変化については事前に確認しておく必要があります。

イ．重要な取引先とその取引内容・条件の把握

特定の取引先（得意先）に対する依存度が高い場合、その取引先が倒産した場合には、大きな影響を受けることになります。例えば、その取引先に販売する予定だった商製品が販売できなくなることにより、棚卸資産の滞留リ

---

8 本来原価を集計すべき工事契約以外の工事契約に原価を集計すること。
9 工事進行基準とは、工事収益総額、工事原価総額及び決算日における工事進捗度を合理的に見積り、これに応じて当期の工事収益と工事費用を認識する方法です（工事契約会計基準6(3)）。
10 財務デュー・ディリジェンスでは、調査期間の制約等の理由により、棚卸資産の実地棚卸の立会手続を実施しない実務が一般的です。

スクが高まることが考えられます。したがって、重要な取引先の財務状況や取引内容・条件を把握することにより、滞留リスクがどの程度なのかを予測しておく必要があります。

ウ．グループ会社・関連当事者との取引内容・条件の把握

　対象会社にグループ会社などの関連当事者が存在する場合、これらの会社との間の取引内容や取引条件の把握は重要です。なぜなら、対象会社の貸借対照表上で棚卸資産が健全な状態に見えても、グループ全体ではそうでない場合があるからです。期末近くにグループ会社に対して押し込み販売を行っている場合や、特定のグループ会社に不良在庫を集中させている場合もあります。

エ．回転期間分析

　回転期間分析とは、特定科目について複数期間の回転期間を比較することにより、異常な状態になっていないかどうかを確かめる分析手法です。棚卸資産の場合、棚卸資産回転期間を分析します。棚卸資産回転期間は、棚卸資産が1回転するのにどれくらいの期間（年、月又は日）を要するのかを表す指標で、計算式は以下のとおりです。

**棚卸資産回転期間の計算式**

$$棚卸資産回転期間（月、日）＝\frac{棚卸資産}{年間売上高÷基準期間（12ヶ月 or 365日）}$$

注）分母の年間売上高に代えて、年間仕入高や年間売上原価を使用する場合もあります。

　回転期間分析では、過去数期の棚卸資産回転期間を比較し、その変動について合理的な説明ができるかどうかを検証していきます。回転期間が長期化している場合は、不良在庫や滞留在庫等の存在に注意する必要があります。

オ．年齢調べ

　年齢調べとは、特定の在庫品目について、入庫してからどれくらいの期間

出庫されていない状態になっているのかを調べることです。この年齢調べは、長期間滞留している棚卸資産を把握する有効な手法の1つです。

　財務デュー・ディリジェンスでは、「長期滞留品」の定義について対象会社の方針を把握するとともに、買い手と長期滞留品の範囲について協議しておくことが重要になります。長期滞留品として整理した棚卸資産については一定のルールで評価減を行うことが一般的です。

④　他の分析との関係・価値評価手法との関係
ア．実態貸借対照表との関係
　棚卸資産に関する調査の結果、評価の妥当性について問題が発見された場合は、実態貸借対照表に評価減の金額を反映させることになります。また、期間帰属の適切性について問題が発見された場合は、売上や売掛金の金額も修正が必要となることが多いため、売上債権の調査担当者と連携して修正手順を確認しておく必要があります。

イ．他の分析との関係
　棚卸資産は運転資本を構成するため、棚卸資産の金額を修正する場合には、運転資本分析の調査担当者と連携し、その修正額の影響を運転資本の分析に反映させる必要があります。
　また、棚卸資産の修正額が過去の正常収益力に影響を及ぼす場合もあるため、損益計算書分析の担当者と修正手順について確認をとっておく必要があります。

⑤　時価
ア．棚卸資産の時価の考え方
　財務デュー・ディリジェンスの実務では、多くの場合、棚卸資産会計基準に従って処理した評価額をもって棚卸資産の時価とすることが一般的です。
　棚卸資産会計基準の考え方を抜粋すると以下のとおりです。

| 区　　分 | 会計基準の考え方 |
| --- | --- |
| トレーディング目的で保有する棚卸資産 | 市場価格に基づく価額をもって貸借対照表価額とします。 |
| 上記以外の棚卸資産 | 取得原価をもって貸借対照表価額とし、期末における正味売却価額が取得原価よりも下落している場合には、当該正味売却価額をもって貸借対照表価額とします。<br>正味売却価額は、売価（購買市場と売却市場とが区別される場合における売却市場における時価）から見積追加製造原価及び見積販売直接経費を控除したものをいいます。売却市場において市場価格が観察できないときには、合理的に算定された価額を売価とします。<br>合理的に算定された価額によることが困難な場合には、正味売却価額まで切り下げる方法に代えて、その状況に応じ、次のような方法により収益性の低下の事実を帳簿価額に反映させます。<br>(ｱ)帳簿価額を処分見込価額（ゼロ又は備忘価額を含む）まで切り下げる方法<br>(ｲ)一定の回転期間を超える場合、規則的に帳価額を切り下げる方法<br><br>原材料等のように再調達原価のほうが把握しやすく、正味売却価額が当該再調達原価に歩調を合わせて動くと想定される場合には、継続して適用することを条件として、再調達原価（最終仕入原価を含む）によることができます。 |

イ．財産評定と時価（参考）

　公表されている財産評定基準のうち、棚卸資産の時価について記述されているものを参考として要約します。

(ア) 経営研究調査会研究報告第23号「財産の価額の評定等に関するガイドライン（中間報告）」

| 科　　目 | 時価の考え方 |
|---|---|
| 棚卸資産 | (i) 商品・製品<br>　正味実現可能価額から販売努力に対する合理的見積利益[11]を控除した価額とする。<br>(ii) 半製品・仕掛品<br>　製品販売価格から完成までに要する費用、販売費用、完成販売努力に対する合理的見積利益を控除した価額とする。<br>(iii) 原材料<br>　再調達原価とする。 |
| 販売用不動産等 | (i) 開発を行わない不動産又は開発が完了した不動産<br>　一般の棚卸資産の商品・製品と同様に正味実現可能価額（販売見込額（売価）－ アフター・コスト）から販売努力に対する合理的見積利益を控除した価額とする。<br>(ii) 開発後販売する不動産<br>　一般の棚卸資産の仕掛品と同様に、開発後の不動産の正味実現可能価額から造成・開発原価で今後完成までに要する見込額と販売努力に対する合理的見積利益を控除した価額とする。 |

(イ) RCC「再生計画における「資産・負債の評定基準」（別紙5）」

| 科　　目 | 時価の考え方 |
|---|---|
| 棚卸資産 | (i) 商品・製品については、正味実現可能価額から販売努力に対する合理的見積利益を控除した価額により評定する。 |

---

11　販売努力に対する合理的見積利益とは、販売者が通常の営業過程において、商品を販売するのに通常要すると考えられる販売活動に対応して計上される利益をいいます。したがって、貴金属のように販売費用が少額で一定の貨幣価値があり、かつ、相場による即時的な市場価格が成立し、即時換金性があるものについては、販売価額で評価することになります。

| | |
|---|---|
| | (ii)半製品・仕掛品については、製品販売価額から完成までに要する費用、販売費用及び完成販売努力に対する合理的見積利益を控除した価額により評定する。<br>(iii)販売目的の財貨又は用役を生産するために短期間に消費されるべき原材料については、再調達原価により評定する。<br>(iv)品質低下、陳腐化等により収益性の低下している棚卸資産については、正味売却価額、処分価額又は一定の回転期間を超える場合には規則的に帳簿価額を切り下げる方法により評定する。 |
| 販売用不動産等 | (i)開発を行わない不動産又は開発が完了した不動産は、正味実現可能価額(販売見込額(売価)－アフター・コスト)から販売努力に対する合理的見積利益を控除した価額により評定する。<br>(ii)開発後販売する不動産は、開発後の正味実現可能価額から造成・開発原価等、今後完成までに要する見込額と販売努力に対する合理的見積利益を控除した価額により評定する。<br>(iii)なお、合理的見積利益を見積もることが困難な場合には、合理的見積利益を控除しないことができる。<br>(iv)売価は、販売公表価格又は販売予定価格とするが、当該価格での販売見込みが乏しい場合は、観察可能な市場価格がある場合には当該市場価格とし、観察可能な市場価格がない場合には、不動産鑑定士の不動産鑑定評価額等、一般に公表されている地価若しくは取引事例価格又は収益還元価額等の合理的に算定された価額とする。 |

(ウ) 中小企業再生支援協議会「実態貸借対照表作成に当たっての評価基準(別紙)」

| 科　　目 | 時価の考え方 |
|---|---|
| 棚卸資産 | (i)商品・製品については、正味実現可能価額から販売努力に対する合理的見積利益を控除した価額により評定する。<br>(ii)半製品・仕掛品については、製品販売価額から完成までに要する費用、販売費用及び完成販売努力に対する |

| | |
|---|---|
| | 合理的見積利益を控除した価額により評定する。<br>(iii)販売目的の財貨又は用役を生産するために短期間に消費されるべき原材料については、再調達原価により評定する。<br>(iv)品質低下、陳腐化等により収益性の低下している棚卸資産については、正味売却価額、処分価額又は一定の回転期間を超える場合には規則的に帳簿価額を切り下げる方法により評定する。 |
| 販売用不動産等 | (i)開発を行わない不動産又は開発が完了した不動産は、正味実現可能価額から販売努力に対する合理的見積利益を控除した価額により評定する。<br>(ii)開発後販売する不動産は、開発後の正味実現可能価額から造成・開発原価等、今後完成までに要する見込額と販売努力に対する合理的見積利益を控除した価額により評定する。<br>(iii)なお、合理的見積利益を見積もることが困難な場合には、合理的見積利益を控除しないことができる。<br>(iv)売価は、販売公表価格又は販売予定価格とするが、当該価格での販売見込みが乏しい場合は、観察可能な市場価格がある場合には当該市場価格とし、観察可能な市場価格がない場合には、不動産鑑定士の不動産鑑定評価額等、一般に公表されている地価若しくは取引事例価格又は収益還元価額等の合理的に算定された価額とする。 |

(エ) 私的整理に関するガイドライン Q&A「Q. 10－2　実態貸借対照表作成に当たっての評価基準」

| 科　　目 | 時価の考え方 |
|---|---|
| 棚卸資産 | (i)陳腐化したり破損した棚卸資産について評価損を計上していないことが判明した場合には、評価損相当額を減額する。<br>(ii)不良在庫、評価損のある在庫等は適切な評価額に調整する。 |

(オ) 地域経済活性化支援機構の実務運用標準「再生計画における資産評定基準（別紙1）」

| 科　　目 | 時価の考え方 |
|---|---|
| 棚卸資産 | (i)商品・製品については、正味実現可能価額から販売努力に対する合理的見積利益を控除した価額により評定する。<br>(ii)半製品・仕掛品については、製品販売価額から完成までに要する費用、販売費用及び完成販売努力に対する合理的見積利益を控除した価額により評定する。<br>(iii)販売目的の財貨又は用役を生産するために短期間に消費されるべき原材料については、再調達原価により評定する。<br>(iv)品質低下、陳腐化等により収益性の低下している棚卸資産については、正味売却価額、処分価額又は一定の回転期間を超える場合には規則的に帳簿価額を切り下げる方法による価額により評定する。 |
| 販売用不動産等 | (i)開発を行わない不動産又は開発が完了した不動産は、正味実現可能価額から販売努力に対する合理的見積利益を控除した価額により評定する。<br>(ii)開発後販売する不動産は、開発後の正味実現可能価額から造成・開発原価等、今後完成までに要する見込額と販売努力に対する合理的見積利益を控除した価額により評定する。<br>(iii)なお、合理的見積利益を見積もることが困難な場合には、合理的見積利益を控除しないことができる。<br>(iv)売価は、販売公表価格又は販売予定価格とするが、当該価格での販売見込みが乏しい場合は、観察可能な市場価格がある場合には当該市場価格とし、観察可能な市場価格がない場合には、不動産鑑定士の不動産鑑定評価額等、一般に公表されている地価若しくは取引事例価格又は収益還元価額等の合理的に算定された価額とする。 |

(カ) 事業再生に係る認証紛争解決事業者の認定等に関する省令第十四条第一項第一号の資産評定に関する基準

| 科　　目 | 時価の考え方 |
|---|---|
| 棚卸資産 | (i) 商品・製品については、正味実現可能価額から販売努力に対する合理的見積利益を控除した価額により評定する。<br>(ii) 半製品・仕掛品については、製品販売価額から完成までに要する費用、販売費用及び完成販売努力に対する合理的見積利益を控除した価額により評定する。<br>(iii) 販売目的の財貨又は用役を生産するために短期間に消費されるべき原材料については、再調達原価により評定する。<br>(iv) 品質低下、陳腐化等により収益性の低下している棚卸資産については、正味売却価額、処分価額又は一定の回転期間を超える場合には規則的に帳簿価額を切り下げる方法による価額により評定する。 |
| 販売用不動産等 | (i) 開発を行わない不動産又は開発が完了した不動産は、正味実現可能価額から販売努力に対する合理的見積利益を控除した価額により評定する。<br>(ii) 開発後販売する不動産は、開発後の正味実現可能価額から造成・開発原価等、今後完成までに要する見込額と販売努力に対する合理的見積利益を控除した価額により評定する。<br>(iii) なお、合理的見積利益を見積もることが困難な場合には、合理的見積利益を控除しないことができる。<br>(iv) 売価は、販売公表価格又は販売予定価格とするが、当該価格での販売見込みが乏しい場合は、観察可能な市場価格がある場合には当該市場価格とし、観察可能な市場価格がない場合には、不動産鑑定士の不動産鑑定評価額等、一般に公表されている地価若しくは取引事例価格又は収益還元価額等の合理的に算定された価額とする。 |

(4) 投融資
① 科目の概要

投融資に区分される項目は多岐にわたりますが、代表的なものとしては「投資有価証券」「関係会社株式」「出資金」等の有価証券投資、「長期貸付金」「関係会社貸付金」等の融資、「差入保証金」「敷金」「保険積立金」「会員権・施設利用権」等のその他の投資が挙げられます。これら投融資の保有目的は様々ですが、投資・融資を通じた余剰資金の運用や、他社への影響力の行使、取引関係の円滑化などを目的として保有していることが考えられます。

これら投融資項目の主なリスクは、実在性(実際に資産が存在するかどうか)、評価の妥当性（帳簿価額は適切か）です。

② 調査時に留意すべき事項

投融資の調査では、先述したとおり評価の妥当性（帳簿価額は適切か）の検証を重点的に行います。投融資項目の評価の妥当性を検証するためには、投資先の財政状態や経営成績等を把握できる資料を入手し、投資簿価が時価や実質価額等と乖離していないかどうかを検証する必要があります。そのため、評価の妥当性を検証するための情報を調査期間内に入手できるかどうかが重要なポイントとなります。特に、時価のない投融資項目の評価の妥当性を検証するための情報は適時に入手できない可能性があり、調査期間内に必要情報が揃わないことも珍しくありません。したがって、重要な投融資項目については、調査の早いタイミングで必要な情報の入手方法と入手時期について対象会社と協議しておくことが重要となります。

③ 主な調査方法[12]
ア．一般的な趨勢分析

趨勢分析では、投融資項目の過去数期間の残高推移を分析し、その増減理由を把握します。この際、増減要因をより深く検証するために、例えば以下のような点を把握しておきます。

---

12 財務デュー・ディリジェンスでは、調査期間の制約等の理由により、債権残高の確認状発送手続を実施しない実務が一般的です。

(ア)　投融資の増加
　　投融資項目の増加があった場合には、増加した投資の投資目的について把握しておきます。また、投融資項目の増加に資金等の減少が伴っている場合には、その投資資金の原資が何かについても把握しておきます。

　(イ)　投融資の減少
　　投融資項目の減少があった場合には、その減少が約定によるものか、評価減処理などによるものかを把握しておきます。また、投融資項目の減少に資金等の回収が伴っている場合には、その回収資金のその後の使途についても把握しておきます。

イ．投融資の内容・条件の把握
　　対象会社への質問を通じて、投融資が行われた背景やその目的についての把握を行います。加えて、重要な投融資項目については、契約書、稟議書、取締役会議事録等を閲覧し、投融資の内容や投融資条件に異常がないかを確認します。この際、投融資の回収・清算時期やM&A実行後に継続して投資し続ける合理性があるかどうかについても検証しておきます。

ウ．グループ会社・関連当事者との取引内容・条件の把握
　　投融資項目の検証を通じて、対象会社を中心としたグループ会社や関連当事者の存在が明らかになる場合もあります。対象会社への質問や投資先との契約書の閲覧などを通じて以下のような点を把握し、その投資先が対象会社のグループ会社や関連当事者に該当するかどうかの検証を行います。
　　(ア)　投資先の主要株主や役員構成
　　(イ)　投資先との取引関係やその取引条件（投融資の条件を含む）
　　(ウ)　役員の兼任や出向関係
　　(エ)　投資先の債務に対する保証の状況
　　また、M&A実行後にグループ会社や関連当事者に対する投融資をどのように整理するか、整理する場合に対象会社にどのような影響があるか、についても検証しておく必要があります。

④ 他の分析との関係・価値評価手法との関係

　企業価値評価の方法として、DCF法や類似上場会社法を用いる場合には、これらの評価アプローチで算定した事業価値に事業外資産や有利子負債・有利子負債類似債務を加減することにより株主価値を算定するため、事業外資産の把握が重要となります。そのため、投融資項目の調査担当者は、事業外資産の範囲とその評価結果の情報を分かりやすく報告する必要があります。

　また、事業資産に分類される投融資がある場合には、設備投資分析の担当者とその情報を共有し、過去の投資実績と将来の投資可能性について協議しておく必要があります。

　なお、事業外資産に関連する損益が正常収益力分析に影響を及ぼす場合には、正常収益力からそれらの損益を除外する対応を検討します。そのため、正常収益力分析の担当者とその情報を共有し、取り扱いについて協議をしておく必要があります。

⑤ 時価

ア．投融資の時価の考え方

　　市場価格がある資産については市場価格を時価とし、市場価格がない資産については、合理的に算定された価額を時価とする実務が一般的です。

　　合理的に算定された価額の算定手法には、一般的にネットアセット・アプローチ（コスト・アプローチ）、マーケット・アプローチ、インカム・アプローチがあり、資産の特性等に応じてこれらの評価アプローチを併用又は選択適用して「合理的に算定された価額」を算出することになります。実務上は、財務デュー・ディリジェンスの時間的制約の観点から精度の高い評価を実施できるとは限らないため、依頼主との間で重要な資産の時価評価の範囲と算定手法の選択方針について、あらかじめ協議しておくことが望まれます。

イ．財産評定と時価（参考）

　公表されている財産評定基準のうち、投融資の時価について記述されているものを参考として要約します。

(ア)　経営研究調査会研究報告第23号「財産の価額の評定等に関するガイドライン（中間報告）」

| 科　　目 | 時価の考え方 |
|---|---|
| 貸付金 | 受取手形、売掛金、貸付金、その他の金銭債権の第83条時価は、債権個々の債権金額から貸倒見積高を控除した金額とする。貸倒見積高の算定に当たっては、企業会計基準第10号「金融商品に関する会計基準」（Ⅵ1.）で規定する債権の区分（一般債権、貸倒懸念債権、破産更生債権等）ごとに行う。 |
| 満期保有目的の債券 | 満期保有目的の債券の第83条時価は、金融商品会計基準における時価があるものについては、当該時価とする。金融商品会計基準における時価がないものについては、償却原価法を適用した価額から貸倒見積額を控除した価額とする。 |
| 関係会社株式 | 関係会社株式の第83条時価は、金融商品会計基準における時価があるものについては、当該時価とする。時価のないものについては、「株式等鑑定評価マニュアル」（日本公認会計士協会　経営研究調査会）に掲げられている非公開株式等の鑑定評価方式（純資産方式（簿価純資産法、時価純資産法）、収益方式（収益還元法、DCF法）、配当方式、比準方式若しくはこれらの併用）により算定された価額とする。 |
| その他有価証券 | その他有価証券の第83条時価は、金融商品会計基準における時価があるものについては、当該時価とする。金融商品会計基準における時価のない株式については、「株式等鑑定評価マニュアル」（日本公認会計士協会　経営研究調査会）に掲げられている非公開株式等の鑑定評価方式を参考に評定する。<br>なお、株価鑑定マニュアルに記載された鑑定評価方式については、ほかに合理的評価法がある場合にはその方式を採用できる。 |

| | |
|---|---|
| | 金融商品会計基準における時価のない社債及びその他の債券の第83条時価は、会計制度委員会報告第14号「金融商品会計に関する実務指針」に基づき、当該債券について償却原価法を適用した価額から貸倒見積額を控除した価額とする。<br>また、証券投資信託について金融商品会計基準における時価が存在しない場合には、証券投資信託の額面金額から貸倒見積額を控除した価額をもって第83条時価とする。 |
| 敷金 | 家屋の賃借において差し入れられた敷金の第83条時価については、不動産の賃貸借契約が終了した際に、賃借人側に債務不履行がない限り、全額返還されること、賃貸人の当該不動産を売却し、所有権が移転しても、敷金の返還請求権は消滅しないことから、差し入れた金額から原状回復費用の見積額を控除した価額とする。なお、賃借不動産に担保権が付される場合には、賃借権が担保権に対抗できるか等の問題を考慮し、回収不能額を見積もることに留意する。 |
| 建設協力金 | 建設協力金の第83条時価は、会計制度委員会報告第14号「金融商品会計に関する実務指針」においての時価、すなわち「返済期日までのキャッシュ・フローを割り引いた現在価値」等とする。なお、回収不能額を見積もることに留意する。 |
| 差入保証金 | 敷金、建設協力金以外の保証金のうち不動産賃借に係る差入保証金の第83条時価は、貸主の財産状態を勘案し差入保証金の債権金額から貸倒見積額を控除した価額とする。また、営業取引に係る差入保証金については、一般債権に準じて評定した額を適用する。 |
| ゴルフ会員権等 | 施設利用権を化体した株式及び預託保証金であるゴルフ会員権等は会員権相場のあるものとないもので区別して評価する。<br>(i)会員権相場のあるゴルフ会員権<br>　当該会員権相場をもって第83条時価とする。<br>(ii)会員権相場のないゴルフ会員権<br>　会員権相場のないゴルフ会員権の第83条時価は、同会員権に含まれる入会金部分については契約上回収できずゼロ評価とし、預託保証金部分については預託保 |

| 科　目 | 時価の考え方 |
|---|---|
| | 証金の額面金額から貸倒見積額控除後の価額とする。なお、預託保証金の返済が見込めるものについては、返済期日までのキャッシュ・フローを割り引いた現在価値とすることができる。 |
| 保険積立金 | 保険積立金の第83条時価は、開始決定時に解約したと想定した場合の解約返戻金相当額とする。 |

(イ) RCC「再生計画における「資産・負債の評定基準」（別紙5）」

| 科　目 | 時価の考え方 |
|---|---|
| 貸付金 | (i)原則として、各債権金額から貸倒見積額を控除した価額により評定する。<br>(ii)貸倒見積額は、貸付先の決算書等により財務内容を把握し、貸付先の経営状況及び担保・保証等を考慮した回収可能性に応じて算定する。ただし、決算書等の入手が困難な場合には、「売上債権」に準じて評定することができる。<br>(iii)子会社等の関係会社に対する貸付金に係る貸倒見積額については、親会社等として他の債権者と異なる取扱いを受ける可能性がある場合には、これによる影響額を合理的に見積もるものとする。<br>(iv)役員等への貸付金に係る貸倒見積額は、当該役員等の資産や収入の状況、保証債務の状況等を勘案し算定する。この場合、保証債務又は経営責任により役員等に経済的負担がある場合等には、保証による回収見込額等と重複しないように留意する。<br>(v)従業員に対する住宅取得資金等の貸付金に係る貸倒見積額は、当該従業員の資産の状況、退職金支払予定額等を勘案して算定する。 |
| 有価証券<br>（投資有価証券含む） | (i)観察可能な市場価格がある場合には、当該市場価格により評定する。<br>(ii)観察可能な市場価格がない場合には、合理的に算定された価額により評定する。この場合、株式については日本公認会計士協会が策定した企業価値評価ガイドラインの評価方法等を参考とする。<br>(iii)観察可能な市場価格及び合理的に算定された価額が存在しない社債及びその他の債券については、当該債券 |

| | |
|---|---|
| | について償却原価法を適用した価額から貸倒見積額を控除した価額により評定する。 |
| 関係会社株式 | (i)観察可能な市場価格がある場合には、当該市場価格により評定する。<br>(ii)観察可能な市場価格がない場合には、合理的に算定された価額により評定する。この場合、日本公認会計士協会が策定した企業価値評価ガイドラインの評価方法等を参考とする。 |
| その他の投資 | (i)長期前払費用については、期間対応等により継続する事業の費用削減に資することが明らかである場合には、役務等の未提供部分に相当する支出額とする。継続する事業の費用削減に貢献するとは見込まれない場合には、契約解除により現金回収が見込まれる回収見込額で評定する。<br>(ii)敷金については、預託金額から契約により返還時に控除される額、原状回復費用見積額及び賃貸人の支払能力による回収不能額を控除した価額で評定する。<br>(iii)建設協力金については、「貸付金」に準じて評定する。なお、無利息等一般の貸付金と条件が異なる場合には、建設協力金に関する一般に公正妥当と認められる企業会計の基準に準拠して評定することができる。<br>(iv)差入保証金については、「貸付金」に準じて評定する。<br>(v)ゴルフ会員権等については、会員権相場のあるゴルフ会員権等は、相場による価額により評定する。会員権相場のないゴルフ会員権等は、入会金等に相当する部分は評定額は零とし、預託保証金に相当する部分は額面金額から貸倒見積額を控除した額により評定する。<br>(vi)貸倒見積額は預託先の信用状況、経営状況等を考慮して見積もる。<br>(vii)保険積立金については、評定時点において解約したと想定した場合の解約返戻金相当額により評定する。 |

(ウ) 中小企業再生支援協議会「実態貸借対照表作成に当たっての評価基準(別紙)」

| 科　目 | 時価の考え方 |
|---|---|
| 貸付金 | (i)原則として、各債権金額から貸倒見積額を控除した価額により評定する。<br>(ii)貸倒見積額は、貸付先の決算書等により財務内容を把握し、貸付先の経営状況及び担保・保証等を考慮した回収可能性に応じて算定する。ただし、決算書等の入手が困難な場合には、「売上債権」に準じて評定することができる。<br>(iii)子会社等の関係会社に対する貸付金に係る貸倒見積額については、親会社等として他の債権者と異なる取扱いを受ける可能性がある場合には、これによる影響額を合理的に見積もるものとする。<br>(iv)役員等への貸付金に係る貸倒見積額は、当該役員等の資産や収入の状況、保証債務の状況等を勘案し算定する。この場合、保証債務又は経営責任により役員等に経済的負担がある場合等には、保証による回収見込額等と重複しないように留意する。<br>(v)従業員に対する住宅取得資金等の貸付金に係る貸倒見積額は、当該従業員の資産の状況、退職金支払予定額等を勘案して算定する。 |
| 有価証券<br>(投資有価証券含む) | (i)観察可能な市場価格がある場合には、当該市場価格により評定する。<br>(ii)観察可能な市場価格がない場合には、合理的に算定された価額により評定する。この場合、株式については日本公認会計士協会が策定した企業価値評価ガイドラインの評価方法等を参考とする。<br>(iii)観察可能な市場価格及び合理的に算定された価額が存在しない社債及びその他の債券については、当該債券について償却原価法を適用した価額から貸倒見積額を控除した価額により評定する。 |
| 関係会社株式 | (i)観察可能な市場価格がある場合には、当該市場価格により評定する。<br>(ii)観察可能な市場価格がない場合には、合理的に算定された価額により評定する。この場合、日本公認会計士 |

| | |
|---|---|
| | 協会が策定した企業価値評価ガイドラインの評価方法等を参考とする。 |
| その他の投資 | (i)長期前払費用については、「前払費用」に準じて評定する。<br>(ii)敷金については、預託金額から契約により返還時に控除される額、原状回復費用見積額及び賃貸人の支払能力による回収不能額を控除した価額で評定する。<br>(iii)建設協力金については、「貸付金」に準じて評定する。なお、無利息等一般の貸付金と条件が異なる場合には、建設協力金に関する一般に公正妥当と認められる企業会計の基準に準拠して評定することができる。<br>(iv)差入保証金については、「貸付金」に準じて評定する。<br>(v)ゴルフ会員権等については、会員権相場のあるゴルフ会員権等は、相場による価額により評定する。会員権相場のないゴルフ会員権等は、入会金等に相当する部分は評定額は零とし、預託保証金に相当する部分は額面金額から貸倒見積額を控除した額により評定する。<br>(vi)貸倒見積額は預託先の信用状況、経営状況等を考慮して見積もる。<br>(vii)保険積立金については、評定時点において解約したと想定した場合の解約返戻金相当額により評定する。 |

(エ) 私的整理に関するガイドライン Q&A「Q．10－2実態貸借対照表作成に当たっての評価基準」

| 科　　目 | 時価の考え方 |
|---|---|
| 貸付金<br>(短期貸付金・関係会社短期貸付金・関係会社長期貸付金・長期貸付金) | (i)貸付金は、売上債権等に比較して固定化する可能性が高いことに鑑み、原則として、貸付先の決算書入手等により財務内容を把握すること。その上で、回収可能性に応じて減額する額を決定する。具体的には、「売上債権」(ii)関係会社宛債権に準じて調整を行う。<br>(ii)ノンバンクで全貸付先の決算書入手が困難な場合は、関係会社宛貸付金を除いて、一般の売上債権の算定方法に準じて調整する。<br>(iii)回収可能性が不明確な役員宛貸付金は、全額減額する。<br>(iv)福利厚生のための住宅取得資金等の従業員宛貸付金は、減額不要とする。 |

| 科目 | |
|---|---|
| 有価証券・投資有価証券 | (i)市場性のある有価証券は含み損益の調整を行う。<br>・原則、算定時点の時価で評価する。<br>(ii)市場性のない株式（出資金）は関係会社株式の調整方法に準ずる。<br>(iii)市場価格が明らかでない社債等は、「売上債権」に準じて評価する。 |
| 関係会社株式 | 関係会社株式（出資金を含む）は、原則当該先の財務内容の把握を行い、以下により調整額を算定する。<br>・業況不振先の株式は原則全額減額。<br>・その他の先の株式は、簿価と簿価ベースの持分法評価額のいずれか低いほうの金額とする（債務超過先の株式は評価ゼロとなる）。（注）持分法評価額とは、出資先の[純資産額（自己資本額）／発行済株数]×持株数にて算定した株式・出資金の評価額である。 |
| その他投資 | (i)長期前払費用は「前払費用」の調整方法に準ずる。<br>(ii)ゴルフ会員権のように市場価格があるものは、時価で評価する。<br>(iii)投資不動産は「有形固定資産」の調整方法に準ずる。<br>(iv)その他については、原則として簿価で評価し、調整は行わない。但し、オフバランス処理した不動産受益権等は、関係会社株式の調整方法に準じる。 |

(オ) 地域経済活性化支援機構の実務運用標準「再生計画における資産評定基準（別紙1）」

| 科　　目 | 時価の考え方 |
|---|---|
| 貸付金 | (i)原則として、各債権金額から貸倒見積額を控除した価額により評定する。<br>(ii)貸倒見積額は、貸付先の決算書等により財務内容を把握し、貸付先の経営状況及び担保・保証等を考慮した回収可能性に応じて算定する。ただし、決算書等の入手が困難な場合には、「売上債権」に準じて評定することができる。<br>(iii)子会社等の関係会社に対する貸付金に係る貸倒見積額については、親会社等として他の債権者と異なる取扱いを受ける可能性がある場合には、これによる影響額を合理的に見積もるものとする。 |

| | |
|---|---|
| | (ⅳ)役員等への貸付金に係る貸倒見積額は、当該役員等の資産や収入の状況、保証債務の状況等を勘案し算定する。この場合、保証債務又は経営責任により役員等に経済的負担がある場合等には、保証による回収見込額等と重複しないように留意する。<br>(ⅴ)従業員に対する住宅取得資金等の貸付金に係る貸倒見積額は、当該従業員の資産の状況、退職金支払予定額等を勘案して算定する。 |
| 有価証券<br>(投資有価証券含む) | (ⅰ)観察可能な市場価格がある場合には、当該市場価格により評定する。<br>(ⅱ)観察可能な市場価格がない場合には、合理的に算定された価額により評定する。この場合、株式については日本公認会計士協会が策定した企業価値評価ガイドラインの評価方法等を参考とする。<br>(ⅲ)観察可能な市場価格及び合理的に算定された価額が存在しない社債及びその他の債券については、当該債券について償却原価法を適用した価額から貸倒見積額を控除した価額により評定する。 |
| 関係会社株式 | (ⅰ)観察可能な市場価格がある場合には、当該市場価格により評定する。<br>(ⅱ)観察可能な市場価格がない場合には、合理的に算定された価額により評定する。この場合、日本公認会計士協会が策定した企業価値評価ガイドラインの評価方法等を参考とする。 |
| その他の投資 | (ⅰ)長期前払費用については、期間対応等により継続する事業の費用削減に資することが明らかである場合には、役務等の未提供部分に相当する支出額とする。継続する事業の費用削減に貢献するとは見込まれない場合には、契約解除により現金回収が見込まれる回収見込額で評定する。<br>(ⅱ)敷金については、預託金額から契約により返還時に控除される額、原状回復費用見積額及び賃貸人の支払能力による回収不能額を控除した価額で評定する。<br>(ⅲ)建設協力金については、「貸付金」に準じて評定する。なお、無利息等一般の貸付金と条件が異なる場合には、建設協力金に関する一般に公正妥当と認められる企業会計の基準に準拠して評定することができる。 |

| | (iv)差入保証金については、「貸付金」に準じて評定する。 |
| --- | --- |
| | (v)ゴルフ会員権等については、会員権相場のあるゴルフ会員権等は、相場による価額により評定する。会員権相場のないゴルフ会員権等は、入会金等に相当する部分は評定額は零とし、預託保証金に相当する部分は額面金額から貸倒見積額を控除した額により評定する。 |
| | (vi)貸倒見積額は預託先の信用状況、経営状況等を考慮して見積もる。 |
| | (vii)保険積立金については、評定時点において解約したと想定した場合の解約返戻金相当額により評定する。 |

(カ) 事業再生に係る認証紛争解決事業者の認定等に関する省令第十四条第一項第一号の資産評定に関する基準

| 科　　目 | 時価の考え方 |
| --- | --- |
| 貸付金 | (i)原則として、各債権金額から貸倒見積額を控除した価額により評定する。 |
| | (ii)貸倒見積額は、貸付先の決算書等により財務内容を把握し、貸付先の経営状況及び担保・保証等を考慮した回収可能性に応じて算定する。ただし、決算書等の入手が困難な場合には、「売上債権」に準じて評定することができる。 |
| | (iii)子会社等の関係会社に対する貸付金に係る貸倒見積額については、親会社等として他の債権者と異なる取扱いを受ける可能性がある場合には、これによる影響額を合理的に見積もるものとする。 |
| | (iv)役員等への貸付金に係る貸倒見積額は、当該役員等の資産や収入の状況、保証債務の状況等を勘案し算定する。この場合、保証債務又は経営責任により役員等に経済的負担がある場合等には、保証による回収見込額等と重複しないように留意する。 |
| | (v)従業員に対する住宅取得資金等の貸付金に係る貸倒見積額は、当該従業員の資産の状況、退職金支払予定額等を勘案して算定する。 |

| | |
|---|---|
| 有価証券<br>(投資有価証券含む) | (i)観察可能な市場価格がある場合には、当該市場価格により評定する。<br>(ii)観察可能な市場価格がない場合には、合理的に算定された価額により評定する。この場合、株式については日本公認会計士協会が策定した企業価値評価ガイドラインの評価方法等を参考とする。<br>(iii)観察可能な市場価格及び合理的に算定された価額が存在しない社債及びその他の債券については、当該債券について償却原価法を適用した価額から貸倒見積額を控除した価額により評定する。 |
| 関係会社株式 | (i)観察可能な市場価格がある場合には、当該市場価格により評定する。<br>(ii)観察可能な市場価格がない場合には、合理的に算定された価額により評定する。この場合、日本公認会計士協会が策定した企業価値評価ガイドラインの評価方法等を参考とする。 |
| その他の投資 | (i)長期前払費用については、期間対応等により継続する事業の費用削減に資することが明らかである場合には、役務等の未提供部分に相当する支出額とする。継続する事業の費用削減に貢献するとは見込まれない場合には、契約解除により現金回収が見込まれる回収見込額で評定する。<br>(ii)敷金については、預託金額から契約により返還時に控除される額、原状回復費用見積額及び賃貸人の支払能力による回収不能額を控除した価額で評定する。<br>(iii)建設協力金については、「貸付金」に準じて評定する。なお、無利息等一般の貸付金と条件が異なる場合には、建設協力金に関する一般に公正妥当と認められる企業会計の基準に準拠して評定することができる。<br>(iv)差入保証金については、「貸付金」に準じて評定する。<br>(v)ゴルフ会員権等については、会員権相場のあるゴルフ会員権等は、相場による価額により評定する。会員権相場のないゴルフ会員権等は、入会金等に相当する部分は評定額は零とし、預託保証金に相当する部分は額面金額から貸倒見積額を控除した額により評定する。 |

| | (vi) 貸倒見積額は預託先の信用状況、経営状況等を考慮して見積もる。 |
| --- | --- |
| | (vii) 保険積立金については、評定時点において解約したと想定した場合の解約返戻金相当額により評定する。 |

## (5) 有形固定資産
### ① 科目の概要

有形固定資産とは、企業が長期間にわたって営業に使用する物理的な実体を有する資産をいい、具体例として建物や土地などの不動産、機械装置や工具器具備品などの動産が挙げられます。この有形固定資産は減価償却の対象となる償却性資産と減価償却の対象とならない非償却の資産に区分されます。

これら有形固定資産の主なリスクは、実在性（実際に資産が存在するかどうか）、評価の妥当性（帳簿価額は適切か）、期間配分の適切性（正しい期間に費用計上されているか）です。

### ② 業種によって留意すべき事項
ア．製造業

一般的に工場や機械装置などの有形固定資産を多く抱える業種であり、設備投資の金額規模が大きくなる傾向にあります。製造業における一般的な留意事項を示すと以下のようになります。

(ア) 除却資産、遊休資産

有形固定資産の管理件数が多いため、その管理が適切に行われていない場合、除却済みの資産が帳簿に計上され続けるリスクや、休止状態の遊休資産が稼働中の資産と同じように処理されるリスクが高くなります。

(イ) 資産除去債務

工場などの不動産を所有している場合には、工場敷地の土壌が汚染されているリスクや、工場建家内にアスベストなどが存在するリスクに留意する必要があります。

(ｳ) 設備投資

　M&A実施後に多額の設備投資を予定している場合には、企業価値評価に大きな影響を与える可能性があるため、設備投資の予定やその必要性を確認しておく必要があります。

イ．小売業

　百貨店やスーパーなどの小売業の場合には、店舗経営に必要な不動産を賃借や購入により調達し、一定期間営業した後、店舗リニューアルのための更新投資を行う傾向があります。このような小売業の一般的な留意事項を示すと以下のようになります。

(ｱ) 事業用定期借地契約

　店舗の敷地を事業用定期借地契約により賃借していることがあります。この事業用定期借地契約では、原則として借地契約期間の経過後に土地を更地にして貸主に返還する必要があります。このような契約がある場合には、更地にするための建物取壊費用見込額の会計処理や耐用年数と借地期間の関係などに留意する必要があります。

(ｲ) 撤退損失の見込

　店舗ごとに採算管理を行っている場合が多く、赤字店舗と黒字店舗の分類状況と減損会計の適用状況に留意した調査が必要となります。また、M&A実行後に不採算店舗を閉店させた場合の影響（撤退した場合のキャッシュ・アウト見込額や特別損失の発生見込額など）を整理し、その概要をわかりやすく報告することが望まれます。

(ｳ) 新規出店の可能性

　M&A実行後に新規店舗の出店計画がある場合には、企業価値評価に大きな影響を与える可能性があるため、新規出店のための投資額と将来キャッシュ・フローに与える影響を把握しておく必要があります。

③ 主な調査方法[13]
ア．一般的な趨勢分析

　趨勢分析では、過去数期の有形固定資産の帳簿残高を比較し、その増減理由の把握を行います。可能であれば増減内容について、取得、売却、除却、減価償却、減損などの別に分析し、重要な変動がある場合には、その詳細を対象会社への質問などを通じて把握しておくことが望ましいといえます。また、増減内容のうち、減価償却費や減損の金額については、損益計算書の推移との整合性にも注意を払う必要があります。

イ．償却資産台帳の閲覧と減価償却費の検証

　償却資産台帳の閲覧と対象会社への質問を通じて以下の点を確認します。
　(ア)　帳簿に残っている除却済み、処分済み資産の有無
　(イ)　除却予定、処分予定、転用予定の資産の有無
　(ウ)　更新投資など、将来において多額の設備投資が必要となる資産の有無
　(エ)　減価償却計算を止めている資産の有無
　(オ)　耐用年数と減価償却方法の妥当性

　また、耐用年数の未経過期間、減価償却方法、減価償却累計額の水準などを比較し、調査基準日まで減価償却計算が適切に実施されてきたかどうかを大局的に検証しておくことも重要です。

ウ．グループ会社・関連当事者との取引内容・条件の把握

　グループ会社から不動産を賃借している場合など、対象会社がグループ会社や関連当事者から有形固定資産を賃借して事業を行っている場合があります。反対に、対象会社の有形固定資産をグループ会社や関連当事者に使用させている場合もあります。有形固定資産の調査担当者は、グループ会社や関連当事者との上記のような取引内容を把握し、その取引条件やM&A実行後の継続可能性について整理した上で報告する必要があります。

---

[13] 有形固定資産の稼働状況や実在性等を確かめるために現場視察が実施される場合がありますが、視察を実施するかどうかは、有形固定資産の重要性や調査期間の制約等を踏まえ、依頼主と事前に協議しておくことが望ましいといえます。

また、対象会社の有形固定資産をグループ会社や関連当事者から購入している場合もあるでしょう。この場合には、その取引価格や取引条件が一般の取引価格等と比較して妥当だったかどうかの検証も実施しておく必要があります。

④　他の分析との関係・価値評価手法との関係
ア．正常収益力分析との関係
　有形固定資産の調査の結果、減価償却費や減損損失の修正が行われる場合には、減価償却費の修正等を通じて正常収益力分析に影響を与える可能性があります。そのため、有形固定資産の修正内容について、正常収益力分析の担当者と情報を共有しておく必要があります。

イ．事業外資産との関係
　企業価値評価の方法として、DCF法や類似上場会社法を用いる場合には、これらの評価アプローチで算定した事業価値に事業外資産や有利子負債・有利子負債類似債務を加減することにより株主価値を算定するため、事業外資産の把握が重要となります。そのため、有形固定資産の調査担当者は、事業外資産の範囲とその評価結果の情報をわかりやすく報告する必要があります。例えば、有形固定資産の中に本来の事業とは関係のない賃貸不動産などの資産が含まれている場合には、事業外資産として報告する必要があるでしょう。また、事業外資産に関連する損益が正常収益力分析に影響を及ぼす場合には、正常収益からそれらの損益を除外する対応を検討します。

ウ．設備投資分析との関係
　趨勢分析等を通じて過去の設備投資や将来の必要投資の情報を得た場合には、設備投資分析の担当者と情報を共有しておく必要があります。

⑤ 時価

ア．有形固定資産の時価の考え方

　市場価格がある資産については市場価格を時価とし、市場価格がない資産については合理的に算定された価額を時価とする実務が一般的です。この点、有形固定資産について市場価格があるケースは稀であり、多くは合理的に算定された価額により時価を考えることになります。この算定手法には、一般的にネットアセット・アプローチ（コスト・アプローチ）、マーケット・アプローチ、インカム・アプローチがあり、資産の特性等に応じてこれらの評価アプローチを併用又は選択適用して「合理的に算定された価額」を算出することになります。

　実務上は、財務デュー・ディリジェンスの時間的制約の観点から精度の高い評価を実施できるとは限らないため、依頼主との間で重要な資産の時価評価の範囲と算定手法の選択方針について、あらかじめ協議しておくことが望まれます。この点、「固定資産の減損に係る会計基準」に基づいて処理した減損後の評価額をもって、有形固定資産の時価とする実務も多く見られます。

イ．財産評定と時価（参考）

　公表されている財産評定基準のうち、有形固定資産の時価について記述されているものを参考として要約します。

(ア)　経営研究調査会研究報告第23号「財産の価額の評定等に関するガイドライン（中間報告）」

| 科　　目 | 時価の考え方 |
| --- | --- |
| 事業用不動産 | (i)事業用不動産は、土地、建物が一体となって機能する複合不動産として存在する場合が多く、また観察可能な市場価格が存在しない場合が多い。したがって、事業用不動産の第83条時価は、土地、建物を一体として不動産鑑定士の鑑定評価額、収益還元価額等の合理的に算定される価額を適用する。なお、複合不動産であっても土地、建物の個々の資産ごとに評定することができる。 |

(ii) 事業用不動産のうち、土地については、不動産鑑定士の鑑定評価額や収益還元価値のほかに、第 95 項[14]の一般に公表されている地価又は取引事例価格の合理的に算定された価額を適用することができる。

(iii) 事業用不動産のうち、建物については、不動産鑑定士の鑑定評価額や収益還元価額のほかに、再調達価額を求めた上で評定時点までの物理的、機能的、経済的減価を適切に修正した価額等の合理的に算定された価額を適用することができる。なお、建物の取得以降評定時点までの物価変動状況を勘案し、変動幅が少ない場合には、取得価額をもって再調達原価とすることもできる。

(iv) 公正な評価額としての第 83 条時価はすべての利害関係者にとって客観的で信頼し得る評価額であるが、特定の利害関係者である更生会社及び債権者にとっての経済価値を重視しなければならない場合も想定される。このような目的適合性の見地からは、回収可能価額、すなわち、資産等の正味売却価額と使用価値のいずれか高い金額を合理的に算定された価額として適用することができる。資産等の正味売却価額と使用価値の算定に当たっては、次の事項に留意する。

・工場等が担保権の目的である財産であるときには、その価額は、土地建物等の単独資産の使用価値の評定額のみではなく、機械装置、器具備品等のほかの資産との相乗的効果を含めて回収される使用価値を見積もる。

・正味売却価額の算定に当たっては、当該資産の転用コストを合理的に見積もり、その算定額から控除する。

(v) 事業用不動産と一体化した機械装置、器具備品等の工場設備や店舗器具備品等(以下「工場設備等」という。)は、事業用不動産と有機的に結び付いて機能している場合もある。工場設備等の第 83 条時価は、個々の資

---

14 ①公示価格、都道府県基準地価格から比準した価格、②路線価による相続税評価額、③固定資産税評価額を基にした倍率方式による相続税評価額、④近隣の取引事例から比準した価格。
注) いずれの場合も、時点修正、規模、地形、道路付等の要素を比較考慮する。

| | |
|---|---|
| | 産の合理的に算定された価額を適用することが原則であり、その価額は工場設備等から獲得されるキャッシュ・フローに基づく収益還元価額、再調達価額や取得価額から合理的な減価償却を行った価額等によることができる。また、事業用不動産と一体化して算定された収益還元価額を合理的に割り付けることによって得られる価額によることもできる。 |
| 遊休資産 | 更生会社が存続させる事業を選択し経営資源を集中させる結果、会社が保有する将来の用途が定まらない事業用資産以外の資産は不要資産として、通常は債務弁済の原資のために売却処分の対象となる。このような場合、この遊休資産中の不要資産については予定処分価額により評定する。 |
| その他償却資産 | (i)その償却資産と同様の能力を有する資産の観察可能な市場価格によるか、市場が存在しない場合には、再調達価額を求めた上で、当該資産の取得時から評定時点までの物理的、機能的、経済的減価を適切に修正した価額、又は償却資産から獲得されるキャッシュ・フローに基づいて収益還元価額によることもできる。<br>(ii)再調達原価を見積もることが困難な場合で、かつ、金額的重要性のないものは、帳簿価額によることもできる。<br>(iii)更生手続開始時点において、その後使用されず売却又は処分することが合理的に見込まれている個々の資産の評価は、予定処分価額によることができる。 |

(イ) RCC「再生計画における「資産・負債の評定基準」(別紙5)」

| 科　　目 | 時価の考え方 |
|---|---|
| 事業用不動産 | (i)原則として、不動産鑑定士による不動産鑑定評価額及びこれに準じる評価額(以下「不動産鑑定評価額等」という)により評定する。この場合、不動産鑑定評価等における前提条件、評価方法及び評価額が、本評定基準の評定方法に照らして適合していることを確認する。<br>(ii)重要性が乏しい等により、不動産鑑定評価額等を取得する必要がないと判断される場合には、不動産鑑定評 |

| | |
|---|---|
| | 価基準（国土交通事務次官通知）における評価手法を適用して評定した額、土地について地価公示等の土地の公的評価額に基づいて適正に評価した額、償却資産について適正に算定した未償却残高等を合理的に算定した価額として評定することができる。<br>(iii)なお、事業内容等に照らして評定単位について特に留意するものとする。 |
| その他償却資産 | (i)観察可能な市場価格がある場合には、当該市場価格により評定する。<br>(ii)観察可能な市場価格がない場合には、原価法による価格（再調達原価を求めた上で当該資産の取得時から評定時点までの物理的、機能的、経済的減価を適切に修正した価額をいう）、収益還元法による価格又は適正に算定された未償却残高を合理的に算定された価額として評定する。 |

(ｳ) 中小企業再生支援協議会「実態貸借対照表作成に当たっての評価基準（別紙）」

| 科　　　目 | 時価の考え方 |
|---|---|
| 事業用不動産 | (i)原則として、不動産鑑定士による不動産鑑定評価額及びこれに準じる評価額（以下「不動産鑑定評価額等」という）により評定する。この場合、不動産鑑定評価等における前提条件、評価方法及び評価額が、本評定基準の評定方法に照らして適合していることを確認する。<br>(ii)重要性が乏しい等により、不動産鑑定評価額等を取得する必要がないと判断される場合には、不動産鑑定評価基準（国土交通事務次官通知）における評価手法を適用して評定した額、土地について地価公示等の土地の公的評価額に基づいて適正に評価した額、償却資産について適正に算定した未償却残高等を合理的に算定した価額として評定することができる。<br>(iii)なお、事業内容等に照らして評定単位について特に留意するものとする。 |
| その他償却資産 | (i)観察可能な市場価格がある場合には、当該市場価格により評定する。 |

(ii)観察可能な市場価格がない場合には、原価法による価格(再調達原価を求めた上で当該資産の取得時から評定時点までの物理的、機能的、経済的減価を適切に修正した価額をいう)、収益還元法による価格又は適正に算定された未償却残高を合理的に算定された価額として評定する。

㈜　私的整理に関するガイドラインQ&A「Q.10－2　実態貸借対照表作成に当たっての評価基準」

| 科　　目 | 時価の考え方 |
|---|---|
| 有形固定資産 | (i)再建計画において、継続して使用予定の物件は時価(法定鑑定評価額、またはそれに準じた評価額)に調整する。売却予定の物件は、早期売却を前提とした価格等に調整する。<br>(ii)建設仮勘定は原則として調整不要。但し、建設計画が頓挫している場合、据付が完了していれば建物、機械等は時価で評価し、発注先への前渡金であれば「売上債権」の調整方法に準じて調整する。<br>なお、収益還元方式で入居保証金等の要返還額を差し引いて評価した場合は、要返還額を「その他固定負債」等の適切な負債項目から減額する。 |

㈵　地域経済活性化支援機構の実務運用標準「再生計画における資産評定基準(別紙1)」

| 科　　目 | 時価の考え方 |
|---|---|
| 事業用不動産 | (i)原則として、不動産鑑定士による不動産鑑定評価額及びこれに準じる評価額(以下「不動産鑑定評価額等」という)により評定する。この場合、不動産鑑定評価等における前提条件、評価方法及び評価額が、本評定基準の評定方法に照らして適合していることを確認する。<br>(ii)重要性が乏しい等により、不動産鑑定評価額等を取得する必要がないと判断される場合には、不動産鑑定評価基準(国土交通事務次官通知)における評価手法を適用して評定した額、土地について地価公示等の土地 |

| 科　目 | 時価の考え方 |
|---|---|
|  | の公的評価額に基づいて適正に評価した額、償却資産について適正に算定した未償却残高等を合理的に算定した価額として評定することができる。<br>(iii)なお、事業内容等に照らして評定単位について特に留意するものとする。 |
| その他償却資産 | (i)観察可能な市場価格がある場合には、当該市場価格により評定する。<br>(ii)観察可能な市場価格がない場合には、原価法による価格（再調達原価を求めた上で当該資産の取得時から評定時点までの物理的、機能的、経済的減価を適切に修正した価額をいう）、収益還元法による価格又は適正に算定された未償却残高を合理的に算定された価額として評定する。 |

(カ)　事業再生に係る認証紛争解決事業者の認定等に関する省令第十四条第一項第一号の資産評定に関する基準

| 科　目 | 時価の考え方 |
|---|---|
| 事業用不動産 | (i)原則として、不動産鑑定士による不動産鑑定評価額及びこれに準じる評価額（以下「不動産鑑定評価額等」という）により評定する。この場合、不動産鑑定評価等における前提条件、評価方法及び評価額が、本評定基準の評定方法に照らして適合していることを確認する。<br>(ii)重要性が乏しい等により、不動産鑑定評価額等を取得する必要がないと判断される場合には、不動産鑑定評価基準（国土交通事務次官通知）における評価手法を適用して評定した額、土地について地価公示等の土地の公的評価額に基づいて適正に評価した額、償却資産について適正に算定した未償却残高等を合理的に算定した価額として評定することができる。<br>(iii)なお、事業内容等に照らして評定単位について特に留意するものとする。 |
| その他償却資産 | (i)観察可能な市場価格がある場合には、当該市場価格により評定する。<br>(ii)観察可能な市場価格がない場合には、原価法による価格（再調達原価を求めた上で当該資産の取得時から評 |

| | 定時点までの物理的、機能的、経済的減価を適切に修正した価額をいう)、収益還元法による価格又は適正に算定された未償却残高を合理的に算定された価額として評定する。 |

### (6) 無形固定資産
#### ① 科目の概要

　無形固定資産とは、物理的な実体を有さず、長期間にわたって使用・利用される非貨幣性資産をいい、その性質から法律上の権利とその他のものに分かれます。法律上の権利としては、特許権、商標権、借地権などがあり、その他のものとしては、ソフトウェア、のれんなどがあります。

　これら無形固定資産の主なリスクは、実在性（実際に資産が存在するかどうか）、評価の妥当性（帳簿価額は適切か）、期間配分の適切性（正しい期間に費用計上されているか）です。

#### ② 業種によって留意すべき事項
ア．製造業、製薬業

　　製造業や製薬業においては、自社で取得した特許だけでなく、他社から取得した製造技術等の特許権を保有していることがあります。また、研究開発投資に力をいれている会社であれば、仕掛途中の研究開発案件を抱えている場合もあります。無形固定資産の調査担当者はこれらをリスト化し、重要なものについては、その概要について報告する必要があるでしょう。なお、特許などの法律上の権利の調査については、法務デュー・ディリジェンスの調査範囲と重複することも多いため、必要に応じて法務デュー・ディリジェンスの担当者と調査範囲や調査方針について協議しておくと、調査を効率的に進めることができます。

イ．過去にM&Aを重ねてきた企業

　　過去にM&Aを重ねてきた企業では、貸借対照表に多額ののれんを計上している場合があります。

M&Aによって対象会社を買収すると、調査時点で対象会社に計上されていたのれんは、買収によって洗い替えられます。そのため、対象会社に計上されているのれんを実態貸借対照表上どのように評価し、報告するかについては、慎重に検討する必要があります。この点、M&Aを前提としない対象会社のスタンド・アローン・ベースの将来事業計画をもとに対象会社に計上されているのれんを評価し、それを前提に実態貸借対照表を報告する実務も多く見られます。

③ **主な調査手法**

ア．一般的な趨勢分析

　趨勢分析では、過去数期の無形固定資産の帳簿残高を比較し、その増減理由の把握を行います。可能であれば増減内容について、取得、売却、除却、償却、減損などの別に分析し、重要な変動がある場合には、その詳細を対象会社への質問などを通じて把握しておくことが望ましいといえます。また、増減内容のうち、償却費や減損の金額については、損益計算書の推移との整合性にも注意を払う必要があります。

イ．償却資産台帳の閲覧と償却費の検証

　償却資産台帳の閲覧と対象会社への質問を通じて以下の点を確認します。

　(ア) 帳簿に残っている除却済み、処分済み資産の有無
　(イ) 除却予定、処分予定、転用予定の資産の有無
　(ウ) 更新投資など、将来において多額の設備投資が必要となる資産の有無
　(エ) 償却計算を止めている資産の有無
　(オ) 耐用年数と償却方法の妥当性

　また、耐用年数の未経過期間、償却方法、償却累計額の水準などを比較し、調査基準日まで償却計算が適切に実施されてきたかどうかを大局的に検証しておくことも重要です。

ウ．グループ会社・関連当事者との取引内容・条件の把握

　グループ会社からシステムの賃借を受けている場合など、対象会社がグ

ループ会社や関連当事者から無形固定資産を賃借して事業を行っている場合があります。反対に、対象会社の無形固定資産をグループ会社や関連当事者に使用させている場合もあります。無形固定資産の調査担当者は、グループ会社や関連当事者との上記のような取引内容を把握し、その取引条件やM&A実行後の継続可能性について整理した上で報告する必要があります。

また、対象会社の無形固定資産をグループ会社や関連当事者から購入している場合もあるでしょう。この場合にはその取引価格や取引条件が一般の取引価格等と比較して妥当だったかどうかの検証も実施しておく必要があります。

④ 他の分析との関係・価値評価手法との関係

無形固定資産の調査の結果、償却費や減損損失の修正が行われる場合には、償却費の修正等を通じて正常収益力分析に影響を与える可能性があります。そのため、無形固定資産の修正内容について、正常収益力分析の担当者と情報を共有しておく必要があります。

また、趨勢分析等を通じて過去の設備投資や将来の必要投資の情報を得た場合には、設備投資分析の担当者と情報を共有しておく必要があります。

⑤ 時価

ア．無形固定資産の時価の考え方

市場価格がある資産については市場価格を時価とし、市場価格がない資産については、合理的に算定された価額を時価とする実務が一般的です。この点、無形固定資産について市場価格があるケースは稀であり、多くは合理的に算定された価額により時価を考えることになります。この算定手法には、一般的にネットアセット・アプローチ（コスト・アプローチ）、マーケット・アプローチ、インカム・アプローチがあり、資産の特性等に応じてこれらの評価アプローチを併用又は選択適用して「合理的に算定された価額」を算出することになります。

実務上は、財務デュー・ディリジェンスの時間的制約の観点から精度の高い評価を実施できるとは限らないため、依頼主との間で重要な資産の時価評価の範囲と算定手法の選択方針について、あらかじめ協議しておくことが望

まれます。この点、「固定資産の減損に係る会計基準」に基づいて処理した減損後の評価額をもって、無形固定資産の時価とする実務も多く見られます。

イ．財産評定と時価（参考）

　公表されている財産評定基準のうち、無形固定資産の時価について記述されているものを参考として要約します。

(ア)　経営研究調査会研究報告第23号「財産の価額の評定等に関するガイドライン（中間報告）」

| 科　　目 | 時価の考え方 |
| --- | --- |
| 無形固定資産 | 無形固定資産の第83条時価は、観察可能な市場が存在する場合には市場価格による。市場価格がない場合には、専門家による鑑定評価額や取引事例を合理的に算定された価額とすることができる。しかし、対象となる無形固定資産に類似した資産がなく、合理的な評価額を見積もることができない場合には、ゼロ評価とする。<br>知的財産権等特有の無形固定資産の売買を取り扱う業種・業界において、その公正な評価額を見積もるために開発した技法は、当該技法が公正な評価額を見積もることを目的とし、かつ、その資産を使用する業界の最新の取引及び慣行を十分考慮している場合には、無形固定資産の価額を合理的に算定する際に用いることができる。 |

(イ)　RCC「再生計画における「資産・負債の評定基準」（別紙5）」

| 科　　目 | 時価の考え方 |
| --- | --- |
| 無形固定資産 | (i)観察可能な市場価格がある場合には、当該市場価格により評定する。<br>(ii)観察可能な市場価格がない場合には、専門家による鑑定評価額や取引事例に基づき適正に評価した価格を合理的に算定された価額として評定する。<br>(iii)類似した資産がなく合理的な評価額を見積もることが出来ない場合には評定額は零とする。<br>(iv)本評定前に債務者が有償で取得したのれんは無形固定 |

| | 資産として評定するが、この場合、評定基準日において個別に明確に算定することができるものに限ることに特に留意する。 |
|---|---|

(ウ) 中小企業再生支援協議会「実態貸借対照表作成に当たっての評価基準(別紙)」

| 科　　目 | 時価の考え方 |
|---|---|
| 無形固定資産 | (ⅰ)観察可能な市場価格がある場合には、当該市場価格により評定する。<br>(ⅱ)観察可能な市場価格がない場合には、専門家による鑑定評価額や取引事例に基づき適正に評価した価格を合理的に算定された価額として評定する。<br>(ⅲ)類似した資産がなく合理的な評定額を見積もることが出来ない場合には評定額は零とする。<br>(ⅳ)本評定前に債務者が有償で取得したのれんは無形固定資産として評定するが、この場合、評定基準日において個別に明確に算定することができるものに限ることに特に留意する。 |

(エ) 私的整理に関するガイドラインQ&A「Q．10－2実態貸借対照表作成に当たっての評価基準」

| 科　　目 | 時価の考え方 |
|---|---|
| 無形固定資産 | (ⅰ)借地権は、有形固定資産に準じて調整するが、含み損益を調整する場合は底地の時価に借地権割合を考慮して評価する。<br>(ⅱ)借地権以外の無形固定資産（電話加入権、特許権・商標権等の工業所有権、ソフトウエア等）のうち、価値の見込めないものは全額減額する。 |

(オ) 地域経済活性化支援機構の実務運用標準「再生計画における資産評定基準（別紙1）」

| 科　目 | 時価の考え方 |
|---|---|
| 無形固定資産 | (i)観察可能な市場価格がある場合には、当該市場価格により評定する。<br>(ii)観察可能な市場価格がない場合には、専門家による鑑定評価額や取引事例に基づき適正に評価した価格を合理的に算定された価額として評定する。<br>(iii)類似した資産がなく合理的な評定額を見積もることが出来ない場合には評定額は零とする。<br>(iv)本評定前に債務者が有償で取得したのれんは無形固定資産として評定するが、この場合、評定基準日において個別に明確に算定することができるものに限ることに特に留意する。 |

(カ) 事業再生に係る認証紛争解決事業者の認定等に関する省令第十四条第一項第一号の資産評定に関する基準

| 科　目 | 時価の考え方 |
|---|---|
| 無形固定資産 | (i)観察可能な市場価格がある場合には、当該市場価格により評定する。<br>(ii)観察可能な市場価格がない場合には、専門家による鑑定評価額や取引事例に基づき適正に評価した価格を合理的に算定された価額として評定する。<br>(iii)類似した資産がなく合理的な評定額を見積もることが出来ない場合には評定額は零とする。<br>(iv)本評定前に債務者が有償で取得したのれんは無形固定資産として評定するが、この場合、評定基準日において個別に明確に算定することができるものに限ることに特に留意する。 |

(7) 営業債務

① 科目の概要

営業債務とは、通常の営業活動において発生した債務の総称であり、貸借対照表における「買掛金」や「支払手形」といった科目がこれに該当します。営

業活動に関連して発生する科目であるため、その調査手法の多くは売上債権と共通します。しかし、リスクについては売上債権が評価の妥当性（帳簿価額は適切か）や実在性（実際に資産が存在するかどうか）に重点が置かれるのに対し、営業債務は網羅性（すべて記録されているか）に重点が置かれるという点で異なります。[15]

② 業種によって留意すべき事項
ア．製造業

　製造業は大きく受注生産型と見込生産型の業種に分かれます。業種によって保有する在庫の量、生産に要するリードタイムが異なるため、発注のタイミングなどに違いはありますが、一般的に大口仕入先が固定されているという特徴があります。このような製造業の一般的な留意事項を示すと以下のようになります。

(ア)　最低発注量などの特殊な契約条項

　原材料等を安定的に調達することを目的として、複数年単位で原材料の長期購入契約を締結する場合があります。この場合、その原材料を使って製造する製品が製造中止となり原材料の転用ができなくなるリスクや、原材料の相場価格が長期購入契約を締結したときよりも相当程度下落してしまうリスクがあり、いわゆる逆鞘の契約（不利な契約）を抱えることがあります。

(イ)　有償支給と無償支給

　製造業における特徴的な取引の1つとして、加工委託先に原材料等を支給し、彼らに製造させた後、完成した製品若しくは中間品（以下「製品等」という。）を再度引き取るという取引形態があります。当該取引は、原材料等を支給した際に加工委託先に所有権を移転させるか否かで、「有償支給」と「無償支給」とに区別されます。

---

[15] 期間配分の適切性（正しい期間に収益・費用の計上が行われているか）については、営業債権、営業債務ともに重要な検証ポイントとなります。

- 有償支給
　原材料等を支給する際に、加工委託先に所有権が移転します。
　原材料等を加工委託先が買い取り、加工後の製品等を加工委託先から再度購入することになります。

- 無償支給
　原材料等を支給する際に、加工委託先に所有権は移転しません。
　加工後の製品等を加工委託先から受け入れる際、加工賃の支払だけが行われます。

　有償支給と無償支給を比較した場合、営業債務の発生額は有償支給の方が大きくなります。そのため、営業債務の残高水準を検証する上で、対象会社と加工委託先の取引条件がどのようなものかを把握しておくことが重要となります。

(ウ)　未着品の存在
　製造業では、期末日時点において未着品が存在する可能性があり、未着品に対応する営業債務の認識が漏れていないかどうかを把握しておくことが重要となります。

イ．卸売業
　卸売業では、売約と買約が同時に成立する「出合取引」と、売り先を決めずに商品を仕入れて販売する「見越取引」という2つの取引形態があります。卸売業の一般的な留意事項を示すと以下のようになります。

(ア)　貿易取引における営業債務認識のタイミング
　商活動が広い卸売業の特徴の1つとして貿易取引が挙げられます。貿易取引においては、貿易条件によって仕入の計上基準、すなわち営業債務の認識のタイミングが異なるため、営業債務の残高水準を検証する上で、対象会社の貿易条件と営業債務の認識時点を把握しておくことが重要となります。

仕入の認識時点（営業債務の認識時点）として、実務上は以下のような取り扱いが多く見受けられます。

| 船積通知入手日基準 | 貿易条件がFOB（Free on Board：本船甲板渡し条件）の場合、輸出港での船積完了時点をもって、輸入品に係るリスク負担が売主から買主に移転するため、船積通知を輸出者から受け取った時点で仕入を計上します。 |
|---|---|
| 船積書類入手日基準 | 貿易条件がCFR（Cost and Freight：運賃込み本船渡し条件）やCIF（Cost, Insurance and Freight：運賃・保険料込み条件）の場合、輸入港で荷が下ろされるまで売主がリスクを負担するため、輸入決済を行い船積書類を入手した時点で仕入を計上します。 |
| 通関日基準 | 貿易条件がDAT（Delivered at Terminal：ターミナル持込渡し条件）の場合、通関まで売主がリスクを負担するため、輸入品の通関手続が完了した時点で仕入を計上します。 |

ウ．小売業

　小売業は、仕入れた商品を消費者に販売する業態であり、百貨店、スーパーマーケット、コンビニエンスストア、家電量販店等が代表的な小売業になります。このような小売業の一般的な留意事項を示すと以下のようになります。

(ア)　多様な仕入形態

　小売業では以下のように多様な仕入形態が存在し、営業債務の認識のタイミングが異なるため、営業債務の残高水準を検証する上で、対象会社の仕入条件と営業債務の認識時点を把握しておくことが重要となります。

| 買取仕入 | 商品等を入荷した時点で小売業者の営業債務を認識します。 |
|---|---|
| 委託仕入 | 小売業者は営業債務を認識しません。 |
| 消化仕入 | 小売業者は消費者への販売と同時に営業債務を認識します。 |

3つの仕入形態を仕訳の形で対比すると以下のとおりです。

（前提条件）

　小売業を営むA社は、×年3月1日に商品X（仕入単価1,000円×5個）をB社から受け取り、店頭で販売を開始しました（1個当たり販売単価は1,400円）。×年3月2日に商品Xをすべて現金で販売しました。なお、委託仕入における手数料は1個当たり200円とします。

（単位：円）

| 買取仕入 | 委託仕入 | 消化仕入 |
|---|---|---|
| ×年3月1日<br>商品5,000／買掛金5,000 | ×年3月1日<br>― | ×年3月1日<br>― |
| ×年3月2日<br>現金7,000／売上7,000<br>売上原価5,000／商品5,000＊ | ×年3月2日<br>売掛金1,000／手数料収入1,000 | ×年3月2日<br>現金7,000／売上7,000<br>売上原価5,000／買掛金5,000 |

＊ A社が採用する棚卸資産の評価方法に基づき計算します。当設例では商品Xについて、×年3月1日仕入以外の仕入はないとの前提で計算しています。

　(ｲ)　仕入リベート

　仕入リベートとは、仕入量や仕入金額に応じて仕入先から販売先に支払われる金銭等をいい、一般に「仕入割戻」「報奨金」「奨励金」といった名称が使われます。仕入リベートの種類には一般的に以下のようなものがあります。
- 仕入実績に一定の比率を乗じてリベート金額を算定するもの
- 段階的に設けられた売上目標の達成度に応じて金額が決まるもの
- 新商品の販売促進を目的として一定の金額が支払われるもの

また、決済についても営業債務と相殺して決済される場合や、営業債務の決済とは別個に行われる場合があります。

　営業債務の残高水準を検証する上で、仕入リベートの会計処理の概要を把握しておくことが重要となります。

③ **主な調査手法**[16]

ア．一般的な趨勢分析

　売上債権同様、営業債務についても過去数期間の仕入先ごとの残高推移を分析します。残高推移に重要な増減がある場合には、その増減理由を聴取するとともに仕入高や売上原価の推移と整合性が取れているかどうかについても確認をします。

　なお、趨勢分析を行うに当たり、分析期間内に事業内容の変化や会計方針の変更がないかどうか、営業債務の中に"通常の営業活動において発生した債務"以外のもの（例えば設備未払金など）が含まれていないか等を検討しておく必要があります。

イ．重要な取引先とその取引内容・条件の把握

　取引金額の多くを占めている取引先や主力製品の原材料等の調達先など、重要な取引先に対する営業債務残高の増減は、営業債務全体の増減に大きく影響を及ぼします。そのため、重要な取引先については、取扱品の内容、仕入単価、決済条件を把握し、増減理由との整合性を確かめる必要があります。また、営業債権同様、M&A実施後の取引の継続性や取引条件の変更の可能性についても情報を入手しておく必要があります。

ウ．グループ会社・関連当事者との取引内容・条件の把握

　グループ会社との取引では、取引当事者のどちらか一方の便宜を図るために、一般の取引先とは異なる条件で取引が行われている可能性があります。例えば、グループ会社から原材料などの仕入を行っている場合に、決済までの期間を他の仕入先よりも長く設定することで当該グループ会社から実質的な資金融通を受けていることがあります。また、仕入単価を調整することにより、対象会社とグループ会社の間で費用負担の意図的な調整が行われていることもあります。財務デュー・ディリジェンスでは、グループ会社や関連

---

[16] 財務デュー・ディリジェンスでは、調査期間の制約等の理由により、債務残高の確認状発送手続を実施しない実務が一般的です。

当事者との取引内容や条件を把握し、M&A 実行後の取引条件の変更可能性や変更した場合の財務数値に与える影響について情報を入手しておくことが重要です。

エ．回転期間分析

　回転期間分析とは、特定科目について複数期間の回転期間を比較することにより、帳簿残高が異常な状態になっていないかどうかを確かめる分析手法です。営業債務の回転期間は、営業債務を認識してから支払うまでの期間をいい、計算式は以下のとおりです。

$$営業債務回転期間(月、日) = \frac{営業債務}{年間仕入高 \div 基準期間（12ヶ月 or 365日）}$$

　回転期間分析では、過去数期間の営業債務回転期間を比較し、その変動について合理的な説明ができるかどうか、約定の支払サイトと回転期間に整合性があるかどうかを検証します。

　営業債務回転期間の主な変動要因として以下が考えられます。

- 決済条件が変更になった
　決済条件の変更があり、債務の発生時点から決済されるまでの期間が長くなると、仕入高の水準に変わりがなくても営業債務の残高が増えることになるので、回転期間は長くなります。
- 長期未決済債務や計上漏れ債務が存在する
　未決済債務がある場合には、仕入高の水準に変化がなくても営業債務の残高が増えることになるので、回転期間が長くなる可能性があります。一方、計上漏れ債務が存在する場合には、営業債務が過小に計上され、回転期間が短くなる可能性があります。
- 年間仕入高の発生態様に変化がある
　仕入高に季節変動がある場合には、異なる季節間で回転期間を比較するとその乖離が大きくなる場合があります。

オ．年齢調べ

　年齢調べとは、営業債務の発生年月日からの経過期間を調べ、これと会社の通常の支払サイトを比較することにより、支払が延滞している営業債務の有無を識別する方法です。年齢調べについても、売上債権と同様に営業債務

が発生した時期から基準時点までの経過期間（月数）を一覧にする形、若しくは支払期日が経過しているにもかかわらず未だ債務として残っている残高を一覧にする形で分析を行います。この分析の結果、支払期日までに決済されていない重要な営業債務が把握された場合には、決済されていない理由に合理性があるかどうかを検証します。

④　他の分析との関係・価値評価手法との関係
ア．実態貸借対照表との関係
　　買掛金に関する調査の結果、網羅性や期間帰属の適切性について問題が発見された場合は、実態貸借対照表にその修正を反映させることになります。また、相手科目としての売上原価や棚卸資産の金額も修正が必要となることが考えられるため、棚卸資産の調査担当者と連携して修正手順を確認しておく必要があります。

イ．他の分析との関係
　　営業債務は運転資本を構成するため、営業債務の金額を修正する場合には、運転資本分析の調査担当者と連携し、その修正額の影響を運転資本の分析に反映させる必要があります。
　　また、営業債務の修正額が過去の正常収益力に影響を及ぼす場合もあるため、損益計算書分析の担当者と修正手順について確認をとっておく必要があります。
　　加えて、営業債務の中に正常な営業循環過程から外れた債務（例えば、何らかの理由で支払を留保している債務など）がある場合には、運転資本ではなく、有利子負債類似債務として価値評価手法に反映することを検討します。

⑤ 時価

ア．営業債務の時価の考え方

　財務デュー・ディリジェンスの実務では、金融商品会計基準に従って処理した評価額[17]をもって営業債務の時価とすることが一般的です。営業債務は短期間（通常 1 年以内）に決済されるものが多く、時価と簿価がほぼ等しいという前提を置く場合が多く見られます。

イ．財産評定と時価（参考）

　公表されている財産評定基準のうち、営業債務の時価について記述されているものを参考として要約します。

(ア)　経営研究調査会研究報告第 23 号「財産の価額の評定等に関するガイドライン（中間報告）」

| 科　　目 | 時価の考え方 |
| --- | --- |
| 金銭債務 | 更生法において負債の金額は、原則として、債権の届出及び調査手続によって確定される。 |

(イ)　RCC「再生計画における「資産・負債の評定基準」（別紙 5）」

| 科　　目 | 時価の考え方 |
| --- | --- |
| 金銭債務 | 原則として、一般に公正妥当と認められる企業会計の基準に準拠して評定する。 |

(ウ)　中小企業再生支援協議会「実態貸借対照表作成に当たっての評価基準（別紙）」

| 科　　目 | 時価の考え方 |
| --- | --- |
| 金銭債務 | 原則として、一般に公正妥当と認められる企業会計の基準に準拠して評定する。 |

---

17　支払手形、買掛金、借入金、社債その他の債務は、債務額をもって貸借対照表価額とする。ただし、社債を社債金額よりも低い価額又は高い価額で発行した場合など、収入に基づく金額と債務額とが異なる場合には、償却原価法に基づいて算定された価額をもって、貸借対照表価額としなければならない（金融商品会計基準 26）。

(エ) 私的整理に関するガイドライン Q&A「Q．10－2　実態貸借対照表作成に当たっての評価基準」
営業債務について特段の定めはありません。

(オ) 地域経済活性化支援機構の実務運用標準「再生計画における資産評定基準（別紙1）」

| 科　　目 | 時価の考え方 |
|---|---|
| 金銭債務 | 原則として、一般に公正妥当と認められる企業会計の基準に準拠して評定する。 |

(カ) 事業再生に係る認証紛争解決事業者の認定等に関する省令第十四条第一項第一号の資産評定に関する基準

| 科　　目 | 時価の考え方 |
|---|---|
| 金銭債務 | 原則として、一般に公正妥当と認められる企業会計の基準に準拠して評定する。 |

(8) 借入金
① 科目の概要
　借入金には金融機関からの借入金のほか、役員やグループ会社からの借入金も含まれます。借入金は社債などと合わせて有利子負債として把握されることが多く、企業価値評価の方法としてDCF法や類似上場会社法を採用する場合には特に重要な意味を持ちます。[18]
　借入金の調査では、網羅性（すべて記録されているか）に重点を置いた調査を行います。

---

18 企業価値評価の方法として、ＤＣＦ法や類似上場会社法を用いる場合には、これらの評価アプローチで算定した事業価値に事業外資産や有利子負債・有利子負債類似債務を加減することにより株主価値を算定します。

② 調査時に留意すべき事項

　借入金の調査では、先述したとおり網羅性（すべて記録されているか）の検証を重点的に行いますが、財務デュー・ディリジェンスでは財務諸表監査の監査手続とは異なり、金融機関等に対して残高確認状などの発送手続は一般的に行われません。そのため、確認状の回収を通じて借入金が網羅的に貸借対照表に計上されているかどうかの心証を得ることができません。

　借入金の調査担当者は上記の点を踏まえ、過去のキャッシュ・フローの推移の検証や総勘定元帳の査閲、対象会社のマネジメントへのインタビュー手続などを通じて、可能な限り借入金の網羅性について心証を得ておく必要があります。

③ 主な調査手法

ア．一般的な趨勢分析

　趨勢分析では、借入金の過去数期間の残高推移を分析し、その増減理由を把握します。この際、増減要因をより深く検証するために、例えば以下のような点を把握しておきます。

(ア) 借入金の増加

　借入金の増加があった場合には、借入金の調達目的（運転資金目的か、設備投資目的か、その他の目的か）について把握しておきます。

(イ) 借入金の減少

　借入金の減少があった場合には、その減少が約定によるものかどうかを把握しておきます。また、その返済原資をどのように調達したかについても把握しておきます。

イ．借入契約の内容・条件の把握

　借入契約別にその契約内容や条件について、例えば以下のような視点で整理し、報告することを検討します。

(ア) 借入日、返済日

(イ) 調達の目的（資金使途）

(ウ) 当初借入額と現在の帳簿残高（約定どおりの帳簿残高かどうかの確認を含む）

(エ)　借入利率とその決定方法
　　(オ)　保証人や連帯保証人の状況、物的担保の提供状況
　　(カ)　財務制限条項、チェンジ・オブ・コントロール条項、期限前返済に伴う違約金条項のような特殊な契約条項の有無

ウ．グループ会社・関連当事者との取引内容・条件の把握
　　グループ会社や関連当事者から資金を借入れている場合には、上記イ．のほか、以下の点についても確認しておく必要があります。
　　(ア)　借入利率の水準の妥当性
　　(イ)　M&A 実行に伴う借入金の清算方法

④　他の分析との関係・価値評価手法との関係
　　企業価値評価の方法として、DCF 法や類似上場会社法を用いる場合には、これらの評価アプローチで算定した事業価値に事業外資産や有利子負債・有利子負債類似債務を加減することにより株主価値を算定するため、有利子負債の把握が重要となります。借入金は通常、有利子負債を構成するため、借入金の調査担当者は、有利子負債の範囲とその評価結果の情報をわかりやすく報告する必要があります。また、DCF 法を採用する場合には、加重平均資本コストを算定することになります。その際、対象会社の現在の借入利率の水準に関する情報が加重平均資本コストを算定のための重要な参考情報となります。

⑤　時価
ア．借入金の時価の考え方
　　財務デュー・ディリジェンスの実務では、金融商品会計基準に従って処理した評価額[19] をもって借入金の時価とすることが一般的です。実務上は健全な借主である限り、時価と簿価がほぼ等しいという前提を置く場合が多く見られます。

---

19　支払手形、買掛金、借入金、社債その他の債務は、債務額をもって貸借対照表価額とする。ただし、社債を社債金額よりも低い価額又は高い価額で発行した場合など、収入に基づく金額と債務額とが異なる場合には、償却原価法に基づいて算定された価額をもって、貸借対照表価額としなければならない（金融商品会計基準 26）。

イ．財産評価と時価（参考）

　公表されている財産評定基準のうち、借入金の時価について記述されているものを参考として要約します。

(ア) 経営研究調査会研究報告第23号「財産の価額の評定等に関するガイドライン（中間報告）」

| 項　　目 | 時価の考え方 |
|---|---|
| 金銭債務（借入金） | 更生法において負債の金額は、原則として、債権の届出及び調査手続によって確定される。 |

(イ) RCC「再生計画における「資産・負債の評定基準」（別紙5）」

| 項　　目 | 時価の考え方 |
|---|---|
| 金銭債務 | 原則として、一般に公正妥当と認められる企業会計の基準に準拠して評定する。 |

(ウ) 中小企業再生支援協議会「実態貸借対照表作成に当たっての評価基準（別紙）」

| 項　　目 | 時価の考え方 |
|---|---|
| 金銭債務 | 原則として、一般に公正妥当と認められる企業会計の基準に準拠して評定する。 |

(エ) 私的整理に関するガイドラインQ&A「Q.10－2実態貸借対照表作成に当たっての評価基準」

　借入金について特段の定めはありません。

(オ) 地域経済活性化支援機構の実務運用標準「再生計画における資産評定基準（別紙１）」

| 項　　目 | 時価の考え方 |
|---|---|
| 金銭債務 | 原則として、一般に公正妥当と認められる企業会計の基準に準拠して評定する。 |

(カ) 事業再生に係る認証紛争解決事業者の認定等に関する省令第十四条第一項第一号の資産評定に関する基準

| 項　　目 | 時価の考え方 |
|---|---|
| 金銭債務 | 原則として、一般に公正妥当と認められる企業会計の基準に準拠して評定する。 |

## (9) 未払税金及び繰延税金資産・負債
### ① 科目の概要

　貸借対照表分析における税金科目の調査では、未収税金、未払税金、繰延税金資産、繰延税金負債が主な調査科目になります。これら税金科目の主なリスクは、網羅性（すべて記録されているか）、期間帰属の適切性（正しい期間に費用計上されているか）です。

　デュー・ディリジェンスにおいては、税務上のリスクを把握し、また税務メリットの高いM&Aスキームを検討する等のために、財務デュー・ディリジェンスとは別に税務デュー・ディリジェンスを実施することがありますが、ここでは財務デュー・ディリジェンスの中で行う税金科目の調査手法について見ていきます。

### ② 調査時に留意すべき事項

　税金科目の検証範囲は多岐にわたるため、時間的制約のある財務デュー・ディリジェンスにおいては、その調査範囲と調査手法の選択に特に注意を払う必要があります。そのため、重点的に調査すべき税目、調査の対象とする会計期間、その調査手法について、事前に依頼主との間で合意を得ておくことが望ましいでしょう。

③ 主な調査手法

ア．一般的な趨勢分析

　税金科目のうち、法人税の調査を行う際には、法人税申告書の別表四と別表五（一）について過去数期間の金額推移を分析し、申告調整の状況とその税務処理の妥当性について大局的な見地から検討を実施しておくことが重要です。この際、上記の金額推移と貸借対照表や損益計算書の税金科目の金額推移との整合性についても確認しておくことが重要です。また、別表五（一）の留保金額（将来減算一時差異、将来加算一時差異）については、将来の税金発生額に影響を及ぼすため、その解消見込時期を把握しておくことも重要です。

イ．グループ会社・関連当事者との取引内容・条件の把握

　(ｱ)　グループ会社との取引

　グループ会社間の取引は、一般の第三者間取引と比べて取引価格や取引条件が恣意的に決定されるリスクが高まります。グループ会社間の取引について、その取引価格が一般の取引価格（いわゆる第三者間取引価格）と著しく乖離している場合には、その差額について寄附金や受贈益として認定され課税を受けるリスクがあります。そのため、グループ会社間の取引条件等が一般の取引条件等と乖離していないかどうかを確認しておくことが重要となります。[20]

　(ｲ)　役員・その他の関連当事者との取引

　グループ会社以外の関連当事者との取引についても、その取引価格が一般

---

20　完全支配関係にある法人間の取引については、いわゆるグループ法人税制が適用されるため、グループ会社間取引による寄付金や受贈益に対する税務上の取扱いが異なります。そのため、グループ会社間の取引条件の把握に加え、その資本関係についても合わせて確認しておくことが望ましいといえます。また、海外に子会社や関連会社等が存在する場合には、移転価格税制や外国子会社合算税制等の適用可能性についても調査の対象になり得ますが、実務上はこれらを検討するための十分な時間や情報を得られない場合が少なくありません。そのため、海外に子会社や関連会社、支店等が存在する場合には、依頼主との間でその調査範囲について事前に合意を得ておくことが特に重要となります。

の取引価格（いわゆる第三者間取引価格）と著しく乖離している場合には、その差額について寄附金や受贈益として認定され課税されるリスクがあります。そのため、関連当事者との取引条件等が一般の取引条件等と乖離していないかどうかを確認しておくことが重要となります。

また、役員に対する経済的利益の移転（会社資産の無償貸与など）が役員賞与として認定されて課税を受けるリスクや、不相当に高額な役員報酬の損金否認リスク、定期同額給与や事前確定届出給与の要件を満たさない役員報酬の損金否認リスクにも注意を払う必要があります。

ウ．その他

その他の主な調査手法として、以下の手続が考えられます。

(ア) 税務届出書の提出状況の把握

過年度の税務届出書を入手し、その届出の内容を確認します。

(イ) 税務調査の状況の把握

過去の税務調査の実施時期、調査対象税目、調査対象期間、調査時の指摘事項、指摘事項の対応状況などを把握します。このとき、過去の税務調査において指摘を受けた事項が、財務デュー・ディリジェンスの実施時においても引き続き税務リスクとして残っていないかどうかについて、特に注意を払う必要があるでしょう。

(ウ) 繰越欠損金の発生状況の把握

M&Aにおいては、採用するスキームによって繰越欠損金の使用や引継に制限が加えられる場合がありますが、その引継・使用制限の有無に関わらず、繰越欠損金は将来のキャッシュ・フローに大きな影響を与える場合が少なくありません。そのため、対象会社で発生している過年度の繰越欠損金の内容を把握することは極めて重要です。

繰越欠損金の情報を整理するためには、以下の点を把握しておくことが有用です。

- 繰越欠損金の発生年度、発生額とその使用状況
- 繰越欠損金の発生原因
- 繰越欠損金の使用可能期間

(エ) 過年度における企業再編（組織再編）の状況の確認

　企業再編（組織再編）の税務処理については、その判断に高度な専門知識が要求されることが多く、対象会社が税務処理の適用を誤るリスクがあります。また、税務処理の適用誤りによる金額的影響が大きなものとなる場合が少なくありません。そのため、対象会社が過年度において企業再編等を行っている場合には、その税務処理の根拠や申告状況等を把握しておくことが望ましいといえます。

(オ) その他の確認事項

　上記のほか、例えば以下のような点を質問により把握します。
- 税務・経理担当者の人数、経験期間
- 税務申告書作成に係る内部統制の整備状況
- 日常的な業務における税務リスクに対する内部統制の整備状況
- 顧問税理士の採用の有無及び関与状況

④　他の分析との関係・価値評価手法との関係

　別表四や別表五（一）の推移を検証した結果、重要な加減算調整項目がある場合には、正常収益力分析においてもこれらを加味する場合があります。そのため、重要な加減算項目の情報については、正常収益力分析の担当者と共有しておく必要があります。また、繰越欠損金や将来減算（加算）一時差異の情報は、将来の税金発生額に影響を与えるため、これらの情報を事業計画分析の担当者と共有しておくことも重要です。

　過去の税務申告について追加の税金の支払が予想される場合においては、これらの税金支払額を定量化できるかどうかを検討し、定量化できる場合にはその金額を有利子負債として取り扱うかどうかを検討します。[21]

⑤ 時価

ア．未払税金の時価の考え方

　未払税金は金銭債務としての性質を有します。財務デュー・ディリジェンスの実務では、金融商品会計基準に従って処理した評価額[22]をもって金銭債務の時価とすることが一般的です。未払税金は短期間（通常1年以内）に決済されるものが多く、時価と簿価がほぼ等しいという前提を置く場合が多く見られます。

イ．財産評定と時価（参考）

　公表されている財産評定基準のうち、未払税金等の時価について記述されているものを参考として要約します。

(ア) 経営研究調査会研究報告第23号「財産の価額の評定等に関するガイドライン（中間報告）」

| 項　目 | 時価の考え方 |
|---|---|
| 未収税金 | 金銭債権として、債権個々の債権金額から、貸倒見積高を控除した金額。 |
| 未払税金 | 更生法において負債の金額は、原則として、債権の届出及び調査手続によって確定される。 |
| 繰延税金資産・負債 | 更生手続開始時である財産評定基準日においては、将来の会計期間において繰延税金資産及び繰延税金負債の回収又は支払が合理的に見込まれない場合が多い。このような場合には、これらの勘定を計上することはできない。 |

---

21　企業価値評価の方法として、ＤＣＦ法や類似上場会社法を用いる場合には、これらの評価アプローチで算定した事業価値に事業外資産や有利子負債・有利子負債類似債務を加減することにより株主価値を算定するため、有利子負債等の把握が重要となります。

22　支払手形、買掛金、借入金、社債その他の債務は、債務額をもって貸借対照表価額とする。ただし、社債を社債金額よりも低い価額又は高い価額で発行した場合など、収入に基づく金額と債務額とが異なる場合には、償却原価法に基づいて算定された価額をもって、貸借対照表価額としなければならない（金融商品会計基準26）。

(ｲ) RCC「再生計画における「資産・負債の評定基準」（別紙５）」

| 項　　目 | 時価の考え方 |
|---|---|
| 未収税金 | 金銭債権としての性質を有するものは、原則として「売上債権」に準じて評定する。 |
| 未払税金 | 原則として、一般に公正妥当と認められる企業会計の基準に準拠して評定する。 |
| 繰延税金資産・負債 | 繰延税金資産及び繰延税金負債については、原則として、繰延税金資産及び負債に関する一般に公正妥当と認められる企業会計の基準に準拠して評定する。この場合、事業再生計画の内容等に基づき回収可能性について特に慎重に判断する。なお、一時差異等の認識に当たっては、本評定基準による資産及び負債の評定額と課税所得計算上の資産及び負債の金額の差額を一時差異とみなすものとする。 |

(ｳ) 中小企業再生支援協議会「実態貸借対照表作成に当たっての評価基準（別紙）」

| 項　　目 | 時価の考え方 |
|---|---|
| 未収税金 | 金銭債権としての性質を有するものは、原則として「売上債権」に準じて評定する。 |
| 未払税金 | 原則として、一般に公正妥当と認められる企業会計の基準に準拠して評定する。 |
| 繰延税金資産・負債 | 繰延税金資産及び繰延税金負債については、原則として、繰延税金資産及び負債に関する一般に公正妥当と認められる企業会計の基準に準拠して評定する。この場合、事業再生計画の内容等に基づき回収可能性について特に慎重に判断する。なお、一時差異等の認識に当たっては、本評定基準による資産及び負債の評定額と課税所得計算上の資産及び負債の金額の差額　を一時差異とみなすものとする。 |

(エ) 私的整理に関するガイドラインQ&A「Q. 10－2実態貸借対照表作成に当たっての評価基準」

| 科　　目 | 時価の考え方 |
|---|---|
| 未収税金 | 原則として、相手先別に信用力の程度を評価し、回収可能性に応じて減額する額を決定する。 |
| 繰延税金資産・負債 | 見合いの資産の評価の調整に応じて、必要額を調整する。 |

(オ) 地域経済活性化支援機構の実務運用標準「再生計画における資産評定基準（別紙１）」

| 科　　目 | 時価の考え方 |
|---|---|
| 未収税金 | 金銭債権としての性質を有するものは、原則として「売上債権」に準じて評定する。 |
| 未払税金 | 原則として、一般に公正妥当と認められる企業会計の基準に準拠して評定する。 |
| 繰延税金資産・負債 | 繰延税金資産及び繰延税金負債については、原則として、繰延税金資産及び負債に関する一般に公正妥当と認められる企業会計の基準に準拠して評定する。この場合、事業再生計画の内容等に基づき回収可能性について特に慎重に判断する。なお、一時差異等の認識に当たっては、本評定基準による資産及び負債の評定額と課税所得計算上の資産及び負債の金額の差額を一時差異とみなすものとする。 |

(カ) 事業再生に係る認証紛争解決事業者の認定等に関する省令第十四条第一項第一号の資産評定に関する基準

| 科　　目 | 時価の考え方 |
|---|---|
| 未収税金 | 金銭債権としての性質を有するものは、原則として「売上債権」に準じて評定する。 |
| 未払税金 | 原則として、一般に公正妥当と認められる企業会計の基準に準拠して評定する。 |

| 繰延税金資産・負債 | 繰延税金資産及び繰延税金負債については、原則として、繰延税金資産及び負債に関する一般に公正妥当と認められる企業会計の基準に準拠して評定する。この場合、事業再生計画の内容等に基づき回収可能性について特に慎重に判断する。なお、一時差異等の認識に当たっては、本評定基準による資産及び負債の評定額と課税所得計算上の資産及び負債の金額の差額を一時差異とみなすものとする。 |

## ⑽ 退職給付に係る負債（退職給付引当金）
### ① 科目の概要

「退職給付に係る負債」は、積立不足が生じやすい項目です。また、一般的に金額的重要性が高く、企業経営に長期的に影響を及ぼすことから、財務デュー・ディリジェンスにおける最重要項目の1つといえます。

「退職給付」とは、一定期間にわたり労働を提供したこと等の事由に基づく退職以後の給付であり、長期間の勤務に対する功労報酬や老後の保障の側面があります。「退職給付に係る負債」とは、退職給付債務から年金資産を控除した積立状況を示す額を負債計上したものです。年金資産が退職給付債務を超える場合には、「退職給付に係る資産」として資産計上します。

### ② 業種によって留意すべき事項

退職給付に係る負債については、業種による違いは比較的少ないといえますが、会社規模や雇用慣行によっては業種による傾向が見られます。例えば、終身雇用や年功序列などの日本的経営が強く残る業種においては、退職給付制度も年功序列的であることがあります。若年層では会社への貢献に対して退職給付の増加幅が小さく、勤続年数の後半に著しい給付水準の増加が見られる場合（著しい後加重の場合）には、退職給付会計基準において退職給付債務の補正計算が求められることがあります。このため、制度の特徴として年功重視か成果重視かを理解する必要があります。

### ③ 主な調査手法（又は主な検討ポイント）
ア．退職給付制度の把握

対象会社の採用する退職給付制度について理解します。具体的には、関連法令による制度運営上の制約や税務上のメリット、支給対象者、支給方法及び給付算定式の把握が挙げられます。また、入社後数年間は受給権のない場合の取扱いや改正高齢者雇用安定法による定年を延長した場合の取扱い、後加重の有無などを必要に応じて把握します。その他、希望退職者などに対する特別退職金制度など、明確な規定がないが実質的に運用されている慣行がないかも併せて確認します。

(ア) 退職給付の制度設計

我が国の年金制度は、いわゆる「3階建て」の制度体系であり、全国民に共通した「国民年金（基礎年金）」（1階部分に相当）、国民年金の上乗せとして報酬比例の年金を支給する「被用者年金（厚生年金、共済年金）」（2階部分に相当）及び「企業年金（厚生年金基金、確定拠出年金、確定給付企業年金）」（3階部分に相当）で構成されています。

退職給付制度は、給付の方法（一時金と年金）及び運用リスクの負担者（確定給付型と確定拠出型）の観点から**図表6-3**のように分類されます。

図表6-3　退職給付制度の分類

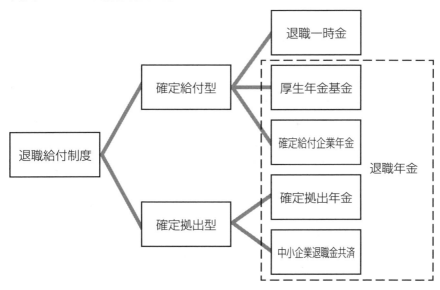

(イ) 確定給付型（DB：Defined Benefit）

企業が将来の給付を保証し、運用リスクを負担する制度設計です。年金資産の運用環境が悪化した場合には、企業は追加拠出や費用負担が求められます。一方、従業員にとっては給付額が安定することから老後の生活設計を立てやすいといえます。確定拠出型とは異なり、年金資産は企業が一括で運用します。

(i) 退職一時金

退職の際に一時的に支払われ、支払原資を内部積立のみで賄います。外部積立である年金資産とは異なり、企業が倒産した場合に資産が保全されないため注意が必要です。

(ii) 厚生年金基金

厚生労働大臣の認可を得て企業が厚生年金基金を設立し、当該年金基金が年金制度の管理運営を行います。国の厚生年金保険の一部を代行することに加え、独自の給付を加算部分として上乗せすることで被保険者に対して手厚い給付を行い、老後の生活保障を充実させることができます。設立形態によって、単独型（1つの企業が単独で設立）、連合型（資本関係のあるグループ企業等によって設立）、総合型（資本関係のない同業者団体や地域団体等で設立）に分類でき、設立に人員要件があります。なお、連合型及び総合型は複数事業主制度と呼ばれ、複数企業を一体として年金財政計算を実施し、年金資産を一括で管理します。

(iii) 確定給付企業年金

確定給付企業年金法に基づく制度設計であり、設立形態によって基金型（厚生年金基金と同様に基金が管理運営）と規約型（労使で合意した規約に基づき、外部積立により管理運営）に分けられます。受給権保護のために、積立義務、受託者責任の明確化及び情報開示などが規定されています。厚生年金の代行を行わない点が厚生年金基金との違いです。

(ウ) 確定拠出型（DC：Defined Contribution）

企業が将来の給付を保証せず、運用リスクは従業員が負担する制度設計です。年金資産の運用環境が悪化した場合にも、企業は追加拠出や費用負担が

求められません。また、複雑かつ難解な年金数理計算を行う必要がなく、人件費管理も比較的容易です。一方、従業員にとっては、給付額が安定しないことから老後の生活保障という点で十分でない可能性があります。確定給付型とは異なり、年金資産は従業員が自ら運用します。

(ⅰ) 確定拠出年金

　　企業が従業員のために掛金拠出する企業型と、従業員が自身のために掛金拠出する個人型に分類されます。企業型においては、労使で合意した年金規約に基づき、信託銀行等の受託機関との契約に基づき外部積立を行います。

(ⅱ) 中小企業退職金共済

　　中小企業退職金共済法に基づき、独自で退職金制度を構築するのが難しい中小企業のために設けられた制度です。企業が独立行政法人勤労者退職金共済機構と退職金共済契約を締結して掛金を拠出し、機構から退職金が直接支払われます。企業の業種、従業員数及び資本金などの加入要件が定められており、また、一定の要件を満たせば確定給付企業年金等に引き継ぐこともできます。

(エ) 年金資産

(ⅰ) 企業年金資産

　　企業年金制度の年金資産とは、退職給付に充てることのみを目的に積み立てられた、一定の要件を満たす特定の資産をいいます。

(ⅱ) 退職給付信託

　　退職給付信託は、現金による払込みを主とする企業年金資産とは異なり、事業主の保有資産を退職給付に充てる目的で直接受託機関に信託するものであり、一定の要件を満たす場合に年金資産に該当します。なお、退職給付信託は、退職給付債務の積立不足額を積み立てるために設定するものであり、資産の拠出時に、退職給付信託財産及びその他の年金資産の時価の合計額が対応する退職給付債務を超える場合には、当該財産は退職給付会計上の年金資産として認められません。

イ．会計処理方法の把握

　対象会社が採用する会計方針によって、退職給付に関する財務数値は大きく異なることがあります。簿外債務が存在する可能性があり、また、金額的重要性も高いことが多いため、慎重な検討が必要です。

　また、対象会社が退職給付債務の計算における簡便法（数理計算を実施せずに、期末自己都合要支給額や年金財政計算上の数理債務の額を用いて計算する方法）を採用しており、買収後に従業員数増加などの理由により退職給付債務の計算に原則法を採用する場合には、外部専門家への計算委託や人件費管理に係るコスト負担が考えられます。

ウ．外部関係者との連携

　財務デュー・ディリジェンスを円滑に行うために、専門家や金融機関といった外部関係者の果たす役割を理解し、必要に応じて連携を図ります。

(ア)　年金数理人

　年金数理人とは、年金数理計算の専門家であり、受給権の保全及び年金財政の健全性確保を目的として、厚生年金基金等の年金数理業務を遂行します。また、決算書や掛金計算結果等の年金数理に関する書類について、適正な年金数理に基づいて作成されていることを確認します。

　財務デュー・ディリジェンスにおいては、複雑かつ難解な年金数理計算の実施に加え、買収後の制度設計の助言を行うなどの役割が期待されます。

(イ)　受託機関

　受託機関とは、年金資産の運用及び管理を行う生命保険会社及び信託銀行であり、運用方法で図表6-4のように分類できます（「年金資産に対する監査手続に関する研究報告（監査・保証実務委員会研究報告第26号）」）。

　生命保険会社の一般勘定では、元本と最低利率が保証され、資産価格の変動に伴うリスクは生命保険会社が負担します。生命保険会社の特別勘定では、多くの保険契約に係る資産を合同で運用する一般勘定と分離した運用が行われます。このうち第一特約は、他の年金基金等の年金資産と合わせて合同運

図表6-4　受託機関の分類

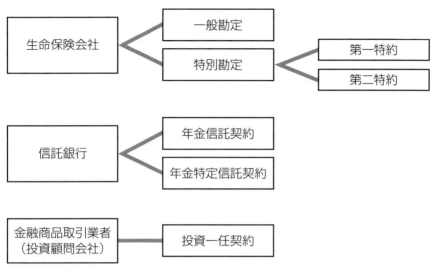

用を行い、第二特約は、年金基金等ごとに直接運用を行います。

信託銀行では、個別の年金基金ごとに有価証券などの購入及び売却を行う直接運用と、複数の年金基金の資産を合同で運用する合同運用があります。また、年金基金が投資顧問会社と投資一任契約を締結する場合には、投資顧問会社に投資判断が一任され、その運用指図に基づき信託銀行が債券や株式の売買発注を行います。

財務デュー・ディリジェンスにおいては、受託機関及び契約形態を把握するとともに、委託先の運用報告書等を対象会社から入手し、年金資産の内訳及び高リスク資産への投資の有無を把握することが重要です。

(ウ)　公認会計士

公認会計士は、監査及び会計の専門家であり、独立した立場から財務書類などの信頼性を確保することを主たる業務とします。

財務デュー・ディリジェンスにおいては、対象会社の財務書類などの内容を調査し、また、他の専門家と連携して法務リスクや税務リスクを把握した上で助言するといった役割が期待されます。

エ. 発生要因別の期中増減分析

退職給付に係る負債（退職給付引当金）の増減は様々な要因から発生します。退職給付会計基準（※）に基づき期中増減額を要因別に分解した数値例を示すと、**図表6-5-1**及び**図表6-5-2**のとおりです。

(※) 図表及び文中の用語の使い方は以下のとおりです。
・退職給付会計基準
　退職給付に関する会計基準（企業会計基準第26号）平成24年改正
・旧退職給付会計基準
　退職給付に関する会計基準（企業会計基準第26号）平成24年改正前

旧退職給付会計基準及び退職給付会計基準（個別財務諸表）における期中増減は、①退職給付費用計上額、②年金掛金拠出額及び③退職一時金給付額の3つに分解できます。

退職給付会計基準（連結財務諸表）における期中増減は、①退職給付費用計上額（数理計算上の差異及び過去勤務費用の当期費用処理額を除く）、②年金掛金拠出額、③退職一時金給付額及び④数理計算上の差異及び過去勤務費用の当期発生額の4つに分解できます。

増減分析を行う際は、対象会社の退職給付制度の内容及び年金資産の運用状況を把握するとともに、採用する会計方針を理解し、期中増減を発生原因別に把握します。増減要因を企業が買収後に管理できる部分とそうでない部分に分けることで、将来の企業経営に与える影響を適切に把握できます。

オ. その他の質問・確認事項

代表的なものは以下のとおりです。時間と費用などの制約がある中で、目的を達成できるように各手法を組み合わせることが求められます。

- 退職給付関連規程類（退職金規程や年金規約など）の入手
- 人員構成表や人員計画表の入手
- 人事及び経理のマネージャーなどへの質問
- 退職給付債務の計算基礎資料の入手

第6章 財務デュー・ディリジェンス

### 図表6-5-1　期中増減（旧退職給付会計基準／退職給付会計基準（個別））

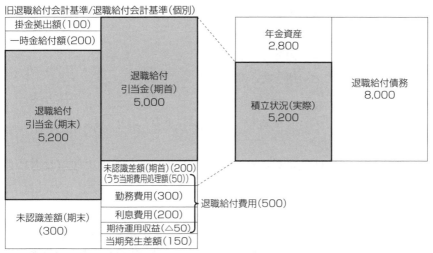

未認識差額：未認識数理計算上の差異及び未認識過去勤務費用
当期発生差額：当期に発生した数理計算上の差異及び過去勤務費用
当期費用処理額：当期に費用処理した数理計算上の差異及び過去勤務費用

### 図表6-5-2　期中増減（退職給付会計基準（連結））

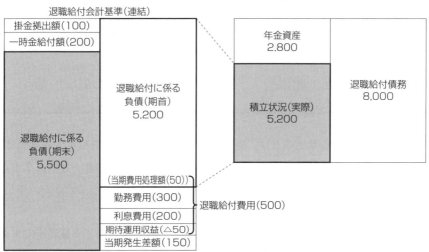

未認識差額：未認識数理計算上の差異及び未認識過去勤務費用
当期発生差額：当期に発生した数理計算上の差異及び過去勤務費用
当期費用処理額：当期に費用処理した数理計算上の差異及び過去勤務費用

- 年金資産の時価評価資料の入手
- 従業員データを使用した各種試算
- 有価証券報告書等の公表資料の入手
- 退職給付に関する内部統制の理解
- 外部専門家などの関与度合の理解

調査の実施に当たって留意すべき項目は以下のとおりです。

(ア) 計算基礎の検証

対象会社が採用した計算基礎の内容及び採用理由を把握し、必要に応じて諸条件を変更して試算を行うことを検討します。

(i) 基礎率

退職給付債務の計算過程においては、様々な基礎率を用います。対象会社が使用している基礎率が適切でない場合には、実態を表さない負債計上額となっている可能性があるため、基礎率の内容を理解することが重要です。基礎率は以下の**図表6-6**のように分類することができます。

**図表6-6　基礎率の分類**

| 経済変数的 | 人為統計的 |
|---|---|
| ・割引率<br>・予定昇給率<br>　（ベースアップ相当部分）<br>・長期期待運用収益率 | ・予定退職率<br>・予定死亡率<br>・予定昇給率（定期昇給相当部分）<br>・予定一時金選択率 |

経済変数的な基礎率とは、経済のインフレ率や成長率を反映する基礎率です。これらの基礎率は、企業間における共通性が比較的高いといえます。適用する基礎率の情報が古くないか、将来の予測を反映しているか、相互に矛盾しないか、といったことに留意します。

人為統計的な基礎率とは、人員集団としての特性を反映する基礎率です。これらの基礎率は、各企業の固有の状況を反映し、企業間における差異が比較的大きいといえます。

割引率は、退職給付債務や勤務費用の算定に大きな影響を与えるため、

特に重要な基礎率です。期末における安全性の高い債券（国債、政府機関債及び優良社債）の利回りを基礎として、退職給付ごとの支払見込期間を反映して決定されます（退職給付会計基準20項）。なお、毎期の割引率の見直しには重要性基準が存在します。

(ii) 期間配分方法

退職給付債務は、将来の退職給付見込額のうち現時点までに債務として発生していると認められる部分を表します。このため、将来の退職給付見込額を何らかの基準を用いて期間配分することが必要となり、退職給付会計基準においては、継続適用を要件として図表6-7の2つの期間配分方法の選択適用を認めています（退職給付会計基準19項）。

**図表6-7　期間配分方法の分類**

| 期間定額基準 | 給付算定式基準 |
|---|---|
| 退職給付見込額について全勤務期間で除した額を各期の発生額とする方法 | 退職給付制度の給付算定式に従って各勤務期間に帰属させた給付に基づき見積った額を、退職給付見込額の各期の発生額とする方法 |

(イ) 年金制度統合の必要性判断

年金制度の統合については、従業員が不利益を受けないように、権利義務移転承継（給付に係る権利義務を移転承継し制度を通算）及び脱退一時金相当額の移換（買収前の年金制度から脱退することによって支給を受ける脱退一時金を統合後の年金制度へ移換）が可能です。買収形態による年金制度統合の必要性は以下のとおりです。

(i) 合併

年金制度は原則として1つの企業で1つだけ実施できます。例外として、労働協約、就業規則及び退職金規程等が異なる場合、合併日から1年を経過していない場合が挙げられます（確定企業年金法施行規則第1条）。

合併によって社内に複数の人事関連規定が存在する場合には、従業員間で不公平が生じるのみならず、人事管理も煩雑なものとなります。このた

め、合併から1年以内に制度を統合できるよう、同意を得るべき関係者の範囲や厚生労働大臣に対する申請手続を把握する必要があります。実際には、労使交渉により合併時に制度を統合することも多いようです。

　また、制度の枠組みだけでなく、退職給付の対象者、給付算定式及び給付水準なども併せて統一することになるため、過去勤務費用が発生することがあります。制度統合により給付減額となる場合には、加入者に不利益が生じないような要件が定められているため、特に注意が必要となります。

(ii) 子会社化

　年金制度の統合は求められませんが、親子会社間で転籍等の人事交流を円滑に行うために制度統合を検討します。対象会社が連合型の複数事業主制度を採用していた場合には、従前の制度から脱退するのが一般的です。これは、グループ企業が共同で制度設計や制度運営を実施する連合型では、グループ外の企業が継続加入することは難しいためです。一方、総合型の複数事業主制度を採用していた場合には、他の加入企業が脱退に難色を示す場合や積立不足のうち掛金拠出割合に相当する額を特別掛金として納付を求められる場合など、容易に制度脱退できない可能性を考慮します。

(ウ) 出向者及び転籍者の取扱い

　対象会社において、グループ企業からの出向者を買収後に転籍させることを計画する場合には、退職給付制度の引継方法及びその影響を検討する必要があります。また、キーマンと考えていた出向者が転籍に同意せずに退職する可能性も考慮します。

(エ) 役員退職慰労金制度の把握

　取締役などの役員に対する退職慰労金については、退職給付会計基準の対象外とされます（退職給付会計基準3項）。株主総会の承認決議前の段階では法律上の債務ではありませんが、退職する役員の在任期間中の職務執行の対価と解されるため、会計上は以下のような場合に引当金として負債に計上します。このため、簿外債務となっていないか検討が必要です。

• 役員退職慰労金の支給に関する内規に基づき（在任期間・担当職務等を

勘案して）支給見込額が合理的に算出されること
- 内規に基づく支給実績があり、当該状況が将来にわたって存続すること（設立間もない会社等のように支給実績がない場合においては、内規に基づいた支給額を支払うことが合理的に予測される場合を含む）

カ．買収後の経営計画の策定
 (ア) 退職給付制度の統合及び見直し
　退職給付制度の統合及び見直しを検討する場合には、関連法令に基づく制約や諸手続に要する時間及び費用を適切に見込む必要があります。また、統合及び見直しを行った後の企業経営に与える影響も検討します。例えば、確定給付年金から確定拠出年金に変更する場合には、退職給付に係る負債を計上する必要はなくなりますが、掛金の要拠出額や退職給付費用の負担は増加する可能性があります。

 (イ) 買収後の人員計画
　買収後に人員削減や組織再編を予定している場合には、退職金支払（特別退職金を含む）の可能性を考慮します。また、人員構成が変化したことに伴う影響を経営計画に反映させる必要があります。その他、大企業のグループ企業を買収した場合には、給与計算や共同事業のスケールメリットを享受できなくなり、想定外のコスト負担が生じる可能性があります。社会的信用力に基づく人員確保の優位性も失われるかもしれません。
　退職給付を含む人事制度には企業の考え方が表れるため、従業員のモチベーションを高めるように、経営方針に沿った制度設計が求められます。

 (ウ) 年金資産の運用リスク
　年金資産は期末における時価により評価されますが、その実態は株式や債券などの個々の資産の集合であるといえます。平成24年の退職給付会計基準の改正に伴い、運用成果は貸借対照表に即時認識されるようになり、年金資産の運用リスクが企業経営に与える影響はより高まっています。一方で、運用リスクを抑制すると掛金拠出額が増加する可能性もあります。

図表6-8　運用資産（年金資産）ごとの運用結果　　　　　　　　　（単位：％）

| | 国内債券 | 国内株式 | 外国債券 | 外国株式 | 一般勘定 | ヘッジファンド | その他（※1） | 短期資金 | 全体合計 |
|---|---|---|---|---|---|---|---|---|---|
| 資産構成割合 | 27.16 | 17.43 | 12.04 | 16.33 | 14.00 | 5.20 | 3.61 | 4.22 | 100.00 |
| 収益率（※2） | 2.82 | 0.44 | 4.76 | △0.79 | ― | ― | ― | ― | 1.44 |

（※1）不動産「0.81％」、プライベートエクイティ「0.57％」、コモディティ（商品）「0.21％」、その他「2.02％」
（※2）時価加重収益率（掛金や給付といった、運用機関の意思によってコントロールできない運用期間中のキャッシュ・フローの影響を排除して、運用機関の運用能力を評価するのに適した投資収益率の計算方法）
出典：企業年金連合会ウェブサイト「企業年金資産運用実態調査結果（平成23年度）の概要」から一部抜粋
　　　http://www.pfa.or.jp/jigyo/tokei/shisanunyo/jittai/files/chosa_gaiyou_2011.pdf
　　　（平成26年1月20日現在）

　図表6-8は、平成24年に行われた年金資産の運用成績の調査結果です。年金資産を構成する個々の資産を買収により取得するものと捉え、自社の経営方針に照らして正確に運用リスクを理解することが大切です。

　㈣　法人税法における取扱い
　法人税法上は退職給与引当金制度が廃止されており、退職給付に係る負債（退職給付引当金）は実際の支給時などを除いて損金算入されません。このため、当該負債は税効果会計における将来減算一時差異に該当し、長期にわたって多額の一時差異として残ります。企業会計上は、その回収可能性について、経営計画に織り込む必要があります。

④　他の分析との関係・価値評価手法との関係
　「③主な調査手法（又は主な検討ポイント）」の各項目に沿って分析を実施し、運転資本分析やキャッシュ・フロー分析へ反映させます。また、会計処理誤りを発見した場合には、正常収益力分析へ反映させます。
　財務デュー・ディリジェンスにおいて検出された事項については、その項目をネットデットの範囲に含めるかどうかを買い手と売り手が相互に検討し、範

囲に含めた項目についてはネットデット調整表に反映させることになります。また、当該項目について、M&Aにおける買収価格等の金額の調整項目とするかどうかを検討します。

⑤ 時価
ア．退職給付に係る負債（退職給付引当金）の時価の考え方

　退職給付会計基準に基づき算定された「退職給付に係る負債（退職給付引当金）」は、退職給付債務から年金資産を控除した額です。退職給付債務は、将来の退職給付見込額のうち期末までに発生していると認められる額について、支払見込期間を反映した割引率で割り引いて算定されるため、DCF法による評価と見ることもできます。一方、年金資産は、期末における時価により評価されます。時価とは公正な評価額をいい、資産取引に関して十分な知識と情報を有する売り手と買い手が自発的に相対取引するときの価格によって資産を評価した額とされます。

(ア) 退職給付債務

　退職給付会計基準に照らして対象会社の採用する会計方針を理解し、価格算定上そのまま利用できるかを検討する必要があります。例えば、簡便法を適用している場合には、原則法を採用している場合と比較して負債計上額が大きく異なる可能性があります。また、功労加算金や早期退職割増金などの特別退職金が織り込まれていない場合であっても、実質的に運用されていて、金額を合理的に見積もることができれば考慮します。その他、退職給付債務の計算に使用している基礎率についても、時価評価目的に合致したものであるか検討が必要です。例えば、割引率について、退職給付会計基準では安全性の高い債券の利回りを基礎とすることとされています。

(イ) 年金資産

　年金資産は受託機関が運用するのが通常であり、直近の基準日における評価額を運用委託先から入手することになります。評価報告書の基準日と調査時点に相違がある場合には、その間に行われた掛金拠出や年金給付が反映さ

れていないため注意が必要です。

さらに、調査時点の時価評価が適切であったとしても、その後の運用環境の悪化などで年金資産の時価の下落が懸念される場合には、譲渡契約等における価格調整の対象とすることを検討します。

イ．財産評定と時価（参考）

公表されている財産評定基準のうち、退職給付引当金の時価について記述されているものを参考として要約します。

(ア) 経営研究調査会研究報告第23号「財産の価額の評定等に関するガイドライン（中間報告）」

| 科　　目 | 時価の考え方 |
|---|---|
| 退職給付引当金 | 更生会社の退職給付引当金の設定に当たっては、「退職給付に係る会計基準」に従って処理するが、更生手続申立前の計算書類において遅延認識により計上していなかった次の差異等についても開始決定時において一時に認識する。<br>(i)財産評定基準日以前に発生した未認識数理計算上の差異<br>(ii)財産評定基準日以前の制度の変更又は制度の導入により発生した未認識過去勤務費用<br>(iii)会計基準変更時差異<br>従業員数が比較的少ない小規模な企業などにあっては、合理的に数理計算上の見積りを行うことが困難である場合や退職給付の重要性が乏しい場合が考えられる。このような場合には、財産評定日を基準日とする退職給付の要支給額を用いた見積計算を行う等簡便な方法を用いて退職給付債務を計算することも認められる。この場合の具体的な取扱いは、会計制度委員会報告第13号「退職給付会計に関する実務指針（中間報告）」によるものとする。 |

(イ) RCC「再生計画における「資産・負債の評定基準」(別紙5)」

| 科　目 | 時価の考え方 |
|---|---|
| 退職給付引当金 | (i)退職給付に関する一般に公正妥当と認められる企業会計の基準に準拠して設定するが、未認識過去勤務債務及び未認識数理計算上の差異については評定時に認識して計上又は取り崩す。<br>(ii)退職が見込まれる従業員がある場合には支給予定額を計上する。<br>(iii)中小企業等で合理的に数理計算上の見積りを行うことが困難である場合は、退職給付に関する一般に公正妥当と認められる企業会計の基準に準拠して簡便な方法を用いることができる。 |

(ウ) 中小企業再生支援協議会「実態貸借対照表作成に当たっての評価基準(別紙)」

| 科　目 | 時価の考え方 |
|---|---|
| 退職給付引当金 | (i)退職給付に関する一般に公正妥当と認められる企業会計の基準に準拠して設定するが、未認識過去勤務債務及び未認識数理計算上の差異については評定時に認識して計上又は取り崩す。<br>(ii)退職が見込まれる従業員がある場合には支給予定額を計上する。<br>(iii)中小企業等で合理的に数理計算上の見積りを行うことが困難である場合は、退職給付に関する一般に公正妥当と認められる企業会計の基準に準拠して簡便な方法を用いることができる。 |

(エ) 私的整理に関するガイドラインQ&A「Q. 10－2実態貸借対照表作成に当たっての評価基準」

| 科　目 | 時価の考え方 |
|---|---|
| 退職給付引当金 | 退職給付債務の積立不足額は全額を負債とみなす。 |

(オ) 地域経済活性化支援機構の実務運用標準「再生計画における資産評定基準（別紙１）」

| 科　　目 | 時価の考え方 |
|---|---|
| 退職給付引当金 | (i)退職給付に関する一般に公正妥当と認められる企業会計の基準に準拠して設定するが、未認識過去勤務債務及び未認識数理計算上の差異については評定時に認識して計上又は取り崩す。<br>(ii)退職が見込まれる従業員がある場合には支給予定額を計上する。<br>(iii)中小企業等で合理的に数理計算上の見積りを行うことが困難である場合は、退職給付に関する一般に公正妥当と認められる企業会計の基準に準拠して簡便な方法を用いることができる。 |

(カ) 事業再生に係る認証紛争解決事業者の認定等に関する省令第十四条第一項第一号の資産評定に関する基準

| 科　　目 | 時価の考え方 |
|---|---|
| 退職給付引当金 | (i)退職給付に関する一般に公正妥当と認められる企業会計の基準に準拠して設定するが、未認識過去勤務債務及び未認識数理計算上の差異については評定時に認識して計上又は取り崩す。<br>(ii)退職が見込まれる従業員がある場合には支給予定額を計上する。<br>(iii)中小企業等で合理的に数理計算上の見積りを行うことが困難である場合は、退職給付に関する一般に公正妥当と認められる企業会計の基準に準拠して簡便な方法を用いることができる。 |

(11) オフバランス項目

① オフバランス項目の概要

　オフバランス項目とは、貸借対照表に計上されていない偶発債務などの簿外債務で、将来その債務が発生することにより、対象会社の財政状態や経営成績に影響を及ぼす項目をいいます。このオフバランス項目には一般的に以下のよ

うな特徴があります。

ア．調査日において通常は現金支出などがないため、対象会社がオフバランス項目を認識していない（認識していても、オフバランス項目が財務諸表に与える影響まで把握できていない可能性がある）。

イ．オフバランス項目の発生可能性の判断について、高い専門性が要求される場合がある。

ウ．オフバランス項目の金額の見積りに不確実性が伴い、定量化が難しい場合がある。

エ．複数の情報を総合的に分析しなければオフバランス項目を特定しにくい。

② オフバランス項目の具体例

オフバランス項目には、具体的に以下のようなものがあります。

ア．リース債務

リース取引とは、特定の物件の所有者たる貸手（レッサー）が、当該物件の借手（レッシー）に対し、合意された期間（リース期間）にわたりこれを使用収益する権利を与え、借手は、合意された使用料（リース料）を貸手に支払う取引です。リース取引はファイナンス・リース取引とオペレーティング・リース取引に分類され[23]、ファイナンス・リース取引に該当するリース取引については、通常の売買取引に係る方法に準じた会計処理を行うことが要求されています。すなわち、ファイナンス・リース取引に該当するリース取引の借手は、リース取引開始日に、リース物件とこれに係る債務をリース資産及びリース債務として貸借対照表に計上します。[24] したがって、リース

---

[23] ファイナンス・リース取引とは、以下の2要件を満たすリース取引です。オペレーティング・リース取引とは、ファイナンス・リース取引以外のリース取引です（リース取引会計基準5、6）。
・リース契約に基づくリース期間の中途において当該契約を解除することができないリース取引又はこれに準ずるリース取引（解約不能のリース取引）。
・借手が、当該契約に基づき使用するリース物件からもたらされる経済的利益を実質的に享受することができ、かつ、当該リース物件の使用に伴って生じるコストを実質的に負担することになるリース取引（フルペイアウトのリース取引）。

[24] リース取引会計基準4～11。

取引会計基準に沿った会計処理をしている限り、ファイナンス・リース取引に係るリース債務については、原則として貸借対照表の負債として計上され、オフバランス項目にはなりません。

　ただし、以下のケースではファイナンス・リース取引であってもオフバランス項目となる可能性があります。

㋐　平成 20 年 4 月 1 日以後に開始する事業年度の開始前のリース取引

　ファイナンス・リース取引であっても、平成 20 年 4 月 1 日以後に開始する事業年度の開始前のリース取引で、所有権移転外ファイナンス・リース取引[25]と判定されたものについては、通常の売買取引に係る方法に準じた会計処理ではなく、通常の賃貸借取引に係る方法に準じた会計処理が引き続き容認されています。[26] そのため、所有権移転外ファイナンス・リース取引については、そのすべてが貸借対照表に計上されているとは限りません。

㋑　中小企業会計基本要領のリース取引

　中小企業会計基本要領では、「リース取引に係る借手は、賃貸借取引又は売買取引に係る方法に準じて会計処理を行う。」としています。そのため、中小企業会計基本要領を利用して財務諸表を作成している会社では、その選択によりすべてのリース取引を通常の賃貸借取引に準じた方法で会計処理し、その結果リース債務がオフバランスとなっている可能性があります。

　財務デュー・ディリジェンスの観点からは、上記取扱いによりオフバランスとなっているファイナンス・リース取引であっても、その金額に重要性がある場合にはリース債務の追加計上を検討することになります。

---

[25] ファイナンス・リース取引のうち、リース契約上の諸条件に照らしてリース物件の所有権が借手に移転すると認められるもの（所有権移転ファイナンス・リース取引）以外の取引です（リース会計適用指針 8 ）。

[26] リース会計適用指針 79。

イ．債務保証、保証予約、経営指導念書等の差入れ

債務保証、保証予約、経営指導念書等の概要は下表のとおりです。

| 区　分 | 概　要 |
|---|---|
| 債務保証 | 主たる債務者が債務を履行しない場合に、保証人が当該債務を履行する責任を負うことを契約することによって債権者の債権を担保するものをいう。 |
| 保証予約 | 将来において保証契約の成立を約束する契約のことで、次の形態がある。<br>（停止条件付保証契約）<br>保証先の財政状態が悪化した場合等の一定の事由を停止条件とし、それが生じた場合に自動的に保証契約が発効する契約。<br>（予約完結権行使型保証予約）<br>債権者による予約完結権（保証契約を成立させる権利）の行使により、保証予約人の承諾を必要とせずに自動的に保証予約が成立する予約契約。<br>（保証契約締結義務型保証予約）<br>債権者から保証契約締結の請求を受けた場合に、保証予約人が保証契約を締結する義務を負うこととなる予約契約。 |
| 経営指導念書等 | 一般的に、子会社等が金融機関等から借入を行う際に、親会社等としての監督責任を認め、子会社等の経営指導などを行うことを約して金融機関等に差し入れる文書のことをいい、実務的には、経営指導念書、念書、覚書、レター・オブ・アウェアネス、キープウエル・レター等の標題により作成されている。ただし、標題によりその記載内容を画一的に判断できるものではなく、また、中には、標題そのものが付されていないものもある。 |

出典：日本公認会計士協会「債務保証及び保証類似行為の会計処理及び表示に関する監査上の取扱い（監査・保証実務委員会実務指針第61号）」（平成11年2月22日公表）をもとに作成

債務保証については、金融資産又は金融負債の消滅の認識の結果生じるものを除いて時価評価は行わず、「債務保証及び保証類似行為の会計処理及び表示に関する監査上の取扱い（日本公認会計士協会　監査・保証実務委員会実務指針第61号）」（以下、「監保61号」という）によって会計処理するこ

ととされています。[27] この点、監保 61 号では、債務保証の会計処理と表示について下表のように整理しています。

| 損失の発生可能性 | 損失金額の見積りが可能な場合 | 損失金額の見積りが不可能な場合 |
|---|---|---|
| 高い場合 | 債務保証損失引当金を計上 | 注記[28] |
| ある程度予想される場合 | 注記 | 注記 |
| 低い場合 | 注記 | 注記 |

　財務デュー・ディリジェンスにおいては、債務保証又は保証類似行為に該当する事象を網羅的に把握し、上表に照らして、債務保証損失引当金として計上すべき事象が貸借対照表に網羅的に計上されているかどうかを確認することが重要となります。その際、債務保証等の存在の確認、発生可能性の判断、金額の見積りには高度な専門性が要求されるため、必要に応じて法律専門家と連携することを検討します。

　なお、債務保証損失引当金の計上要件を満たさない債務保証等であっても、その発生による影響が重要と考えられる場合は、財務デュー・ディリジェンス報告書においてその存在を明示するなどの対応を検討します。

ウ．係争債務・訴訟債務

　対象会社を被告とする訴訟や係争がある場合、財務デュー・ディリジェンスの観点からは次頁の表のように取扱うことが有用です。

　なお、係争や訴訟の存在の確認、敗訴の見込、訴訟損失等の金額の見積りには高度な専門性が要求されるため、必要に応じて法律専門家と連携することを検討します。

---

27　金融商品会計実務指針第 137 項。
28　損失の発生の可能性が高く、かつ、その損失金額の見積りが不可能な場合は、通常極めて限られたケースと考えられる。したがって、主たる債務者が経営破綻又は実質的な経営破綻に陥っている場合には、必要額を債務保証損失引当金に計上することになる（監保 61 号）。

| ケース | 取扱い |
|---|---|
| 財務デュー・ディリジェンスの終了までに敗訴又は支払を伴う和解が確定しているとき。 | その敗訴金額又は和解金額を負債として計上。 |
| 敗訴又は支払を伴う和解が確定しない場合であっても、裁判のいずれかの段階で敗訴しているとき。 | 一般的には訴訟損失の発生可能性が高まっているため、その結果を負債として認識。 |
| 上記以外の場合。 | 敗訴による影響が重要と考えられる場合は、財務デュー・ディリジェンス報告書においてその存在を明示。 |

出典：日本公認会計士協会「我が国の引当金に関する研究資料（会計制度委員会研究資料第3号）」（平成25年6月24日公表）をもとに作成

エ．デリバティブ取引

　デリバティブ取引には、先物取引、オプション取引、先渡取引、スワップ取引などがあります。これらデリバティブ取引によって生じる正味の債権及び債務は、時価をもって貸借対照表価額とすることが要求されています。[29] したがって、金融商品会計基準に沿った会計処理をしている限り、デリバティブ取引に係る正味の債務は貸借対照表の負債として計上され、オフバランス項目にはなりません。ただし、金利スワップの特例処理[30]や為替予約の振当処理[31]を行っているデリバティブ取引については、時価による負債計上が行われません。また、対象会社が非上場会社などの場合には、デリバティブ取引がオフバランスとして処理されている可能性もあります。[32]

　財務デュー・ディリジェンスの観点からは、上記取扱いによりオフバランスとなっているデリバティブ取引であっても、当該デリバティブの時価情報

---

[29] 金融商品会計基準25。
[30] 金融商品会計基準107。
[31] 外貨建取引等会計処理基準注解7。
[32] 中小企業会計基本要領には、デリバティブ取引に係る会計処理について特段記述がなく、「本要領で示していない会計処理の方法が必要になった場合には、企業の実態等に応じて、企業会計基準、中小指針、法人税法で定める処理のうち会計上適当と認められる処理、その他一般に公正妥当と認められる企業会計の慣行の中から選択して適用する。」としています。

を入手した上で貸借対照表に負債として追加計上するかどうかの検討を行うことが重要となります。

オ．役員退職慰労引当金[33]

役員退職慰労引当金は、会社の役員（取締役・監査役・執行役等）の将来における退職慰労金の支払に備えて設定される引当金です。役員退職慰労金の支給は株主総会による承認決議を前提とするため、株主総会の承認決議前の段階では法律上の債務とはなりません。しかし、企業会計原則注解18の計上要件を満たす場合には、引当金として計上することが要求されています。[34] したがって、会計基準に沿った会計処理をしている限り、役員退職慰労引当金は貸借対照表の負債として計上され、オフバランス項目にはなりません。

ただし、以下のケースではオフバランス項目となる可能性があります。

(ｱ) 中小企業会計基本要領の役員退職慰労引当金[35]
(ｲ) 株主であるオーナー社長に支払う退職慰労金

引当金の計上要件を満たしておらず、負債計上されていない役員退職慰労金であっても、株主であるオーナー社長がM&Aに伴って退任する場合には、譲渡手取額の最大化を実現するためにM&Aの対価の一部を退職慰労金として受け取る選択をする場合があります（下記設例参照）。この場合には、支給見込額を負債として追加計上することを検討します。

---

[33] 退職給付引当金については「第6章1(10)退職給付引当金」を参照。
[34] 日本公認会計士協会「租税特別措置法上の準備金及び特別法上の引当金又は準備金並びに役員退職慰労引当金等に関する監査上の取扱い（監査・保証実務委員会実務指針第42号）」平成23年3月29日公表。
[35] 中小企業会計基本要領には、役員退職慰労引当金に係る会計処理について特段記述がなく、「本要領で示していない会計処理の方法が必要になった場合には、企業の実態等に応じて、企業会計基準、中小指針、法人税法で定める処理のうち会計上適当と認められる処理、その他一般に公正妥当と認められる企業会計の慣行の中から選択して適用する。」としています。したがって、法人税法で定める処理を選択している場合には、役員退職慰労金が負債として認識されていない可能性があります。

## 【設例】

- 前提

| | |
|---|---|
| オーナー社長の最終報酬月額 | 1百万円 |
| オーナー社長の在籍年数 | 20年 |
| 功績倍率 | 3倍 |
| 役員退職慰労金見積額 | 60百万円（＝1百万円×20年×3倍） |
| M&Aによる株式譲渡代金 | 300百万円（退職慰労金考慮前） |
| オーナー社長の株式取得価額 | 50百万円 |
| 株式譲渡所得の税率 | 20%（所得税15%[36]、住民税5%） |

- オーナー手取額

　　ケース1＝役員退職慰労金を支払わない

　　ケース2＝役員退職慰労金を支払う

| | | ケース1 | ケース2 |
|---|---|---|---|
| (ア) | 株式譲渡金額 | 300百万円 | 240百万円<br>（300百万円－60百万円） |
| (イ) | 譲渡所得税 | 50百万円<br>（300百万円－50百万円）×20% | 38百万円<br>（240百万円－50百万円）×20% |
| (ウ) | 退職所得 | － | 60百万円 |
| (エ) | 退職金所得税[37] | － | 7.6百万円<br>(((60百万円－※)×1/2)×40%)<br>－2,796千円<br><br>※退職所得控除<br>　400千円×20年＝8百万円 |

---

36　復興特別所得税は無視します。
37　復興特別所得税は無視します。

| (オ) 退職金住民税 | − | 2.6百万円<br>((60百万円−※)×1/2)×10%<br><br>※退職所得控除<br>400千円×20年＝8百万円 |
|---|---|---|
| (カ) オーナー手取額<br>＝{(ア)＋(ウ)}−<br>　{(イ)＋(エ)＋(オ)} | 250百万円 | 251百万円<br>（ケース1より手取額が<br>　1,796千円増加） |

カ．未払残業代

　内部管理体制の整備が十分でない非上場会社において、いわゆるサービス残業が行われている場合があります。また、上場会社においても、残業代の支払条件が不明確なために労働基準監督所から是正勧告を受けるケースもあります。これらの残業代については貸借対照表に計上されていないことが多く、その支払金額を合理的に見積もった上で負債に追加計上するか否かを検討する必要があります。なお、残業代の支払義務があるか否かの判断には高い専門性が要求されるため、必要に応じて弁護士や社会保険労務士などの専門家と連携することを検討します。

キ．リストラ関連費用

　財務デュー・ディリジェンスにおいて、対象会社がリストラクチャリングの実施を検討している場合があります。特に、事業の整理（譲渡や撤退）、工場の統廃合、不採算店舗の閉鎖などに伴って、希望退職者の募集を検討している場合には、早期退職に伴う割増退職金の支払が発生する可能性があります。このようなリストラ関連支出について、会計制度委員会研究資料第3号「我が国の引当金に関する研究資料」では、次のように整理しています。

| ケース | 取扱い |
|---|---|
| リストラクチャリング計画を経営者が決定したのみの段階 | 従業員にも知らされていないことから、リストラクチャリングの実行可能性が不透明な場合や合理的な見積りが困難な場合が多く、一般的には、引当金の認識要件を満たさないと考えられる。 |
| 人員整理の規模・金額の概要を含むリストラクチャリング計画が従業員に周知された段階 | リストラクチャリングの実行可能性が高まり、金額の合理的な見積りも可能となるケースもあると想定されるため、引当金の認識要件を満たすことがあると考えられるが、労使関係等の状況によって慎重な判断が必要となる。 |
| 早期退職の募集が開始された場合 | 募集期間が終了していない段階であっても、リストラクチャリング計画が従業員に周知された段階と同様に、応募人員や金額の合理的な見積りが可能となるときもあると想定されるため、引当金の認識要件を満たすことがあると考えられる。 |
| 早期退職の募集期間が終了し、早期退職者が確定した段階 | 割増退職金は債務として確定していることから、未払退職金等として計上される。 |

　財務デュー・ディリジェンスにおいても、上表の考え方を参考にすることが有用です。なお、割増退職金について、貸借対照表に未払金や引当金として追加計上しない場合においても、その発生による影響が重要と考えられる場合は、財務デュー・ディリジェンス報告書においてその存在を明示するなどの対応を検討する必要があります。

ク．リコール責任

　製造業などにおいて、製品の販売後に安全上の問題が判明した場合には、販売済みの製品を回収することがあります。将来において当該製品を回収するための費用が発生する可能性が高く、かつ、その金額を過去の経験等に基づき合理的に見積もることができる場合には、引当金として負債計上することになると考えられます。財務デュー・ディリジェンスでは、調査終了日までにこのような安全上の問題の有無を網羅的に把握し、リコール損失引当金を計上する必要がないかどうかを検証します。また、引当金の計上要件を満たさないリコール責任であっても、その発生による影響が重要と考えられる場合は、財務デュー・ディリジェンス報告書においてその存在を明示するなどの対応を検討します。

ケ．買戻特約付売買契約

　特定の資産の売買契約で当初の売買価格での買戻オプションが売り手に付されている場合があります。このような買戻特約付売買契約は、資産の売却取引とはいえず、その実態は資産を担保とした金融取引であり、買い手から入金された代金を借入金として取り扱う必要があります。

　対象会社が売り手としてこの種の取引を行っており、入金額が借入金として処理されていない場合には、結果としてオフバランス項目となります。

コ．期ズレ債務

　財務デュー・ディリジェンスの調査基準日までに対象会社の支払義務が確定している請求額は、調査基準日の貸借対照表に未払金等の科目を用いて負債計上する必要があります。しかし、決算処理期間中に請求書が手許に届かず、結果として調査基準日の翌期で会計処理されてしまう場合もあります。このような処理タイミングのズレから生じる期ズレ債務のうち、重要なものについては、調査基準日の貸借対照表に負債として追加計上することを検討します。

サ．環境債務

　土壌汚染対策費や有害物質の処理費など、将来においてその支出が想定されるものについてもオフバランス項目として取り扱われる場合があります。

　平成22年4月1日以後開始する事業年度より「資産除去債務に関する会計基準」が適用されており、財務デュー・ディリジェンスでは、有形固定資産の担当者と連携して調査に当たることが重要となります。

シ．逆鞘長期契約

　例えば原材料を安定的に調達することを目的として、複数年単位で原材料の長期購入契約を締結する場合があります。この場合、その原材料を使って製造する製品が製造中止となり原材料の転用ができなくなるリスクや、原材料の相場価格が長期購入契約を締結したときよりも相当程度下落してしまうリスクがあり、いわゆる逆鞘の契約（不利な契約）を抱えることがあります。財務デュー・ディリジェンスにおいては、これら逆鞘の契約を網羅的に洗い出すとともに、可能な限り定量化し、貸借対照表の負債として追加計上することを検討します。

③　主な調査手法

　財務デュー・ディリジェンスにおいてオフバランス項目を調査する際には、上記①で記載したオフバランス項目の特徴を踏まえた調査手法の選択が重要であり、例えば以下のような調査手法を選択することが有効です。

　(ア)　考えられるオフバランス項目を質問表に箇条書きし、経営者に確認を求める。

　(イ)　重要事象の発生を捉えるために、取締役会や経営会議の議事録を閲覧する。

　(ウ)　損益計算書や資金繰表の月次分析を通じて、引当金の設定対象となり得る事象を把握する。

　(エ)　他のデュー・ディリジェンス（法務デュー・ディリジェンスや環境デュー・ディリジェンスなど）と連携し、オフバランス項目の調査範囲や調査結果を共有する。

④ 他の分析との関係・価値評価手法との関係

　財務デュー・ディリジェンスの結果把握したオフバランス項目については、オフバランス項目を定量化できる場合とできない場合でその対応が異なります。

ア．定量化できる場合

　定量化したオフバランス項目を価値評価へ反映させます。

| 価値評価手法 | オフバランス項目の反映例 |
|---|---|
| インカム・アプローチ | DCF法などで算定された事業価値から控除する、又は発生時期を時系列で整理し、その発生見込額を事業計画に反映させる。 |
| マーケット・アプローチ | 類似上場会社法などで算定された事業価値から控除する。 |
| ネットアセット・アプローチ | 貸借対照表の負債として反映させる。 |

イ．定量化できない場合

　定量化できないオフバランス項目については、例えば以下のような対応が考えられます。

　(ア) 最終契約書における表明保証条項として取り扱う。

　(イ) 買収スキームを変更[38]し、簿外債務のリスクを遮断する。

　(ウ) 最終契約書に条件付対価条項を盛り込み、一定期間オフバランス項目が顕在化しないことを条件として、買収代金の一部を後払いする（譲渡対価の支払を一部留保する）。

⑤ 時価

ア．オフバランス項目の時価の考え方

　オフバランス項目はその大半が金融負債又は引当金の性質を有するため、

---

38　例えば株式譲渡スキームを事業譲渡スキームに変更し、簿外債務のリスクを遮断する場合があります。

それらの時価評価方法に準じて時価を考えます。

イ．財産評定と時価（参考）

公表されている財産評定基準のうち、オフバランス項目の時価について記述されているものを参考として要約します。

(ア) 経営研究調査会研究報告第23号「財産の価額の評定等に関するガイドライン（中間報告）」

| 科　　目 | 時価の考え方 |
|---|---|
| デリバティブ取引 | 原則的処理方法は、期限前の契約終了事由がいずれかの当事者に生じた場合、契約書及び法律に適合している限りネッティング処理し、ネッティング後の残存債権が相手方にとってプラスの場合は、これを更生債権とし、相手方にとってマイナスの場合は、金銭債権として認識し、当該金銭債権から処分に要する費用を控除した額を第83条時価とする。 |

(イ) RCC「再生計画における「資産・負債の評定基準」（別紙5）」

| 科　　目 | 時価の考え方 |
|---|---|
| 保証債務等 | (i)保証債務については、保証債務の総額を負債として計上し、同額の求償権を資産に計上し貸倒見積額を控除する。貸倒見積額は主債務者の返済可能額及び担保により保全される額等の求償権の回収見積額を控除した額とする。又は、保証債務の総額から求償権の回収見積額を控除した額を債務保証損失引当金として負債に計上する。<br>(ii)評定基準日後に保証を履行し、又は保証履行を請求されている保証債務が存在する場合にも、(i)と同様に評定する。<br>(iii)他の債務者の債務の担保として提供している資産がある場合等で、当該資産について担保権が実行される可能性が高い場合についても、保証債務に準じて評定する。 |

| 科　　目 | 時価の考え方 |
|---|---|
| デリバティブ取引 | (i) 市場価格又はこれに準じて合理的に算定された価額により評定する。<br>(ii) ヘッジ取引についてはヘッジ対象資産及び負債について本基準に基づき評定した場合には、ヘッジ手段であるデリバティブ取引についても本基準に基づき評定する。<br>(iii) 複合金融商品を構成する個々の金融資産又は金融負債を一体として評定単位とすることが適当な場合には一体のものとして評定する。 |

(ウ)　中小企業再生支援協議会「実態貸借対照表作成に当たっての評価基準（別紙）」

| 科　　目 | 時価の考え方 |
|---|---|
| 保証債務等 | (i) 保証債務については、保証債務の総額を負債として計上し、同額の求償権を資産に計上し貸倒見積額を控除する。貸倒見積額は主債務者の返済可能額及び担保により保全される額等の求償権の回収見積額を控除した額とする。又は、保証債務の総額から求償権の回収見積額を控除した額を債務保証損失引当金として負債に計上する。<br>(ii) 評定基準日後に保証を履行し、又は保証履行を請求されている保証債務が存在する場合にも、(i)と同様に評定する。<br>(iii) 他の債務者の債務の担保として提供している資産がある場合等で、当該資産について担保権が実行される可能性が高い場合についても、保証債務に準じて評定する。 |
| デリバティブ取引 | (i) 市場価格又はこれに準じて合理的に算定された価額により評定する。<br>(ii) ヘッジ取引についてはヘッジ対象資産及び負債について本基準に基づき評定した場合には、ヘッジ手段であるデリバティブ取引についても本基準に基づき評定する。<br>(iii) 複合金融商品を構成する個々の金融資産又は金融負債を一体として評定単位とすることが適当な場合には一体のものとして評定する。 |

㈐ 私的整理に関するガイドラインQ&A「Q．10 - 2 実態貸借対照表作成に当たっての評価基準」

| 科　　目 | 時価の考え方 |
|---|---|
| 保証債務 | (i)保証債務（注記されていない保証債務も含む）については、単体では債務履行能力に不安がある先に対して保証が必要となることに鑑み、原則として、保証先の決算書入手等により財務内容を把握し、履行可能性に応じて調整額を決定する。<br>(ii)決算以降に保証履行した、保証履行請求をされている、または保証履行請求される可能性が高い保証債務（注記されていない偶発債務も含む）がある場合、当該額と(i)で算定した必要額のいずれか大きい金額を負債に計上する。<br>(iii)業況不振先に対する担保提供等で履行する恐れの高い偶発債務（注記されていない偶発債務も含む）も負債に計上する。 |

㈑ 地域経済活性化支援機構の実務運用標準「再生計画における資産評定基準（別紙１）」

| 科　　目 | 時価の考え方 |
|---|---|
| 保証債務等 | (i)保証債務については、保証債務の総額を負債として計上し、同額の求償権を資産に計上し貸倒見積額を控除する。貸倒見積額は主債務者の返済可能額及び担保により保全される額等の求償権の回収見積額を控除した額とする。又は、保証債務の総額から求償権の回収見積額を控除した額を債務保証損失引当金として負債に計上する。<br>(ii)評定基準日後に保証を履行し、又は保証履行を請求されている保証債務が存在する場合にも、(i)と同様に評定する。<br>(iii)他の債務者の債務の担保として提供している資産がある場合等で、当該資産について担保権が実行される可能性が高い場合についても、保証債務に準じて評定する。 |

| 科　目 | 時価の考え方 |
|---|---|
| デリバティブ取引 | (i)市場価格又はこれに準じて合理的に算定された価額により評定する。<br>(ii)ヘッジ取引についてはヘッジ対象資産及び負債について本基準に基づき評定した場合には、ヘッジ手段であるデリバティブ取引についても本基準に基づき評定する。<br>(iii)複合金融商品を構成する個々の金融資産又は金融負債を一体として評定単位とすることが適当な場合には一体のものとして評定する。 |

(カ)　事業再生に係る認証紛争解決事業者の認定等に関する省令第十四条第一項第一号の資産評定に関する基準

| 科　目 | 時価の考え方 |
|---|---|
| 保証債務等 | (i)保証債務については、保証債務の総額を負債として計上し、同額の求償権を資産に計上し貸倒見積額を控除する。貸倒見積額は主債務者の返済可能額及び担保により保全される額等の求償権の回収見積額を控除した額とする。又は、保証債務の総額から求償権の回収見積額を控除した額を債務保証損失引当金として負債に計上する。<br>(ii)評定基準日後に保証を履行し、又は保証履行を請求されている保証債務が存在する場合にも、(i)と同様に評定する。<br>(iii)他の債務者の債務の担保として提供している資産がある場合等で、当該資産について担保権が実行される可能性が高い場合についても、保証債務に準じて評定する。 |
| デリバティブ取引 | (i)市場価格又はこれに準じて合理的に算定された価額により評定する。<br>(ii)ヘッジ取引についてはヘッジ対象資産及び負債について本基準に基づき評定した場合には、ヘッジ手段であるデリバティブ取引についても本基準に基づき評定する。<br>(iii)複合金融商品を構成する個々の金融資産又は金融負債を一体として評定単位とすることが適当な場合には一体のものとして評定する。 |

## 2 損益計算書分析

### (1) 損益計算書分析の意義
#### ① 損益計算書分析の目的

　損益計算書分析の主な目的は、調査対象期間の損益計算書を分析し、対象会社の収益力を把握し、その情報を提供することにあります。そして、会社の収益力としては正常な状況における収益力を把握することが必要です。また、時系列分析、セグメント別分析（事業別分析、地域別分析、拠点別分析）、ポートフォリオ分析（製商品分析、顧客別・仕入先別分析）を行い、対象会社の損益構造や収益源を把握することも必要です。

#### ② 正常収益力の把握

　対象会社の過去の損益計算書は、例えば、事業構造改革費用や希望退職の募集に伴う特別退職金など、その時期の非経常的な事象に基づく損益が計上されている場合がありますので、必ずしも会社の正常な収益力を反映していない場合があります。そこで、損益計算書分析においては、会社の正常な状況における収益力を把握するために、会社の非経常的な損益を除外して、正常収益を算出します。
　また、会計方針の変更により、変更前と変更後とで損益に与える影響が著しいと考えられる場合には、会計方針の変更の影響を除去することが必要になります。

#### ③ 損益構造の把握

　会社の過去の業績と将来の業績には、連続性があると考えられますので、一般的に将来の事業計画の合理性を分析するためには、過去の会社の業績を利用します。
　また、会社の損益構造を把握するためには、過去数期間の会社の業績を分析するとともに、複数の事業を営んでいる会社の場合はどの事業が黒字でどの事

業が赤字なのか、複数の拠点で販売している場合はどの拠点の業績がよいのか、また、特定の顧客に売上が偏っていないかなどの分析を行います。「(2) 過去の収益力分析」で詳細に説明したいと思います。

## (2) 過去の収益力分析
### ① 時系列分析
　時系列分析では、過去数期間の会社の損益計算書の推移表を作成し、売上高、売上原価、販売費及び一般管理費、営業外損益、特別損益の状況を把握します。そして、例えば売上高は増加傾向にあるのか、減少傾向にあるのか、季節的変動があるのか、そして、過年度のある一定の時期のみ変動があった場合はその原因は何かなどを分析します。

ア．分析対象期間

　時系列分析を行う際には、どのくらいの期間の分析を実施するのかの検討が必要です。

　時系列で毎期の変化を把握することになりますので、少なくとも3期間は必要であると考えられます。

　業界として安定している場合は、5年から10年の長期期間の分析も有効的であると思われますが、IT業界など、環境変化が著しい業界については、過去の状況と現在及び将来の状況が異なる可能性が高く、長期期間の分析が有効でない場合がありますので、留意が必要です。

イ．分析対象インターバル

　分析対象インターバルとして、1年単位とするのか3か月単位とするのか等インターバルも考慮する必要があります。

　1年単位の場合は、年度決算の資料を使用することができますので、非上場会社であっても資料として入手が容易です。したがって、一般的には、1年単位で分析を行っています。

　上場会社の場合は四半期決算を実施しているため、季節変動が著しい業種の場合等は3か月単位で分析し、前年同期比較を実施することが有効な場合

があります。その他の場合は、例えば、直近の期間のみ3か月単位で分析を行うことも考えられます。

また、業績の変化が特に著しい業界に所属している会社の場合には、1か月単位で分析することも考えられます。この場合も、直近の期間のみ1か月単位で分析を行うことも考えられます。

ウ．損益計算書の費目別分析

(ア) 売上高

対象会社の売上高がどのような原因で増減しているのかを把握するために、売上高を事業部別、地域別、拠点別、製商品別、顧客別に分析するのが、売上高分析です。

このように分類した売上について、過去の推移の構成比率の変化を見たり、後述のセグメント分析やポートフォリオ分析の分類による損益を分析することで、対象会社の損益構造を把握することができます。

(イ) 売上原価

売上原価の構成は、業種によって異なり、製造業の場合は製造原価であり、小売業や卸売業の場合は基本的に商品原価になります。

製造業の場合は、製造原価を分析します。製造原価の構成要素は主に材料費、直接労務費、製造間接費であり、製造間接費はさらに費目別に分類することができます。

材料費は一般的には変動費であり、市況の変化による販売量や生産量の変化に応じて変動すると考えられます。したがって、製造原価の中で材料費の変動が大きい場合には、その原因が市況の動向によるものなのかを把握し、市況の動向によるものである場合は、今後の動向についても把握することが必要であると考えられます。

製造間接費は費目別に分類し、その内容は何か及びその推移を把握します。そして、変動が著しい場合には、その原因を把握します。その中で非経常的な費目がある場合には、正常収益力を算出する際に控除することを検討します。

(ウ) 人件費

　製造原価の中の人件費と販売費及び一般管理費の中の人件費について、費目別に推移表を作成し、その変動状況を把握します。

　また、従業員の年齢構成及び1人当たり人件費、部門別人員数の推移、賃金制度、賞与制度、退職金制度、正社員・出向者・パートタイマーの構成について把握します。

　海外に生産拠点がある場合には、アジア地域の賃金は国によっては年々増加している場合があります。したがって、製造原価の中で人件費の変動が著しい場合には、その原因について把握し、ある一定の国の賃金の上昇による場合には、今後の生産拠点についての検討が必要な場合があります。

　また、就業規則や賃金規程から残業代支給方法について把握し、多額の残業代の支給漏れがないか否か確認します。仮に残業代の支給漏れがあった場合に、従業員との訴訟リスクがありますので、留意が必要です。さらに対象会社の労働組合との関係を把握することも必要です。労働組合が強い場合には、M&A等に反対され、見送らざるを得ない場合や人員削減に対し反対を受け、統合の効果が当初の期待どおりにならない場合が考えられます。

(エ) 販売費及び一般管理費

　販売費及び一般管理費は、販売費と一般管理費に分類することができ、一般的に販売費は変動費である一方、一般管理費は固定費であると考えられます。そして、販売費と一般管理費に分類した上で費目別に推移を捉えるとともに、販売費は売上高に占める割合を把握し、一般管理費は非経常的な費目の有無を把握します。

　また、非経常的な費目がある場合には、正常収益力を算出する際に控除することを検討することが必要です。

(オ) 営業外損益

　営業外損益としては、受取利息、受取配当金などの金融収益や支払利息などの金融費用のほか、経常的に発生する費目を計上します。

　そして、営業外損益の分析では、雑収入、雑損失として処理されている項

目の分類についての検討と、非経常的な項目で本来特別損益にすべき項目が混入していないかについての検討が必要になります。

(カ) 特別損益

特別損益は、非経常的に発生する項目であるため、正常収益力には関係がないと考えられます。

しかし、経常的に発生する項目が特別損益に計上されている場合もあるため留意が必要です。

② 予算・実績分析

M&Aの買い手が必要としているのは、対象会社の正常収益力がどれくらいかであり、それは、過去の損益計算書を分析することで把握できると考えられます。そして、その過去の損益計算書をもとに立てた対象会社の将来の事業計画の妥当性を判断することになります。

そこで、過去数期間（3期程度）の予算・実績比較を行い、過年度に予算と実績とが著しく乖離していないかどうかの分析を行うことが必要です。

なお、直近の期で予算と実績とが著しく乖離している場合には、その原因を分析し、その原因が今後の事業に影響を与えるものであるか否かを検討します。仮にその原因が今後の事業にも影響を与える場合には、将来の事業計画に適切に反映されているかどうかを確認する必要があります。

③ セグメント別分析

ア．事業別分析

対象会社が複数の事業を営んでいる場合には、会社自体が事業別に損益を把握している場合が多いため、一般的に事業別に損益を把握し、分析します。どの事業が黒字でどの事業が赤字なのか、そしてその傾向はどうかを分析し、赤字事業については、自社とのシナジー効果を考慮しても赤字から脱却できないと思われる場合には、その事業についての今後の対処（事業撤退、事業譲渡等）を検討することも必要になると考えられます。

イ．地域別分析

　対象会社のセグメントが地域別になっている場合には、例えば、製造子会社と販売子会社が密接な地域にあり、製造子会社と販売子会社を一地域としてセグメントにしている場合が考えられます。

　このような場合には、欧州地域、アジア地域、北中米地域等、地域別に分析することにより、どの地域の業績が良く、どの地域の業績が悪いのか、その原因は何かを把握します。そして、その地域についての今後の対処（撤退、譲渡等）を検討することも必要になると考えられます。

ウ．拠点別分析

　対象会社が小売業界の場合には、対象会社が店舗別等拠点別で損益を把握していると考えられます。そこで、損益構造分析においても拠点別の損益状況を把握します。

　どの拠点が黒字なのか、どの拠点が赤字なのか、その傾向はどうかを分析し、赤字の拠点については、今後の対処（閉鎖、譲渡等）を検討することも必要になると考えられます。

④　ポートフォリオ分析

ア．製商品別分析

　対象会社の売上が特定の主力製商品の売上に依存している場合、その主力製商品の競合他社の台頭、競合新製商品の登場、当該製商品ライフサイクルの動向が、対象会社の業績に多大な影響を与える場合があります。

　このような場合には、その主力製商品による損益動向を過去数年間分析することが必要になります。

イ．顧客別・仕入先別分析

　対象会社の売上が特定の顧客の売上に依存している場合、その顧客の業績悪化、倒産、事業戦略の変更等が対象会社の業績に大きな影響を与える場合があります。

　また、特定の仕入先への依存度が高い場合、その仕入先の倒産や、事業戦

略の変更が、対象会社の業績に大きな影響を与える場合があります。

このような場合には、対象会社の顧客別損益分析及び仕入先別仕入分析をすることをお勧めします。

# 3 キャッシュ・フロー分析

(1) キャッシュ・フロー分析の意義
① キャッシュ・フローとは

　キャッシュ・フロー分析におけるキャッシュ・フローの概念には、金融商品取引法上の開示で定められている「キャッシュ・フロー計算書」における概念、すなわち「営業活動によるキャッシュ・フロー」「投資活動によるキャッシュ・フロー」「財務活動によるキャッシュ・フロー」を用いる場合もありますが、その他の概念を用いることもあります。

　その他の概念としては、例えばフリー・キャッシュ・フローが考えられ、以下の式で表されます。

> フリー・キャッシュ・フロー＝利払い前税引前営業利益－税金相当額
> 　　　　　　　　　　　　　＋減価償却費－運転資本増加－資本的支出

　また、以下の式でも表されます。

> フリー・キャッシュ・フロー＝ EBITDA －運転資本増加－資本的支出

　ここで EBITDA とは、「Earnings Before Interest,Taxes, Depreciation, and Amortization」の略であり、税引き前利益＋支払利息＋減価償却費です。
　フリー・キャッシュ・フローをキャッシュ・フローの概念で用いる際におけるキャッシュ・フロー概念は、純粋な事業活動に伴う営業キャッシュ・フローであり、営業外損益、特別損益、法人税支出については考慮せず、一方で運転資本増減、設備投資を考慮しています。

② キャッシュ・フロー分析の目的

　財務デュー・ディリジェンスにおいて、キャッシュ・フロー分析の目的は、

対象会社の資金収支の状況や運転資本の状況を把握することです。

「キャッシュ・フロー計算書」を用いて分析する場合には、「営業活動によるキャッシュ・フロー」「投資活動によるキャッシュ・フロー」「財務活動によるキャッシュ・フロー」の年度別推移を把握することにより、対象会社の活動別資金状況を把握できます。また、運転資本や資本的支出（設備投資）の分析は、事業を拡大するための新規投資や既存設備の維持のための取替投資など、過去に行われた設備投資の状況及びその妥当性を検討する情報として役立つものであると考えられます。

③ キャッシュ・フロー分析の対象

対象会社が上場会社等有価証券報告書を提出している会社の場合は、有価証券報告書に記載されている「キャッシュ・フロー計算書」を対象とすることが容易です。

対象会社が非上場会社の場合は、キャッシュ・フロー計算書を作成している場合が稀であると思いますので、その代替的なものとして資金繰表を用いたり、期首と期末の貸借対照表残高の変動から簡易にキャッシュ・フロー計算書を別途作成して検討したり、あるいは、別途フリー・キャッシュ・フローを算出し分析します。

(2) キャッシュ・フロー分析の方法
① 公表数値を利用する場合の分析方法

対象会社が上場会社等で外部監査を受けている場合には、外部監査人の監査を受けて公表された「キャッシュ・フロー計算書」の数値を利用して分析することができます。

この場合のメリットは、公表された数値を用いて分析するため、データの入手が容易であり、分析を比較的早期に実施できることです。また、既に外部の専門家によって数値の検証を受けていることから、相当程度の信頼性がある情報に基づいて分析を実施することが可能となります。そのため、過去からのキャッシュ・フローの推移を把握したい場合には大変有効であるといえます。

この場合のデメリットは、実績データに基づいた分析であることから、その

時々の非経常的な事象に基づくキャッシュ・フロー、例えば希望退職の募集や事業撤退に伴うキャッシュ・フローが計上されている場合があり、必ずしも経常的なキャッシュ・フローを示していない場合があるという点です。

② 将来のフリー・キャッシュ・フローの獲得能力を見込んで分析する方法

公表された「キャッシュ・フロー計算書」ではなく、フリー・キャッシュ・フローを用いる方法です。これは対象会社が非上場会社の場合でも分析することができます。

買収後にどのくらいのキャッシュ獲得能力を有しているのかを評価するためには、過去のフリー・キャッシュ・フローを分析し、将来のフリー・キャッシュ・フローの予測を行うことが有効であるといえます。ただし、将来に関する事項であるため、一定の仮定に基づいて算出せざるを得ないということに留意する必要があります。

(3) キャッシュ・フロー分析の内容

キャッシュ・フロー分析として実施される内容としては、以下のようなものが考えられます。

① 年次及び月次のキャッシュ・フロー分析

年次のキャッシュ・フロー分析は、上場会社等で「キャッシュ・フロー計算書」を作成している場合には、「キャッシュ・フロー計算書」の年度ごとの推移表を作成し、それを読み解くことで分析が可能となります。

しかし、非上場会社等で「キャッシュ・フロー計算書」が作成されていない場合には、資金繰表などといった代替となる資料を利用して分析を実施します。

また、キャッシュ・フローの概念として、フリー・キャッシュ・フローを用いる場合には、フリー・キャッシュ・フローの年度ごとの推移表を作成し、読み解きます。なお、フリー・キャッシュ・フローの構成要素であるEBITDAの分析については、正常収益力分析で実施されている場合があるので、それを利用することも可能です。

月次のキャッシュ・フロー分析は、対象会社が月次で資金繰表や資金計画表

を作成している場合に分析することが可能になります。

　対象会社の事業が季節的な影響を受ける場合には、月次で分析した方がその季節的変動を把握することができ、有用であると言えます。

### ②　資本的支出分析

　資本的支出分析とは、設備投資支出の分析であり、設備投資支出は新規投資と取替投資に区分できます。

　新規投資は、新規事業や新市場開拓及び新製品のための投資であり、取替投資は、既存設備の老朽化等に伴う取替えなど、既存の生産能力を維持するための投資を指します。

　新規投資を前提にしない場合には、取替投資としては、毎期概ね同水準の投資が発生すると考えられます。なお、資本的支出のみではなく、費用計上する場合もあるため、修繕費や消耗品費など、設備投資に関連する費用項目の推移も把握することが必要です。

　また、定期的に大規模修繕が行われる設備を保有する会社の場合には、対象設備の取得時期、稼働状況、修繕状況、老朽化の状況、減価償却の状況についても把握するとともに、大規模修繕に備えて修繕引当金を計上しているか、及び過去の大規模修繕の状況（時期、規模、金額）を把握し、修繕引当金の金額が妥当なものかについて検討することが必要です。

　なお、大規模修繕が予定されている場合及び新規投資が予定されている場合には、それに必要な資金調達能力も重要であるため、必要な資金が将来の資金調達計画に適切に織り込まれているかについての検討も必要です。

　通常、財務デュー・ディリジェンスにおいては、有形固定資産の現物確認は実施しませんが、製造業など、対象会社にとって有形固定資産が重要であると考えられる場合には、当該設備について、現物確認を実施し、設備の実在性の把握のみではなく、稼働状況や老朽化状況を把握する場合もあります。

### ③　運転資本分析

　運転資本とは、事業に関連した短期的に回収される投下資金の純額を指し、通常、「売上債権＋棚卸資産－仕入債務±その他の流動資産・負債」として算

出されます。

　運転資本の増減は、フリー・キャッシュ・フローの構成要素です。

　キャッシュ・イン・フローとキャッシュ・アウト・フローの時間的なずれは、会社にとってのリスクの1つであると考えられます。すわわち、キャッシュ・イン・フローよりもキャッシュ・アウト・フローの方が多い場合には、資金的にショートしている状況であり、借入等を検討することが必要な状況です。したがって、会社の事業を把握する足がかりにもなるため、運転資本分析は重要であると考えられます。

　なお、運転資本の範囲は、実務上定義が定められているわけではなく、対象会社の業種等によって異なると考えられます。したがって、対象会社の業種・事業活動を把握し、対象会社に合った運転資本の範囲を決定する必要があります。

## 4 事業計画分析

### (1) 事業計画分析の意義

　事業計画は、買収する会社の企業価値評価の元であり、将来キャッシュ・フローの前提となり、ひいては買収価格に結びついていくものですので、非常に重要なものとなります。

　特に企業価値を算定する際に用いられるDCF法では、株式価値を将来キャッシュ・フローから導きますので、事業計画には損益計画だけでなく、貸借対照表計画、そしてキャッシュ・フロー計画が必要となります。

　事業計画が買収後に実現できないような場合は、事業運営上は、例えば事業の見直しや人事面の見直しなど買収前には想定していなかったことを検討するという問題が起こってきます。また、事業計画に基づき、買収価格が決定されるということは、事業計画が買収後に実現できない場合は、会計的には、「のれん」を減損するというリスクを内在しているともいえます。

　事業計画のうち、事業面については、ビジネスデュー・ディリジェンスとして、詳細に検討が加えられますが、財務デュー・ディリジェンスにおいては、ビジネスデュー・ディリジェンスで実施された事業面の分析に計数面の整合性を加えて、事業計画を検討していくことになります。

　事業計画のうち、ここで特に検討する計数については、過去の実績値を出発点として連続性をもって作成されていなければなりません。事業計画は将来の計画ですので、将来の予測や前提の検討も重要であり、出発点となる過去のデータとの整合性からまず見ていくことになりますが、財務デュー・ディリジェンスの結果、過去の計数の修正によりそもそも将来計画と連動していないということもあります。

　また、損益計画だけではなく、設備投資計画や資金繰り計画なども織り込んで貸借対照表計画、キャッシュ・フロー計画との整合性を見ていかなければなりませんので、ビジネスデュー・ディリジェンスや他のデュー・ディリジェンスの結果を計数に結びつけていく必要があります。

このように財務デュー・ディリジェンスにおいては、過去の実績値の検証と将来の計画との前提を結びつけながら事業計画を検証していくことになります。

事業計画は将来のことですので、財務デュー・ディリジェンスにおける事業計画分析は、事業計画の実行可能性を保証するために分析をするのではなく、あくまでも事業計画作成の前提と各種のデータを比較検討し、整合性を確認していくことになります。

**図表6-9　事業計画分析と過去の財務諸表との関係**

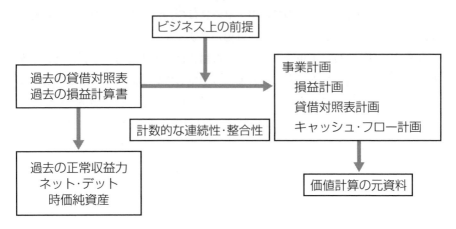

(2) 事業計画の検討
① 事業計画分析に先立っての留意事項
ア．財務デュー・ディリジェンスとして行う調査範囲の明確化

　　事業計画を作成する際の前提をどこまで財務デュー・ディリジェンスにおいて検討するかについては、調査依頼者との合意に基づき行うことになります。

　　特に、別途ビジネスデュー・ディリジェンスとして、事業計画の分析も含めて行うのか、財務の視点で事業計画の分析をどのように行うかについては、調査依頼者と事前に協議しておくことが必要となります。

　　しばしば調査依頼者において、財務デュー・ディリジェンスとは過去の財

務諸表に修正すべき事項がないかについてのみ調査すればよいという場合があります。依頼者の要求にそのまま応じて行うことも考えられますが、財務デュー・ディリジェンスにおいては、単に過去の財務諸表の分析だけではなく、事業計画に基づくキャッシュ・フローの分析なども包含され、調査次第では、対象会社の企業価値算定結果等にも重要な影響を与えることになることについて、説明をし、合意を得ておくことが必要でしょう。

イ．事業計画の未達成の要因

　事業計画は、しばしば買収後実際に業務を開始してから買収前に計画していたとおりに業績を達成できないことがあります。

　これは、大きく以下のようなことが考えられます。

(ア)　過去の財務諸表に負の遺産がありこれを整理しなくてはならなくなる場合

(イ)　買収後従業員等の退職により、当初意図していた事業が遂行できない場合

(ウ)　業績予測が楽観的前提により作成されており、達成できない場合

　上記(ア)は、財務デュー・ディリジェンスの最も中心的な確認作業として行われる貸借対照表分析や損益計算書分析を通じて検討することになります。

　上記(イ)は、必要に応じてビジネスデュー・ディリジェンスや人事デュー・ディリジェンスを行うことになります。ただし、スタンドアローン問題については、財務デュー・ディリジェンスの中でも検討する必要があります。

　上記(ウ)がこの章で述べる事業計画分析を通じて検討を行う中心的なものになります。

　このように買収後の事業がうまくいかない原因は複合的に重なり合い、それぞれの原因を個別に扱うことは難しいですが、財務デュー・ディリジェンスにおける事業計画分析では特に上記(ウ)の原因を極力抑えることを目的に行っていくことになります。

　事業計画の合理性が確保できない場合は、再度事業計画を策定し直すこともあります。

② 事業計画分析における主要な前提

　事業計画は将来情報ですので、様々な前提を置くことにより作成されます。また、その前提を設定する際にも、その前提条件が楽観的なものであるのか、保守的なものであるのかによって導かれる数値が異なってきます。

　このように事業計画策定の前提を把握し、理解することは非常に重要な手続となります。

　事業計画分析における前提は、各種のものがあり、また、会社によっても様々なものとなりますが、例えば以下のようなものが考えられます。

- 当該事業が属する市場の状況、成長率
- マーケット・シェア
- 既存事業（製商品）と新規事業（製商品）
- 顧客の状況
- 売上数量・単価の推移
- 仕入価格の状況
- 為替相場の状況
- 人員の状況
- マーケティング方法
- 設備投資計画
- 法規制の影響（業種特有の法律や税制改正などの影響）

　別途ビジネスデュー・ディリジェンスを実施している場合には、ビジネスデュー・ディリジェンスを行っているチームと分担を明確にし、財務デュー・ディリジェンスのチームでは、二重の作業にならないように効率的に分析をすることになります。

　ビジネスデュー・ディリジェンスを実施していない場合は、財務デュー・ディリジェンスのチームで事業計画の主要な前提を検討することになりますが、限られた時間の中で行うことが必要ですので、総花的にならず、損益に重要な影響を与えると考えられるものを中心に分析を行っていくことになります。

③ 事業計画の重要な前提に関する評価に当たっての留意事項

事業計画が達成できない場合の要因分析から、事業計画の前提を評価するに当たり考慮すべき事項は次のようなことが挙げられます。

ア．過去の事業計画の達成度

事業計画を過去に作成している場合、また、中期計画の途中で1年目が経過している場合など直前事業年度において事業計画が達成されていたのかを確認しておくことにより、その会社の事業計画の達成可能性や事業計画作成に対する会社のスタンスが見えてきます。

また、デュー・ディリジェンスをすることになったため、事業計画を新たに作成したのか、以前より作成されていたものなのかといったことにより、事業計画が自然体で作成されたものであるのかについても把握しておくと良いでしょう。

社内の業績管理目的に作成された事業計画がそのまま使われている場合、社内の業績評価により事業計画を低めに作成しているケースがあります。また、事業計画を社内の業績評価とはあまり結びつけず、単に社内の目標とし

図表6-10　業績評価基準と事業計画の関係

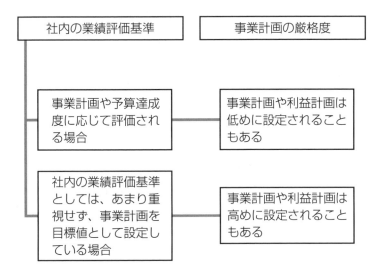

て位置づけている場合は事業計画を高めに作成していることがあります。このように、社内の業績評価の方法が事業計画作成にも影響を与えますので、事業計画の達成と社内の業績評価基準との関係も把握しておきたいところです。

このように、社内の業績評価基準との関係を把握し、事業計画がどのような方向性で作成されているのかを理解した上で、過去の実績との差異原因を確認し、今後の計画の前提に合理性があるかどうかを判断していくことが必要と考えられます。

イ．過去の業績推移との関係

過去の業績がその時の事業計画をほぼ達成しているような場合でも、今後の事業計画が過去の業績のトレンドと整合しているのかを確認する必要があります。

特に提出された事業計画が既に利用されている状態のまま提出されている場合ではなく、買収という事態になってから作成し直した場合には、過去の業績の傾向とは異なったものとなっているケースがあります。提出された事業計画がどのようなタイミングで作成されたかを把握するとともに、過去の業績の傾向との整合性を見ていくことも必要となります。

(3) **事業計画の全般的な評価**

事業計画を個別に分析する前に、事業計画の作成に係る全般的な評価を行っておく必要があります。

以下では、主な全般的評価手続を掲げました。

① **事業計画の作成と会計基準との整合性**

財務デュー・ディリジェンスにおいて、過去の財務諸表の分析を行っていく過程で会計基準等に準拠していないものがある場合、事業計画においても同様に会計基準に準拠していないことがあります。売上の計上基準や償却方法など過去の財務諸表分析での検討結果から事業計画においても見直すべきものがな

いかを確認しておく必要があります。

また、事業計画や予算などについては、管理会計として社内の業績評価のための利益を算出している場合は、外部公表用の財務会計との調整が必要となってきます。特に、管理会計と財務会計とを2本立てで運用している場合、財務会計への調整項目も確認しておく必要があります。

② 事業計画の作成方法、作成部署等の確認

事業計画は、事業を知らなければ作成できませんが、同時に会計知識も必要とされます。会社によっては、会計に精通したものが作成し、事業部等と調整がとれていないこともあります。

また、事業計画が各部署の積み上げに基づいて作成されているのか、各部署の計画に各部署に配賦されていない収益、費用などを加えて全社レベルの計画が作成されているような場合、それらの整合性や内容を確認する必要があります。

このような事業計画の作成プロセス及び承認プロセスについても確認し、全社的なコンセンサスが得られた事業計画であり、特定の担当者や担当部署により作成されたものではないことも確認しておくことが必要です。

③ 損益計画以外の計画との整合性の確認

事業計画には、損益計画だけでなく貸借対照表計画、キャッシュ・フロー計画も含まれます。これらは、売上計画、仕入計画、人員計画に基づいた人件費等に基づいた資金繰り計画や債権債務の残高状況が作成されなければなりません。また、設備投資や多額のマーケティング費用が計画されている場合の資金調達計画を策定しなければならない場合もあります。

これらの計画が損益計画と連動しているのかを確認する必要があります。特にキャッシュ・フロー計画については、損益計画に基づく利益と連動していないケースも見られます。これは、キャッシュ・フローを資金繰りとして直接法的に管理している場合に見られます。

損益計画と貸借対照表計画に連動したキャッシュ・フロー計画になっているかを確認することにより、不整合が生じ、損益計画自体を見直すこともあります。

④ スタンドアローン問題

　対象会社が所属している企業グループから主力商品を供給してもらい、その販売が主な売上高である場合、買収後はその企業グループからは離れることになるものの、商品の供給は続けてもらうことを前提に事業計画を作成している場合があります。そのような契約が継続するのかどうかにより事業計画の達成に重大な影響を及ぼす場合があります。

　その他スタンドアローンに関する問題としては、販売、人事、資金面で対象会社が所属している企業グループに依存している場合、買収後も同様の条件で継続していくことができるのか、又は、同じ状況を継続することができない場合は、それが事業計画にどのように反映されているのかを確認しておく必要があります。

　事業計画分析に当たっては、このようなスタンドアローン問題が内在していないかどうかを確認しておく必要があるでしょう。

(4) 事業計画の主な項目別の分析
① 損益計画分析

　以下では、事業計画の柱となる損益計画に関して、売上高、売上原価、販売費及び一般管理費についての分析について触れることにします。

ア．売上高分析

　事業計画において販売計画すなわち売上計画は最も重要です。一般的に売上高を分析する際には、以下のような事項を分析します。

(ｱ) 当該事業ないしは製品の市場の状況

　当該事業ないしは製品が属する市場規模の推移とその会社の過去及び事業計画における売上高の傾向の相関関係について、整合性がとれているかを確かめます。市場環境の推移と同じ伸びであったとしてもそのようになるための施策を確認することになります。市場環境の推移と逆行するような場合、つまり、市場はシュリンクする方向にあるにもかかわらずその会社では売上が伸びるような場合は、合理的な説明があるかを確認することになります。

(イ) 既存事業（製品）と新規事業（新製品）の状況

既存事業（製品）については、それが定番品であればある程度安定的に推移するかもしれません。一方、既存事業（製品）とはいえ、その時々の流行に左右される場合は、その見積りの根拠を確認していくことになります。

既存事業に加えて新規事業や新製品を計画し、これらを事業計画に組み込んでいる場合があります。新規事業や新製品の売上が見込まれている場合、現状で既にプロジェクト等が進んでいる場合とまだ新規事業等を検討している段階ではその実現可能性についても差異が生じてきます。新規事業等を見込んでいる場合、既存事業との区別はもちろんですが、新規事業等の現時点での進捗状況も把握しておく必要があります。

(ウ) 売上単価・数量の状況

売上高は、単価×数量ですので、販売単価と販売数量の前提がそれぞれどのように設定されているかを確認する必要があります。

特に、返品や値引き又はポイントの使用などが経常的にある場合、これらの見積りがどのように考慮されているのかにも留意が必要です。これらについて、会計上引当金を計上している場合は、貸借対照表計画分析とも連動して検討することになります。

(エ) その他

会社により様々な前提を設けて売上高計画を策定していることから、例えば海外売上高比率や得意先別売上高などのような事項についてもどのような仮定に基づいて作成されているかを検討することが考えられます。

イ．売上原価分析

一般的な製造業の場合は、材料費、労務費、その他経費について費目別の推移、比率分析などにより過去の実績と整合しているかを確認します。

また、材料費については、材料単価の推移の前提や原材料を輸入している場合の為替レートの設定、歩留りなどが検討されることになります。

労務費については、人員計画、昇給率などとの整合性がとられているか、

また、業績連動賞与を導入しているような場合は、賞与と利益計画との整合性も図られているかを確認する必要があります。

　売上原価の計画を立てる際、通常、計画時には不良在庫や滞留在庫を想定しないため、棚卸資産の評価減が加味されていないケースが多いと思われます。しかしながら、過去の実績において経常的に棚卸資産の評価減が売上原価に計上されているような場合、過去の実績売上原価率よりも事業計画上の売上原価率が当該評価減分低くなっていることがあります。経常的に発生する棚卸資産の評価減をどのように見積もっているかにも留意が必要です。

　その他の経費の中で減価償却費や修繕費などは、設備投資計画とも整合しているかどうか確認することになります。

ウ．販売費及び一般管理費分析

　販売費及び一般管理費は、人件費、マーケティング費用、その他の管理費用などから構成されていますので、それぞれが売上高と連動するのか、人員計画や設備投資計画などと連動するのかを確認することが必要となります。

　また、過去の事業計画と実績との乖離状況を踏まえ、その会社にとって管理可能な費用なのか、管理不能な費用なのかを識別しておくことも重要です。しばしば、経費関係については、予算枠という形で計上している場合もあり、業績次第で実行しなくてもよい経費も含まれます。特にマーケティング関連の費用については、費用をかければ売上高も伸びるという相関関係がありますが、当初予定の売上高を達成できない場合、これ以上マーケティング関連費用もかけず、コスト面をセーブすることにより利益を確保することも可能な場合があります。このように、特に販売費については、販売予算の設定方針を確認しておくことも必要です。

　固定費で管理不能費用である場合、人員計画や設備投資計画等の整合性を確認し、過去の実績との整合性について確認していくことになります。

② キャッシュ・フロー計画の分析

　キャッシュ・フロー計画の分析においては、将来のフリー・キャッシュ・フローが合理的に算出されているかが主眼となります。

# 第6章 財務デュー・ディリジェンス

　フリー・キャッシュ・フローは、税引後営業利益に減価償却費などの非資金費用を加え、運転資本の増加と設備投資額を減算することにより求められます。運転資本の増減は、一般的には売上債権、仕入債務、棚卸資産の増減となります。

> フリー・キャッシュ・フロー
> ＝税引後営業利益＋減価償却費－運転資本の増加－設備投資

　この算式から、以下の事項に留意してキャッシュ・フロー計画を分析していくことになります。

**図表6-11　キャッシュ・フロー計画の例**

|  | 実績 ×1 | 実績 ×2 | 計画 ×3 | 計画 ×4 | 計画 ×5 |
|---|---|---|---|---|---|
| 営業利益 | 100 | 108 | 105 | 116 | 125 |
| 税金 | 40 | 43 | 42 | 46 | 50 |
| 税引後営業利益 | 60 | 65 | 63 | 70 | 75 |
| 減価償却費 | 10 | 9 | 12 | 11 | 15 |
| EBITDA | 70 | 74 | 75 | 81 | 90 |
| 運転資本の増減 |  |  |  |  |  |
| 　棚卸資産 | (2) | (5) | (5) | (3) | (12) |
| 　売上債権 | (5) | (10) | 4 | (7) | (5) |
| 　仕入債務 | 4 | 12 | (6) | 14 | 3 |
| 　その他 | 1 | 3 | (5) | 2 | (6) |
| 　小計 | (2) | 0 | (12) | 6 | (20) |
| 設備投資 | (13) | (11) | (15) | (25) | (12) |
| 税引後フリー・キャッシュ・フロー | 55 | 63 | 48 | 62 | 58 |
| 運転資本残高 |  |  |  |  |  |
| 　棚卸資産 | 70 | 75 | 80 | 83 | 95 |
| 　売上債権 | 80 | 90 | 86 | 93 | 98 |
| 　仕入債務 | (65) | (77) | (71) | (85) | (88) |

ア．税金費用

　税引後営業利益が出発点になるため、税金費用の見積りが重要となってきます。簡便的に営業利益に実効税率を乗じて税金費用を求めることがありますが、税務上の繰越欠損金や交際費等のいわゆる一時差異とならないものが

多額にある場合には、税金費用についての計画について影響を受けるため留意する必要があります。なお、税務面で問題がある場合は、別途税務デュー・ディリジェンスを行うかどうかの検討も必要となります。

なお、平成27年度税政改正大綱によれば、3月決算法人の大法人の標準実効税率の推移は以下のようになっています。

| 平成27年3月期 | 平成28年3月期 | 平成29年3月期 |
|---|---|---|
| 34.62% | 32.11% | 31.33% |

事業計画上の法人税等の金額には、各年度の課税所得に上記の実効税率を乗じたものが反映されることになります。

欠損金の繰越控除額については、中小法人や特定目的会社等を除き、平成24年4月1日以後開始事業年度から欠損金の繰越控除額が所得金額の80%に制限されています。

平成27年度税制改正により、平成27年4月1日以後開始事業年度からは欠損金の繰越控除額が所得金額の65%に、平成29年4月1日以後開始事業年度からは50%に制限される予定です。

また、欠損金の繰越期間についても、9年となっていますが、平成29年4月1日以後事業年度以後は10年となる予定です。

このように税制改正に伴う事項が事業計画に適切に反映されているかについても留意が必要です。

イ．減価償却費・設備投資額

減価償却費は、損益分析において計算が合理的である場合、設備投資計画と整合しているかが重要となります。特に既存の固定資産については、年数の経過とともに償却済み資産が増加し、その結果、減価償却費が減少していきます。そのため、新たな設備投資計画が策定されていないと、減価償却費の計画値は過少となってしまいます。過去の財務諸表分析での固定資産分析結果とあわせて事業計画における減価償却費と設備投資計画が合理的であるかを検討していくことになります。

ウ．運転資本の増減額

　運転資本の増減額については、過去情報であれば貸借対照表からたやすく算出することができますが、将来情報の場合、例えば売上債権であれば、売掛金の回収条件や月次の売上高が想定されていない場合、算出することは難しいものです。また、会社によっては、年間売上高に対する年間入金予想額を資金繰り計画という観点から算出している場合が多く、売上債権残高を算出していない場合があります。結果としては、同じことになるはずですが、フローで入金額を求めている場合が多いので、あらためてストックの増減を算出すると整合性の取れていないケースが多く見られます。

　このように運転資本の増減額を分析するに当たっては、対象会社がどのように運転資本のストックである残高を見積もっているのかを確認する必要があります。したがって、後述する貸借対照表計画分析と連動しながら分析を行っていくことになります。

エ．資金調達計画との整合性

　年間計画で営業利益を見込んでおり、また、営業キャッシュ・フローが見込まれていても、月によって売上高の変動がある場合や賞与や税金資金などの支払により一時的に資金がショートするおそれがあります。運転資本の増減額や設備投資計画に季節的な資金需要を考慮した上で、資金調達計画が策定されていなければなりません。

　運転資本については、売上債権の回収よりも仕入債務の支払が先行する場合、棚卸資産についても回転期間により資金が滞留することになります。

　キャッシュ・フロー計画において、資金調達計画が合理的に見込まれていることを確認する必要があります。

③　貸借対照表計画分析
ア．他の計画との整合性

　貸借対照表計画は、売上・仕入などの損益計画に債権債務の回転期間を想定しなくては作成できません。また、設備投資計画に基づいた固定資産残高の見積りなども必要になってきます。そのため、損益計画や資金繰り計画は

作成されていても貸借対照表計画が作成されていない場合があり、しばしばこの貸借対照表計画を作成することにより、各種の前提と整合性が取れなくなることがあります。資金繰り計画と貸借対照表計画の現預金が一致していないということが典型的な例となります。

　上記②のキャッシュ・フロー計画は損益計算書計画と貸借対照表計画から間接法により作成されますが、会社によっては、キャッシュ・フロー計画ではなく、資金繰り計画を作成している場合もあり、貸借対照表計画がないためそれぞれの整合性が取れていないことがあります。

　このように貸借対照表計画分析では、損益計画、キャッシュ・フロー計画に債権・債務回転期間、在庫回転期間、設備投資計画などとの整合性に留意が必要となります。

イ．純資産額の確認

　貸借対照表計画が作成されていないケースがよく見受けられる理由として、純資産額の計画値が算出できないということがあります。貸借対照表を作成するためには、税引後の利益を算出しなくてはなりませんが、税金費用を求めることまで検討していない場合があります。また、剰余金の処分について、配当政策が明確でないため配当金の額が決まらないという理由により繰越利益剰余金が求められないということがあります。なお、配当については、日本国内の会社においては、会社法に基づいて分配可能額が算定されていなければなりません。例えば、多額の「のれん」が計上されている場合や、その他有価証券評価差額金・土地再評価差額金が評価差損となっている場合には、分配可能額から控除すべき金額が生じますので、分配可能額を超えた配当計画になっていないかを確認しておく必要があります。

ウ．非事業用資産の取扱いの確認

　過去の財務諸表の分析において、非事業用資産として把握されたものが、将来の計画上も処分することがないという前提で作成されている場合があります。

　また、処分することも可能である場合で将来計画が未達成の場合のいわゆ

るバッファーとして温存している場合があります。

　非事業用資産については、その内容や処分の可能性等を検討しておく必要があります。

## 《参考文献等》

『M&Aを成功に導く財務デューデリジェンスの実務〈第3版〉』プライスウォーターハウスクーパース編、中央経済社、平成22年

『M&Aを成功に導く税務デューデリジェンスの実務〈第2版〉』税理士法人トーマツ編、中央経済社、平成24年

『M&A 統合型財務デューデリジェンス』デロイトトーマツFAS編、清文社、平成22年

『M&Aを成功に導く法務デューデリジェンスの実務〈第2版〉』長島・大野・常松法律事務所編、中央経済社、平成21年

『M&Aによる成長を実現する戦略的デューデリジェンスの実務』KPMG FAS、中央経済社、平成18年

『M&Aを成功に導く財務デューデリジェンスの実務〈第2版〉』Pwcアドバイザリー、中央経済社、平成20年

『M&Aを成功させるデューデリジェンスのことがよくわかる本』新日本有限責任監査法人／新日本アーンスト アンド ヤング税理士法人／アーンスト アンド ヤング・トランザクション・アドバイザリー・サービス編著、中経出版、平成22年

『M&Aの企業価値評価－理論と実務の総合解説』監査法人トーマツ編、中央経済社、平成17年

『M&Aファイナンシャルデューディリジェンスの実務』デロイトトーマツFAS編、清文社、平成18年

『M&Aによる成長を実現する戦略的デューデリジェンスの実務』KPMG FAS編、中央経済社、平成21年

『M&Aを成功に導く人事デューディリジェンスの実務〈第2版〉』マーサージャパン編、中央経済社、平成22年

『キーワードでわかる退職給付会計』井上雅彦著、税務研究会出版局、平成25年

『MBAアカウンティング バリュエーションと会計』薄井彰編著、中央経済社、平成23年

『最新M&A実務のすべて』有限責任監査法人トーマツ 北地達明・北爪雅彦・松下欣親編、日本実業出版社、平成24年

『最新版M&A実務のすべて』監査法人トーマツ編、日本実業出版社、平成20年

『デュー・ディリジェンス成功戦略－M&A・ベンチャー投資のための企業価値精査』ゴードン・ビング著、東洋経済新報社、平成12年

『Q&A棚卸資産をめぐる会計と税務』日本公認会計士協会京滋会編著、清文社、平

成 25 年
『棚卸資産の管理実務』新日本有限責任監査法人編、第一法規、平成 23 年
『ほんとうにわかる棚卸資産会計の実務』松尾絹代著、日本実業出版社、平成 20 年
『業種別会計実務ガイドブック』新日本有限責任監査法人編、税務研究会出版局、平成 23 年
『勘定科目別　不正・誤謬を見抜く実証手続と監査実務』新日本有限責任監査法人、清文社、平成 23 年
『M&A を成功に導く税務デュー・ディリジェンスの実務』税理士法人トーマツ編、中央経済社、平成 20 年
『業種別アカウンティング・シリーズ 5　商社の会計実務』有限責任あずさ監査法人編、中央経済社、平成 22 年
『業種別アカウンティング・シリーズ 6　小売業の会計実務』有限責任あずさ監査法人編、中央経済社、平成 22 年
『退職給付の実務』新日本有限責任監査法人編、中央経済社、平成 25 年
『ビジネス・ゼミナール　会社の読み方』松田修一、日本経済新聞社、平成 18 年
『企業価値評価〈第 5 版〉【上】【下】』マッキンゼー・アンド・カンパニー、ダイヤモンド社、平成 24 年
『企業価値評価【実践編】』鈴木一功編著、ダイヤモンド社、平成 16 年
『企業価値評価ガイドライン』日本公認会計士協会編、日本公認会計士協会出版局、平成 25 年
「緊急解説　新退職給付債務会計基準」『旬刊経理情報』No.1316、三輪登信他、中央経済社
「「退職給付債務」算定上の選択ポイント」『旬刊経理情報』No.1344、藤井康行他、中央経済社
「組織再編時の退職給付制度の検討ポイント」『旬刊経理情報』No.1346、三輪登信他、中央経済社
『地域経済活性化支援機構の実務運用標準（別紙 1）再生計画における資産評定基準』地域経済活性化支援機構、平成 25 年
『私的整理に関するガイドライン』私的整理に関するガイドライン研究会、平成 13 年
『中小企業再生支援協議会の支援による再生計画の策定手順』中小企業庁、平成 24 年
『RCC 企業再生スキーム』整理回収機構、平成 23 年
『経営研究調査会研究報告第 23 号　財産の価額の評定等に関するガイドライン』日本公認会計士協会、平成 19 年
『事業再生に係る認証紛争解決事業者の認定等に関する省令第十四条第一項第一号の資産評定に関する基準（経済産業省告示第二百五十七号）』平成 21 年

〇ウェブサイト
総務省人事・恩給局ウェブサイト『民間企業における退職給付制度の実態に関する調査報告書』
　http://www.soumu.go.jp/main_sosiki/jinji/pdf/minkan_taisyokukyufu24_00.pdf
　（平成25年8月24日現在）
企業年金連合会ウェブサイト『企業年金資産運用実態調査結果（2011年度）の概要』
　http://www.pfa.or.jp/jigyo/tokei/shisanunyo/jittai/files/chosa_gaiyou_2011.pdf
　（平成25年8月24日現在）
日本公認会計士協会ウェブサイト『経営研究調査会研究報告第23号「財産の価額の評定等に関するガイドライン（中間報告）の公表について』
　http://www.hp.jicpa.or.jp/specialized_field/main/post_321.html
国税庁ウェブサイト『私的整理に関するガイドライン（Q&A 一部改訂後）』
　http://www.nta.go.jp/shiraberu/zeiho-kaishaku/bunshokaito/hojin/050511/guideline.pdf
中小企業庁ウェブサイト『中小企業再生支援協議会の支援による再生計画の策定手順』
　http://www.chusho.meti.go.jp/keiei/saisei/2014/130128saisei1.pdf
整理回収機構ウェブサイト『RCC企業再生スキーム新旧対照表【本文】』
　http://www.kaisyukikou.co.jp/intro/intro_006_28_2.pdf
地域経済活性化支援機構ウェブサイト『地域経済活性化支援機構の実務運用標準』
　http://www.revic.co.jp/pdf/news/2013/130327newsrelease.pdf
経済産業省ウェブサイト『早期事業再生について』
　http://www.meti.go.jp/policy/jigyou_saisei/

第 7 章

# 財務デュー・ディリジェンスと検出事項の反映

# 1　財務デュー・ディリジェンスにおける検出事項とは

(1)　正常収益力分析による検出事項

　財務デュー・ディリジェンスにおける正常収益力分析の検出事項は、過去の事実である損益計算書から対象会社における損益構造を分析し、将来の収益力を予想するための調整項目です。本書では正常収益力分析による検出事項として下記①から⑨を例示しています。

①　撤退事業における損益

　撤退事業が存在する場合、当該撤退事業にかかる損益は対象会社における過去の損益を構成しています。しかし、当該撤退事業にかかる損益は今後発生しないため、当該撤退事業にかかる損益を控除する調整を実施します。

②　連結の範囲及び持分法適用の範囲の変更

　連結の範囲又は持分法適用の範囲に新規に加わった会社がある場合、当該新規会社にかかる損益は対象会社における過去の損益を構成していません。しかし、当該新規会社にかかる損益は今後発生するため、当該新規会社にかかる損益を加算する調整を実施します。

　連結の範囲又は持分法適用の範囲から除外された会社がある場合、当該除外会社にかかる損益は対象会社における過去の損益を構成しております。しかし当該除外会社にかかる損益は今後発生しないため、当該除外会社にかかる損益を控除する調整を実施します。

③　臨時的な事象の影響

　分析対象期間において発生した自然災害や事故等の臨時的な事象に基づく影響を控除する調整を実施します。すなわち、当該臨時的な事象は対象会社における過去の損益を構成していますが、今後発生しないと考えられるため、当該臨時的な事象がなかった場合の損益に調整します。

## ④ 臨時的に発生した損益項目の影響

例えば、一時的にロイヤルティが発生したが、今後その発生が見込まれない場合など、分析対象期間に発生した損益項目のうち今後は発生しないと考えられる一時的な損益項目がある場合には、当該損益項目の影響を控除する調整を実施します。すなわち、当該一時的な損益項目は対象会社における過去の損益を構成していますが、今後発生しないと考えられるため、当該一時的な損益項目がなかった場合の損益に調整します。

## ⑤ 持分法投資損益

持分法投資損益は日本の会計基準では営業外損益に計上されます。しかし、持分法適用会社における損益は対象会社の事業価値を構成すると考えますので、持分法投資利益が発生している場合には持分法投資利益を加算する調整を実施し、持分法投資損失が発生している場合には持分法投資損失を控除する調整を実施します。

## ⑥ 経常的な営業外損益項目

営業外損益項目についても、経常的に発生し対象会社の事業価値を構成すると考えられるものについては調整を実施します。すなわち、経常的に発生し対象会社の事業価値を構成すると考えられる営業外収益については加算する調整を実施し、経常的に発生し対象会社の事業価値を構成すると考えられる営業外費用については控除する調整を実施します。

## ⑦ 業界における事業環境の変化

業界大手が大きな再編を行う場合、競合他社が多く参入している場合、関連法令の改正の動向など業界における事業環境の変化は、今後の対象会社の損益に影響を与える可能性が高いといえます。したがって、当該項目について影響額が把握できる場合には加算若しくは控除する調整を実施します。しかし、そのような項目の影響額は不明であることが多いため、定量化が困難な項目として列挙します。

⑧ M&Aの影響

　M&Aは今後の対象会社の損益に影響を与える可能性が高いといえます。したがって、当該項目について影響額が把握できる場合には加算若しくは控除する調整を実施します。しかしM&Aの計画はあるがその成否を含めて具体的な影響額の算定が困難な場合も多く、そのような場合には当該項目について定量化が困難な項目として列挙します。

⑨ コスト削減計画

　グループ内再編により人件費の圧縮を図る場合や、システム統合によりシステム費用の削減を図る場合など、コスト削減計画が今後の対象会社の損益に影響を与える可能性は高いといえます。したがって、当該項目について影響額が把握できる場合には、コスト削減予定額を控除する調整を実施します。しかし、計画が詳細化されておらず具体的な影響額の算定が困難な場合も多いといえます。そのような場合には、当該項目について定量化が困難な項目として列挙します。

(2) 貸借対照表分析による検出事項

　財務デュー・ディリジェンスにおける貸借対照表分析の検出事項は、貸借対照表から対象会社における資産負債のリスクを分析し、実態純資産を予想するための調整項目です。本書では貸借対照表分析による検出事項として下記①から⑬を例示しています。

　なお、下記の貸借対照表分析による検出事項は、純資産の調整だけでなく、運転資本の水準、設備投資の水準、純有利子負債（負債類似項目含む）の水準にも影響を与える可能性がありますが、下記では純資産の調整項目として説明しています。

① 滞留債権の評価減

　対象会社の債権について滞留債権の有無を検討します。滞留債権が存在する場合、当該滞留債権の評価額の妥当性を検討します。当該滞留債権が回収可能見込額で評価されていない場合には、簿価と回収可能見込額との差額を簿価純

資産から控除する調整を実施します。

② 滞留在庫の評価減

　対象会社の在庫について滞留在庫の有無を検討します。滞留在庫が存在する場合、当該滞留在庫の評価額の妥当性を検討します。当該滞留在庫が時価で評価されていない場合には、簿価と時価との差額を簿価純資産から控除する調整を実施します。

③ 退職給付会計における未認識差異

　基準日時点において退職給付会計における未認識数理計算上の差異又は未認識過去勤務費用がある場合、当該未認識部分の調整を実施します。すなわち、当該未認識部分は会計方針に従い遅延認識していますが、既に発生している金額のため、有利差異の場合には簿価純資産に加算する調整を実施し、不利差異の場合には簿価純資産から控除する調整を実施します。

　ただし、平成24年5月に退職給付に関する会計基準が公表され、平成25年4月1日以後開始する事業年度の年度末より、連結財務諸表においては当該未認識数理計算上の差異及び未認識過去勤務費用を、税効果を調整の上純資産の部（その他の包括利益累計額）に計上することとし、積立状況を示す額をそのまま負債（又は資産）として計上することとされています。

④ 未払配当金

　基準日時点における未払配当金の有無を検討します。配当予定額は対象会社から将来キャッシュ・アウトする可能性が高いため、基準日後に配当予定があるにもかかわらず未払配当金を計上してない場合には調整が必要となります。すなわち、配当予定額を簿価純資産から控除する調整を実施します。

⑤ 非事業用資産の含み損益

　基準日時点における非事業用資産の含み損益の有無を検討します。非事業用資産は、企業価値の構成要素として時価評価されることになります。すなわち、基準日時点における非事業用資産の簿価が時価よりも低い場合には当該差額を

簿価純資産に加算する調整を実施し、簿価が時価よりも高い場合には当該差額を簿価純資産から控除する調整を実施します。

⑥ 非上場株式の含み損

例えば、円滑な取引関係の維持のため、非上場会社である得意先や仕入先の株式を保有している場合があります。そのような場合、当該非上場株式の基準日時点における含み損の有無を検討します。その結果、実質価額が簿価よりも低い場合にはその差額を含み損として簿価純資産から控除する調整を実施します。

⑦ 引当金の過不足

基準日時点における引当金の過不足を検討します。例えば、基準日後に機械設備の撤去を予定しており当該撤去について取締役会において決定しているが、当該撤去にかかる引当金を基準日時点では計上していない場合には、引当金の計上が不足しているといえます。この場合には当該不足額を簿価純資産から控除する調整を実施します。

これに対し、引当金の計上額が過剰な場合には当該過剰額を簿価純資産に加算する調整を実施します。

⑧ 撤退事業における一時損失

基準日時点における撤退予定事業の有無を検討します。ここで撤退予定事業とは、基準日時点において撤退が決定されているが撤退が未了の事業を意味します。撤退予定事業が存在する場合、撤退時までに計上が予想される除却損、除却費用、事業継続損失を、簿価純資産から控除する調整を実施します。

⑨ 遊休固定資産の評価減

遊休固定資産の有無を検討します。遊休固定資産が存在する場合、当該遊休固定資産の評価額の妥当性を検討します。当該遊休固定資産について、回収可能価額が簿価を下回っているにもかかわらず回収可能価額で評価されていない場合には、簿価と回収可能価額の差額を簿価純資産から控除する調整を実施します。

⑩ 除却処理漏れ

　対象会社の固定資産の除却処理のタイミングを検討します。対象会社が固定資産の除却処理を期末に一括して行う場合、基準日時点において除却処理漏れが発生する場合があります。この場合、当該除却損を簿価純資産から控除する調整を実施します。

⑪ 基準日以降の特別損益

　業績予想等から対象期間を含む会計期間に特別損益が計上されることが判明している場合、基準日時点における影響額が把握できる場合には、特別利益については簿価純資産に加算する調整を実施し、特別損失については簿価純資産から控除する調整を実施します。しかし、基準日時点における影響額が不明の場合もあり、そのような場合には、基準日時点の対象会社の簿価純資産に影響を与える可能性はあるが、影響額の定量化が困難な項目として列挙します。

⑫ 訴訟

　損害賠償請求を受けている場合、影響額が把握できる場合には簿価純資産から控除する調整を実施します。しかし、裁判が継続しており金額の合理的見積りが不可能な場合も多く、そのような場合には、基準日時点の対象会社の簿価純資産に影響を与える可能性はあるが、影響額の定量化が困難な項目として列挙します。

⑬ 遊休資産の関連費用

　基準日時点において存在する遊休資産について、今後の方針が不明な場合があります。除却又は売却する際には除却又は売却費用がかかり、将来再使用する際には修繕費用がかかるが、方針が不明な場合にはその影響額も不明です。そのような場合、基準日時点の対象会社の簿価純資産に影響を与える可能性はあるが、影響額の定量化が困難な項目として列挙します。

(3) 事業計画分析による検出事項

　財務デュー・ディリジェンスにおける事業計画分析の検出事項は、対象会社における事業計画を分析し、将来情報である事業計画の合理性を検討するための調整項目です。事業計画分析による検出事項として下記①から⑥を例示しています。

① 販売価格

　事業計画における販売価格が、対象会社の過去のトレンドや業界レポート等の将来予測と整合しておらず、その販売価格に合理性がない場合には検出事項となる可能性があります。例えば、競合他社の有力製品の存在により販売価格の上昇が見込めない場合に、過去のトレンドに合わせた上昇率を採用している場合などがあります。

② 販売数量

　事業計画における販売数量が、対象会社の過去のトレンドや業界レポート等の将来予測と整合しておらず、その販売数量に合理性がない場合には検出事項となる可能性があります。例えば、ある業界において新規参入企業の増加によりマーケット・シェアの下落が見込まれる場合に、過去のマーケット・シェアを採用している場合などがあります。

③ プロダクトミックス

　事業計画におけるプロダクトミックスが、対象会社の過去のトレンドやその他の計画上の項目と整合しておらず、そのプロダクトミックスに合理性がない場合には検出事項となる可能性があります。例えば、何らのアクションも行わずに、粗利率が相対的に高い製品の構成比が極端に高まっている場合などがあります。

④ 材料価格

　事業計画における材料価格が、対象会社の過去のトレンドや業界レポート等の将来予測と整合しておらず、その材料価格に合理性がない場合には検出事項

となる可能性があります。例えば、材料が原油価格に影響を受ける場合に原油価格の上昇局面において、過去の原油価格が安定していた期間の材料価格を採用している場合などがあります。

⑤　人件費

　事業計画における人件費が、対象会社における過去の人件費トレンドや人件費以外の事業計画の項目と整合しておらず、その人件費に合理性がない場合には検出事項となる可能性があります。例えば、販売拠点を増加させることにより売上高を増加させる事業計画の場合に、販売拠点の増加ほど人件費が増加しておらず、1人当たり売上高が極端に増加している場合などがあります。

⑥　経費

　事業計画における経費が、対象会社における過去の経費トレンドや経費以外の事業計画の項目と整合しておらず、その経費に合理性がない場合には検出事項となる可能性があります。例えば、工場数を増やし生産量を増加させることにより売上高を増加させる事業計画の場合に、工場数の増加ほど減価償却費や修繕費、賃借料が増加しておらず、粗利率が極端に上昇している場合などがあります。

(4)　その他定量的評価が困難な検出事項
①　ビジネス上の検出事項

　下記ア、イの2例は、ビジネス上リスクがあるといえますが、当該リスクを定量化することは困難です。しかし、このような内容はM&Aを実行する際には重要な検討事項になりますので、リスクの定量化は困難ですが、検出事項として報告対象となる場合があります。

　ア．特定の得意先に偏っており、当該得意先以外に需要家がほとんどいない場合。
　イ．特殊な材料を使用しており、当該材料が特定の仕入先以外取り扱っていない場合。

② スタンドアローンにおける検出事項

　下記アからエの4例は、M&Aにより対象会社が従来の企業グループから離脱することにより影響を受ける項目といえますが、当該項目を定量化することは困難な場合があります。しかし、このような内容はM&Aを実行する際には重要な検討事項になりますので、リスクの定量化は困難ですが、検出事項として報告対象となる場合があります。

　　ア．グループ会社から市場金利よりも低く資金調達を行っており、ディール後は市場金利での資金調達を余儀なくされる場合。
　　イ．グループ会社から市場価格よりも安価で仕入を行っており、ディール後は市場価格での仕入を余儀なくされる場合。
　　ウ．グループ内のシェアードサービス会社からサービスを受けており、ディール後は経理等の業務を自社で行うことを余儀なくされる場合。
　　エ．グループ独自のシステムを採用しており、ディール後は別システムの構築を余儀なくされる場合。

③ その他の検出事項

　下記アからウの3例は、対象会社内部のリスクといえますが、当該リスクを定量化することは困難です。しかし、このような内容はM&Aを実行する際には重要な検討事項になりますので、リスクの定量化は困難ですが、検出事項として報告対象となる場合があります。

　　ア．在庫や固定資産について適切な管理がなされていない場合。
　　イ．会社と関連当事者との間で不適切な取引が行われている場合。
　　ウ．現在の取締役に対する忠誠心の高い従業員が多く、ディール後に取締役の退職に伴いキーパーソンである従業員が退社する可能性がある場合。

## 2 財務デュー・ディリジェンスにおける検出事項の意思決定事項への反映

### (1) 買収価格又は合併比率（交換比率）への反映

　財務デュー・ディリジェンスにおける検出事項は、買収価格又は合併比率（交換比率）に反映される場合が多いといえます。例えば、本章1(1)①の項目について、対象会社に撤退事業が存在する場合、今後発生しない撤退事業における過去の損益を控除する調整を実施することとなりますが、当該調整は対象会社の利益数値に影響を与えるため、乗数法による価値評価に反映されます。また、当該調整が事業計画に反映された場合には、DCF法による価値評価に影響を与えることとなります。すなわち、スキームが株式取得であれば買収価格に反映され、スキームが合併であれば合併比率に反映され、株式交換であれば交換比率に反映されることとなります。

### (2) 契約書への反映

① 　財務デュー・ディリジェンスにおける検出事項のうち、契約書に反映される項目としては、例えば、本章1(2)⑫について、対象会社が損害賠償請求を受けているが裁判が継続しており金額の合理的見積りが不可能な場合、将来的に対象会社が多額の債務を抱える可能性があります。そのような場合、株式取得によると、対象会社の訴訟リスクを回避できなくなるので、事業譲渡によるストラクチャーに変更するという形で契約書へ反映されることが考えられます。

② 　ストラクチャーの変更以外にも、財務デュー・ディリジェンスにおける検出事項のうち、売り手の表明・保証という形で契約書に反映される場合もあります。売り手の表明・保証の例としては、売り手がデュー・ディリジェンスにおいて提出した資料が完全かつ正確であることや、売り手に重要な訴訟案件がないことなどが挙げられます。なお、表明・保証の多くは売り手の項目になりますが、買い手の項目もあります。買い手の項目の例としては、買

い手は支払不能や債務超過の状態にないことや、許認可が必要な事業の場合買い手は適法に許認可を取得していることなどが挙げられます。

③　買収価格の決定は、調査基準日時点における財務数値に基づき決定されることになりますが、実際の契約日は調査基準日よりも事後となることが一般的です。その場合、調査基準日から実際の契約日までの財務数値の動きに応じた価格調整を行うことがあります。例えば、調査基準日後に売り手が現金配当を行った場合、価格調整条項がなければ買い手は配当を行った現金の分だけ損失を被ります。しかし、契約書に価格調整条項がある場合には、配当を行った現金の減少分を価格調整金として精算することにより、損失を回避することが可能となります。

### (3) ポスト・マージャー・インテグレーション（以下、「PMI」という。）への反映

ここでPMIとはクロージング後の統合作業を意味しています。財務デュー・ディリジェンスにおける検出事項のうち、PMIに反映される項目としては、例えば、本章1(4)③アについて、対象会社において在庫や固定資産について適切な管理がなされていない場合、PMIの段階において、買い手における在庫や固定資産の管理手法を導入して適切な管理レベルまで引き上げる場合があります。

## 3 財務デュー・ディリジェンスにおける検出事項の買収価格への反映

### (1) 正常収益力分析における検出事項が買収価格に与える影響

　正常収益力分析における検出事項が買収価格に影響を与える例として本章1(1)で挙げた、①撤退事業における損益、②連結の範囲及び持分法適用の範囲の変更、③臨時的な事象の影響、④臨時的に発生した損益項目の影響、⑤持分法投資損益、⑥経常的な営業外損益項目、⑦業界における事業環境の変化、⑧M&Aの影響、⑨コスト削減計画の各項目について調整を実施する場合、当該調整は対象会社の利益数値に影響を与えるため、乗数法による価値評価に反映されます。

　また、正常収益力分析における検出事項は事業計画分析にも影響を与える場合があるため、DCF法による価値評価にも反映される可能性があります。

### (2) 貸借対照表分析における検出事項が買収価格に与える影響

　貸借対照表分析における検出事項が買収価格に影響を与える例として本章1(2)で挙げた、①滞留債権の評価減、②滞留在庫の評価減の項目について調整を実施する場合、当該調整は対象会社の純資産に影響を与えるため、純資産法による価値評価に反映されます。更に、当該滞留債権の評価及び滞留在庫の評価によって事業計画における運転資本の水準に影響を与える場合には、DCF法による価値評価にも反映されることとなります。

　本章1(2)で挙げた③退職給付会計における未認識差異の項目について調整を実施する場合も、当該調整は対象会社の純資産に影響を与えるため、純資産法による価値評価に反映されます。更に当該未認識差異については、乗数法やDCF法により算定された企業価値から控除されるネットデットの調整として反映される可能性があります。

　その他、1(2)④未払配当金、⑤非事業用資産の含み損益、⑥非上場株式の含み損、⑦引当金の過不足、⑧撤退事業における一時損失、⑨遊休固定資産の評価減、⑩除却処理漏れ、⑪基準日以降の特別損益、⑫訴訟、⑬遊休資産の関

連費用について調整を行う場合にも、対象会社の純資産に影響を与えるため純資産法による価値評価に反映されることになります。

(3) 事業計画分析における検出事項が買収価格に与える影響

　事業計画分析における検出事項が買収価格に影響を与える例として本章1(3)で挙げた、①販売価格、②販売数量、③プロダクトミックス、④材料価格、⑤人件費、⑥経費の項目について調整を実施する場合、当該調整は事業計画のフリー・キャッシュ・フローに影響を与えるため、DCF法による価値評価に反映されることとなります。

《参考資料》

『M&Aを成功に導く財務デュー・ディリジェンスの実務〈第3版〉』プライスウォーターハウスクーパース編、中央経済社、平成22年

『最新版　M&A実務のすべて』監査法人トーマツ編、日本実業出版社、平成20年

『バリュエーションの理論と応用－オプションを含む多種多様なM&Aプロダクツの評価』谷山邦彦著、中央経済社、平成22年

『M&Aファイナンシャルデューディリジェンスの実務』デロイトトーマツFAS編、清文社、平成19年

# 第8章

# 取得原価の配分（パーチェス・プライス・アロケーション）

# 1 取得原価の配分（パーチェス・プライス・アロケーション）とは

　取得原価の配分（パーチェス・プライス・アロケーション、以下「PPA」という。）とは、M&Aにおける取得原価を資産及び負債に配分する作業です。

　PPAはM&Aのプロセスにおいて、図表8-1のとおり、ディールのクロージング後に実施されることが一般的ですが、無形資産の償却影響額を早期に把握しておくなど、経営上の必要性から仮の数値によってディールのクロージング前に実施される場合もあります。この場合には、仮の数値で計算していたものをディールのクロージング後に確定値に置き換えることにより最終的な金額を算出することとなります。

図表8-1　M&Aプロセス

　なおPPAについて、企業結合等適用指針において、下記の記載があります。

51　取得原価は、被取得企業から受け入れた資産及び引き受けた負債のうち企業結合日において識別可能なもの（識別可能資産及び負債）に対して、その企業結合日における時価を基礎として配分し、取得原価と取得原価の配分額との差額はのれん（又は負ののれん）とするとされている。

52　識別可能資産及び負債の範囲は、「被取得企業の企業結合日前の貸借対照表において計上されていたかどうかにかかわらず、企業がそれらに対して対価を支払って取得した場合、原則として、我が国において一般に公正妥当と認められる企業会計の基準の下で認識されるものに限定する」とされている。

53 識別可能資産及び負債への取得原価の配分額は、企業結合日における次の時価を基礎として、算定するとされている。
(1) 観察可能な市場価格に基づく価額
(2) (1)がない場合には、合理的に算定された価額

　　合理的に算定された価額による場合には、市場参加者が利用するであろう情報や前提等が入手可能である限り、それらに基礎を置くこととし、そのような情報等が入手できない場合には、見積りを行う企業が利用可能な独自の情報や前提等に基礎を置くものとされている。

　　合理的に算定された価額は、一般に、ネットアセット・アプローチ（コスト・アプローチ）、マーケット・アプローチ、インカム・アプローチなどの見積方法が考えられ、資産の特性等により、これらのアプローチを併用又は選択して算定することとなる。

　　なお、金融商品、退職給付に係る負債など個々の識別可能資産及び負債については、一般に公正妥当と認められる企業会計の基準において示されている時価等の算定方法が利用されることとなる。

54 前項にかかわらず、次のいずれの要件も満たす場合には、被取得企業の適正な帳簿価額を基礎として取得原価の配分額を算定できる。
(1) 被取得企業が、企業結合日の前日において、一般に公正妥当と認められる企業会計の基準に従って資産及び負債の適正な帳簿価額を算定していること
(2) (1)の帳簿価額と企業結合日の当該資産又は負債の時価との差異が重要でないと見込まれること

出典：企業会計基準委員会「企業結合会計基準及び事業分離等会計基準に関する適用指針（企業会計基準適用指針第10号）」最終改正平成25年9月13日

# 2 無形資産の価値評価

## (1) PPAの業務フロー

PPAにおける業務フローのイメージは**図表8-2**のとおりです。すなわち、株式価値を算定し、その株式価値に有利子負債(時価)を加算して企業価値を算定します。そして運転資本を構成する買掛金等の負債(時価)を加算し、同じく運転資本を構成する売掛金や在庫等(時価)を控除し、有形資産(時価)を控除します。そしてその残余金額であるいわゆる広義ののれんが無形資産の評価の対象となり、無形資産を認識した後の残余が狭義ののれんとなります。

**図表8-2　PPA概念図**

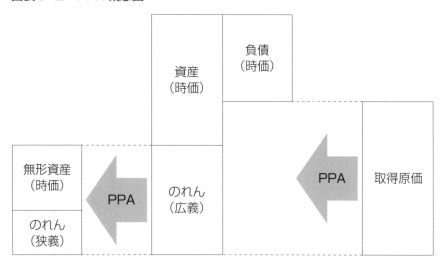

## (2) 無形資産の評価における具体的な手続

無形資産を評価する手続は、大別すると識別と測定の2つに分けられます。識別とは、対象会社がどのような無形資産を保有しているかを把握する手続であり、測定とは把握された無形資産の金額を算定する手続です。一般的な手続

第8章 取得原価の配分(パーチェス・プライス・アロケーション)

のスケジュールは下記のとおりです。
- 情報収集

    評価者として無形資産の価値評価を実施するに当たり、事前にM&Aを実施した目的、背景等を理解するとともに、対象会社の事業内容、財務内容、当該対象会社が属している業界の市場環境等を把握する必要がありますが、そのための資料を収集する必要があります。
- 無形資産の識別

    買い手企業が何のために対象会社を取得したのか、対象会社の収益力の源泉は何なのかということを意識して、インタビューや入手資料の分析等を行います。すなわち、買い手企業は対象会社の顧客基盤に魅力を感じたのか、高い技術力を入手したかったのか等を明確化し、分離して譲渡可能な無形資産がある場合には無形資産の識別を行います。なお、主な無形資産の例については本章の2(3)において説明しています。
- 無形資産の測定

    識別した無形資産の金額を測定します。識別した無形資産によって評価方法は異なり、また評価方法によって入手すべき情報も異なります。そのため評価方法に応じた情報を入手する必要がありますが、評価に必要なすべての情報が入手できるとは限りません。入手できない情報がある場合には、代替情報の入手や、ある仮定を置いての評価方法の検討を行います。なお、評価方法については本章の2(4)において説明しています。
- 会計監査人によるレビューとフォロー

    無形資産及びのれんの評価は会計処理のために実施されるものであるため、当該無形資産の評価結果は会計監査人によるレビューを受けます。したがって、重要な前提事項等については予め会計監査人と協議しておくことが必要な場合もあります。そして会計監査人からの指摘事項がある場合には、そのフォローを行い評価結果を最終化させることとなります。

## (3) 無形資産の識別

「受け入れた資産に法律上の権利など分離して譲渡可能な無形資産が含まれる場合には、当該無形資産は識別可能なものとして取り扱う。」(企業結合等適

用指針 29）とあり、「取得原価は、被取得企業から受け入れた資産及び引き受けた負債のうち企業結合日時点において識別可能なもの（識別可能資産及び負債）の企業結合日時点の時価を基礎として、当該資産及び負債に対して企業結合日以後 1 年以内に配分する。」（企業結合等適用指針 28）とあります。

すなわち、分離して譲渡可能な無形資産がある場合、無形資産として識別しなければなりませんが、識別可能な無形資産の例としては下記のようなものがあります。

| | |
|---|---|
| マーケティング関連無形資産 | 商標、商号 |
| | 役務標章、団体標章、証明標章 |
| | トレードドレス（独自の色・形・パッケージデザイン等） |
| | 新聞のマストヘッド |
| | インターネット・ドメイン名 |
| | 競業避止協定 |
| 顧客関連無形資産 | 顧客リスト |
| | 受注残 |
| | 顧客との契約および関連する顧客との関係 |
| | 契約に拠らない顧客との関係 |
| 芸術関連無形資産 | 演劇、オペラ、バレエ |
| | 書籍、雑誌、新聞、その他著作権 |
| | 作曲、作詞、CM 用楽曲等 |
| | 絵画、写真 |
| | 動画、音声を伴う映像作品等 |
| 契約に基づく無形資産 | ライセンス、ロイヤルティ、スタンドスティル契約 |
| | 広告、建設、管理、役務・商品納入契約 |
| | リース契約 |
| | 建設許認可 |
| | フランチャイズ契約 |
| | 営業許可、放映権 |
| | 利用権（採掘、採水） |
| | サービサー契約（抵当回収契約等） |
| | 雇用契約 |

| 技術に基づく<br>無形資産 | 特許権を取得した技術 |
|---|---|
| | ソフトウェア、マスクワーク |
| | 特許権申請中・未申請の技術 |
| | データベース |
| | 企業秘密（秘密の製法、工程等） |

出典：デロイト トーマツ FAS編『新版 M&A 無形資産評価の実務』136頁、清文社、平成21年

(4) **無形資産の測定**

　無形資産の評価方法は、ネットアセット・アプローチ（コスト・アプローチ）、マーケット・アプローチ、インカム・アプローチに分けることができ、各々具体的な評価方法は下表のとおりです。

| アプローチ方法 | 具体的な価値評価方法 |
|---|---|
| ネットアセット・アプローチ<br>（コスト・アプローチ） | 複製原価法 |
| | 再調達原価法 |
| マーケット・アプローチ | 売買取引比較法 |
| | ロイヤルティ免除法 |
| | 利益差分比較法 |
| | 概算法 |
| | 市場取替原価法 |
| インカム・アプローチ | 利益差分法 |
| | 利益分割法 |
| | 企業価値残存法 |
| | 超過収益法 |
| | ロイヤルティ免除法 |

① **ネットアセット・アプローチ（コスト・アプローチ）**

ア．概要

　ネットアセット・アプローチ（コスト・アプローチ）は、一般的に人的資産や社内マニュアル等の評価に適しているといわれます。例えば人的資産については、採用費や教育研修費などのコストを費やすことにより現在の人的

資産と同水準の人的資産を獲得できる場合が多いと考えられるためです。

　これに対し、ネットアセット・アプローチ（コスト・アプローチ）は、一般的に商標権や特許権等の評価に適していないといわれます。例えば商標権については、宣伝費や販売促進費などのコストを費やしても、現在と同水準の商標権を獲得できるとは限らないと考えられるためです。

　またPPAにおけるネットアセット・アプローチ（コスト・アプローチ）では、同一の効用又は機能を有する無形資産を代替取得する場合のコストに基づいて評価されるため、必要なコストから陳腐化による価値の減額調整を行って評価されることになりますが、減額調整の見積りが困難な場合もあります。

イ．具体的な評価手法
　(ア)　複製原価法とは、評価対象である無形資産と全く同じ複製を現時点で製作する場合のコストに基づいて、無形資産を評価する方法です。したがって、評価対象である無形資産の価値は下記のとおりとなります。

　　「無形資産の価値＝新規複製コスト－修復不能な機能的陳腐化および技術的陳腐化」[39]

　(イ)　再調達原価法とは、評価対象である無形資産と全く同じ効用を有する無形資産を現時点で製作するコストに基づいて無形資産を評価する方法です。したがって、評価対象である無形資産の価値は下記のとおりとなります。

　　「無形資産の価値＝新規再調達コスト－物理的陳腐化－経済的陳腐化－修復可能な機能的陳腐化および技術的陳腐化」[40]

---

39、40　デロイト　トーマツ　FAS編『新版M&A無形資産評価の実務』170頁、清文社、平成21年

## 第8章　取得原価の配分（パーチェス・プライス・アロケーション）

② マーケット・アプローチ

ア．概要

　　マーケット・アプローチは、アメリカのように無形資産の売買取引が活発に行われており、合理的な市場価格が形成されている場合には、効果的な評価方法となります。

　　しかし、無形資産の売買取引事例は日本ではあまりないため、合理的な市場価格の形成は困難です。また、類似する無形資産の取引価格等の情報を収集することも困難な状況です。

イ．具体的な評価手法

(ア)　売買取引比較法は、評価対象である無形資産の価値を当該無形資産と類似の無形資産の実際の売買取引に基づいて評価する方法です。この方法は評価資料を入手することができれば、評価手法としては最も直接的な方法となります。

「評価手続」
- 評価対象の無形資産とその無形資産が関連するマーケットの特徴の比較分析
- 評価対象の無形資産と類似売買取引との比較分析並びに差異調整項目の定量化
- 評価倍率の算定と無形資産に関連した財務数値に対する倍率の適用による無形資産の評価額の算定[41]

(イ)　ロイヤルティ免除法とは、評価対象である無形資産の所有者が、その使用を第三者から許可されたと仮定し、第三者に対して支払う無形資産のライセンス実施料率によって算出されるロイヤルティコストの現在価値によって無形資産を評価する方法です。この方法は、インカム・アプローチにも分類される考え方です。

---

41　デロイト トーマツ FAS編『新版 M&A 無形資産評価の実務』173頁、清文社、平成21年

「評価手続」
- 類似のライセンス契約の内容について以下の点をチェックすると同時に、評価対象無形資産に対する投資リスクとリターンに比較して類似性があるか否か検討する。
  - ・類似ライセンス契約の対象資産の法的権利内容
  - ・類似ライセンス対象資産に関わるメンテナンス（製品宣伝、品質管理など）の内容
  - ・類似ライセンス契約の効力発生日、終了日、独占使用の程度
- 評価対象の無形資産から創造される売上高又は利益に対して、上記検討の結果推定されるロイヤルティレートを適用して、無形資産が生み出すロイヤルティを算出する。
- ロイヤルティに対する資本還元率（割引率）の算定
- 無形資産に関連する利益に資本還元率を適用して無形資産の評価額を算定する。[42]

(ウ) 利益差分比較法とは、一方は無形資産を使用している事業を、他方は無形資産を使用していない事業を選定し、無形資産を使用して事業を行っている企業が達成した利益と、無形資産を使用しないで事業を行っている企業が達成した利益の差額に資本還元率を適用して無形資産を評価する方法です。この方法は、フランチャイズ契約、商標、特許権を取得した技術の評価に用いられます。

(エ) 概算法とは、ある業界において無形資産の売買に当たりよく使用される一定の経営指標があり、当該経営指標と類似する無形資産取引金額とを用いて無形資産を評価する方法です。しかし、これらの経営指標は大概が単純なものであり、他の評価方法と併用しないで使用されることは少ないといえます。

---

[42] デロイト トーマツ FAS編『新版 M&A 無形資産評価の実務』173頁・174頁、清文社、平成21年

第8章　取得原価の配分（パーチェス・プライス・アロケーション）

(オ)　市場取替原価法とは、ネットアセット・アプローチ（コスト・アプローチ）の再調達原価法とは異なり、評価対象である無形資産に関する外部の専門家によって、一般市場での無形資産の再調達原価から無形資産を評価する方法です。

③　インカム・アプローチ

ア．概要

　インカム・アプローチは無形資産評価における多くの場合に適用することが可能です。また、将来における収益獲得能力を無形資産の評価額に反映することができます。さらに、個々の無形資産が持つ固有の事情を評価額に反映することもできます。

イ．具体的な評価手法

(ア)　利益差分法とは、評価対象である無形資産がある場合の収益、費用、利益と評価対象である無形資産がない場合の収益、費用、利益を比較し、その利益差額の割引現在価値によって無形資産を評価する方法です。

(イ)　利益分割法とは、評価対象である無形資産が使用されている事業部門全体の利益・キャッシュ・フロー等に対して当該無形資産の寄与割合を見積もり、当該無形資産に割り当てることにより無形資産を評価する方法です。

(ウ)　企業価値残存法とは、評価対象である無形資産が使用されている事業の価値を算定し、評価額から当該事業のために使用されている有形資産及び他の無形資産の時価を控除することにより無形資産を評価する方法です。したがって、評価対象である無形資産の価値は下記のとおりとなります。

「無形資産の価値＝無形資産を使用している事業部門の事業価値－運転資本の時価－事業用有形資産の時価－他の無形資産の時価」[43]

---

43　デロイト トーマツ FAS編『新版 M&A 無形資産評価の実務』180頁、清文社、平成21年

(エ) 超過収益法とは、企業又は事業全体の利益から、無形資産に寄与する利益を抽出して、それを資本還元する方法です。すなわち、評価対象である無形資産の価値は、下記のとおり評価対象の無形資産が寄与する利益を算出し、当該利益を資本還元することにより算出します。なお、企業又は事業部門の利益から控除する評価対象である無形資産以外の資産にかかる期待利益をキャピタルチャージといいます。

「評価対象の無形資産が寄与する利益＝企業または事業部門の利益
 －運転資本の時価×当該運転資本に対する期待収益率
 －事業用の有形固定資産の時価×当該有形固定資産に対する期待収益率
 －評価対象以外の無形資産時価×当該無形資産に対する期待収益率」[44]

《参考文献》
『会計委員会研究報告書「企業結合における無形資産計上に関する理論と実態調査」』、日本公認会計士協会東京会、平成25年
『新版M&A無形資産評価の実務』デロイト トーマツ FAS編、清文社、平成21年
『パーチェスプライスアロケーション（PPA）の業務フロー』有限責任監査法人トーマツ ウェブサイト、平成22年

---

[44] デロイト トーマツ FAS編『新版M&A無形資産評価の実務』181頁、清文社、平成21年

# 第9章

# 事例研究

### 事例1　(株)三越伊勢丹ホールディングス
株式会社伊勢丹と株式会社三越との共同持株会社設立による経営統合

## 1．はじめに

　(株)伊勢丹(以下「伊勢丹」という。)と(株)三越(以下「三越」という。)は、平成20年4月1日に、株式移転により、(株)三越伊勢丹ホールディングス(以下「三越伊勢丹」という。)を設立し、経営統合を行いました。

　百貨店業界は、日本国内の総人口の減少による市場規模の縮小や、スーパー、ドラッグストア、量販店、コンビニエンスストアなど、他業態との競争激化など厳しい状況に直面しています。このような状況の下、平成19年8月23日に公表された適時開示によれば、伊勢丹と三越は、両社が協働してサプライチェーン改革に取り組み、両社が持つ経営資源を最大限活用するためには、単なる業

① 伊勢丹、三越各社の連結業績及び両社の単純合算

|  | 伊勢丹 | | | | |
|---|---|---|---|---|---|
| 決算期 | H16／3 | H17／3 | H18／3 | H19／3 | H20／3 |
| 売上高 | 614,810 | 628,996 | 760,038 | 781,798 | 785,839 |
| 経常利益 | 16,157 | 21,907 | 30,925 | 33,416 | 33,685 |
| 税金等調整前当期純利益 | 2,376 | 22,471 | 37,183 | 32,244 | 23,479 |
| 当期純利益 | △3,093 | 12,619 | 18,710 | 18,291 | 13,760 |
| 純資産額 | 153,128 | 163,930 | 194,789 | 213,194 | 218,716 |
| 総資産額 | 423,565 | 461,579 | 493,553 | 474,895 | 466,542 |
| 営業活動によるキャッシュ・フロー | 9,762 | 28,549 | 35,559 | 35,519 | 28,753 |
| 投資活動によるキャッシュ・フロー | △14,991 | 8,295 | 1,352 | △957 | △22,643 |
| 財務活動によるキャッシュ・フロー | △9,073 | △37,914 | △23,687 | △38,834 | △11,815 |

出典：伊勢丹有価証券報告書(平成16年3月期～平成20年3月期)、三越有価証券報告書(平成16年2月期～平成20年2月期)より作成
＊1　伊勢丹は平成16年3月期から平成20年3月期まで増収増益傾向にあります。
＊2　三越は平成17年2月期をピークにその後減収減益傾向にあります。平成17年2月期のピーク時において、店舗閉鎖損失として12,989百万円、早期退職措置関連損失として16,645百万円を計上し、当期純損失を計上しています。

務提携に止まらず、1つのグループになることで初めて可能になるとの認識を共有するに至り、経営統合を行うことが最良の選択であるとの結論に至ったとのことです。

本事例は、同業者による共同株式移転による持株会社設立の案件であり、両社とも有価証券報告書提出会社であったため、共同持株会社設立前後の会計数値の比較もできることから、事例として選んでおります。

## 2. 三越伊勢丹の概要

(1) 業績

三越伊勢丹は、平成20年4月1日に伊勢丹と三越の共同株式移転により設立されました。設立前5年間の各社の連結業績及び両社の単純合算値、設立以降平成25年3月期までの三越伊勢丹の連結の業績は以下のとおりです。

(単位:百万円)

| 三越 | | | | | 単純合算 | | | | |
|---|---|---|---|---|---|---|---|---|---|
| H16/2 | H17/2 | H18/2 | H19/2 | H20/2 | H16 | H17 | H18 | H19 | H20 |
| 470,491 | 887,782 | 842,009 | 804,120 | 773,964 | 1,085,301 | 1,516,778 | 1,602,047 | 1,585,918 | 1,559,803 |
| 12,662 | 16,898 | 19,943 | 17,019 | 12,258 | 28,819 | 38,805 | 50,868 | 50,435 | 45,943 |
| 9,175 | △15,018 | 27,428 | 13,493 | 6,686 | 11,551 | 7,453 | 64,611 | 45,737 | 30,165 |
| 6,705 | △4,067 | 9,088 | 12,936 | 4,427 | 3,612 | 8,552 | 27,798 | 31,227 | 18,187 |
| 134,235 | 129,025 | 140,018 | 162,840 | 159,233 | 287,363 | 292,955 | 334,807 | 376,034 | 377,949 |
| 612,463 | 636,879 | 597,349 | 577,672 | 570,727 | 1,036,028 | 1,098,458 | 1,090,902 | 1,052,567 | 1,037,269 |
| 10,407 | 28,717 | 13,286 | 21,911 | 14,266 | 20,169 | 57,266 | 48,845 | 57,430 | 43,019 |
| 12,524 | △25,303 | 1,750 | 12,157 | △11,464 | △2,467 | △17,008 | 3,102 | 11,200 | △34,107 |
| △19,990 | 5,612 | △20,596 | △40,099 | △1,149 | △29,063 | △32,302 | △44,283 | △78,933 | △12,964 |

② 三越伊勢丹の連結経営指標　　　　　　　　　　（単位：百万円）

| 回次 | 第1期 | 第2期 | 第3期 | 第4期 | 第5期 |
|---|---|---|---|---|---|
| 決算年月 | H21年3月 | H22年3月 | H23年3月 | H24年3月 | H25年3月 |
| 売上高 | 1,426,684 | 1,291,617 | 1,220,772 | 1,239,921 | 1,236,333 |
| 経常利益 | 35,052 | 19,730 | 27,093 | 38,452 | 34,217 |
| 税金等調整前当期純利益 | 11,484 | △39,723 | 6,673 | 25,662 | 22,551 |
| 当期純利益 | 4,683 | △63,521 | 2,640 | 58,891 | 25,292 |
| 純資産額 | 489,740 | 425,120 | 418,152 | 468,479 | 505,127 |
| 総資産額 | 1,351,633 | 1,238,006 | 1,237,775 | 1,227,947 | 1,223,677 |
| 営業活動によるキャッシュ・フロー | 18,162 | △3,604 | 33,211 | 57,843 | 4,438 |
| 投資活動によるキャッシュ・フロー | △27,429 | 47,443 | △24,419 | △15,939 | △26,312 |
| 財務活動によるキャッシュ・フロー | 7,116 | △41,688 | 11,241 | △44,940 | 2,339 |

出典：三越伊勢丹有価証券報告書（平成21年3月期～平成25年3月期）より作成

＊1　平成21年3月期は、百貨店業界の同業・他業態との競争激化に加え、消費マインドの冷え込みから売上高が減少しました。また、特別損失として構造改革損失を8,492百万円計上しています。

＊2　平成22年3月期は、百貨店業界の同業・他業態との競争激化に加え、消費者の低価格・節約志向の高まりの影響及び店舗の営業終了も続き売上高が減少しました。また、特別損失として減損損失を27,141百万円、構造改革損失を42,515百万円等計上した結果、当期純損失となっています。

＊3　平成23年3月期は、特別損失として災害による損失を2,124百万円、その他を2,160百万円計上しています。

(2) 事業の内容

① 統合直前の伊勢丹と三越の事業の内容

| 事業内容等 | 伊勢丹（H20年3月期） | | 三越（H20年2月期） | |
|---|---|---|---|---|
| | 主な会社名 | 会社数 | 主な会社名 | 会社数 |
| 百貨店業 | ㈱静岡伊勢丹、㈱新潟伊勢丹、㈱岩田屋 | 連結子会社11社、持分法適用関連会社3社 | ㈱三越友の会、フランス三越S.A.S.、英国三越LTD.、 | 連結子会社10社、持分法適用関連会社3社 |

| | | | イタリア三越 S.p.A.、ドイツ三越GmbH、スペイン三越 S.A.、米国三越INC.、㈱プランタン銀座 | |
|---|---|---|---|---|
| クレジット・金融業 | ㈱伊勢丹アイカード、㈱エージーカード | 連結子会社2社、持分法適用関連会社1社 | − | − |
| 小売・専門店業 | ㈱マミーナ、㈱クイーンズ伊勢丹 | 連結子会社2社、持分法適用関連会社1社 | − | − |
| 不動産管理業 | − | − | ㈱三越パーキングサービス、㈱三越不動産 | 連結子会社6社、持分法非適用非連結子会社1社、持分法非適用関連会社2社 |
| その他事業 | ㈱伊勢丹会館、㈱イセタンクローバーサークル、㈱JTB伊勢丹トラベル | 連結子会社12社、持分法適用関連会社2社 | ㈱二幸、㈱レオテックス、㈱スタジオアルタ | 連結子会社11社、持分法適用関連会社1社、持分法非適用関連会社4社 |

出典：伊勢丹有価証券報告書（平成20年3月期）、三越有価証券報告書（平成20年2月期）より作成

② 三越伊勢丹の事業の内容

| 事業内容等 | 第1期（H21年3月期） 主な会社名 | 会社数 | 第5期（H25年3月期） 主な会社名 | 会社数 |
|---|---|---|---|---|
| 百貨店業 | ㈱三越、㈱伊勢丹、㈱プランタン銀座 | 連結子会社13社、持分法適用関連会社6社、非連結子会社8社 | ㈱三越伊勢丹、㈱札幌丸井三越、㈱函館丸井今井、㈱プランタン銀座 | 連結子会社19社、持分法適用関連会社5社、非連結子会社5社 |
| クレジット・金融・友の会業（H21年3月期はクレジット・金融業） | ㈱伊勢丹アイカード、㈱エージーカード | 連結子会社2社、持分法適用関連会社1社、非連結子会社1社 | ㈱エムアイカード、㈱エムアイ友の会 | 連結子会社2社 |
| 小売・専門店業 | ㈱マミーナ、㈱クイーンズ伊勢丹 | 連結子会社2社、持分法適用関連会社2社 | ㈱三越伊勢丹フードサービス、㈱三越伊勢丹通信販売、㈱マミーナ | 連結子会社3社 |
| 友の会事業 | ㈱イセタンクローバーサークル、㈱三越友の会 | 連結子会社3社、非連結子会社1社 | － | － |
| 不動産管理業 | － | － | ㈱三越不動産、㈱伊勢丹会館、新宿サブナード㈱ | 連結子会社4社、持分法適用関連会社2社 |
| その他事業 | ㈱三越不動産、㈱伊勢丹会館、㈱スタジオアルタ、㈱JTB伊勢丹トラベル | 連結子会社22社、持分法適用関連会社2社、非連結子会社10社、持分法非適用関連会社4社 | ㈱スタジオアルタ、㈱JTB伊勢丹トラベル | 連結子会社12社、持分法適用関連会社1社、非連結子会社12社、持分法非適用関連会社2社 |

出典：三越伊勢丹有価証券報告書（平成21年3月期、平成25年3月期）より作成

事業の内容としては、同業者であったため、大きな相違はありませんでしたが、統合後、吸収分割や合併を繰り返し、平成25年3月期のような事業の内容となっています。

## 3. 三越、伊勢丹の背景

### (1) 三越の背景

　三越を伊勢丹との経営統合に向かわせた理由の1つは業績不振であると思われます。業績の推移を見ると、平成17年2月期をピークに減収傾向にあり、平成19年2月期は、大手百貨店で唯一減収減益になりました。

　三越は、平成19年2月15日に「「三越ブランドルネサンス6カ年計画」について」を公表しており、その中で計画期間6年間の投資1,800億円の内訳を記載し、そしてその後日本橋本店の改装（平成20年）、銀座店の大幅増床（平成21年）、大阪への出店（平成23年）等行い、V字回復を目論んでいたと思われます。しかし、百貨店業界の環境が厳しい中、業績不振が続き、「三越ブランドルネサンス6カ年計画」における平成24年度の連結経常利益の目標は、450億円としたものの、平成20年2月期の連結経常利益は、12,258百万円と平成19年2月期の17,019百万円よりも悪化しています。そして、平成20年2月期の期の途中の平成19年8月23日に、「株式会社伊勢丹と株式会社三越との共同持株会社設立による経営統合に関するお知らせ」を公表しました。

### (2) 伊勢丹の背景

　伊勢丹は業績の推移を見ると増収増益傾向にあり、百貨店業界では勝ち組であるといわれていました。しかし、伊勢丹は利益の約7割を新宿本店の利益が占めており、三越の主力店舗である日本橋本店、銀座店はいずれも伊勢丹が未出店の地域でした。そして、平成19年8月23日、「株式会社伊勢丹と株式会社三越との共同持株会社設立による経営統合に関するお知らせ」を公表しています。その中で、経営統合における基本戦略として、以下が掲げられています。

　① 営業基盤の統合による顧客満足の向上
　② 東京及び全国主要都市における顧客基盤の確立
　③ 百貨店周辺事業の統合

④ コスト削減と経営効率の向上
⑤ 人材・組織の活性化

中でも②東京及び全国主要都市における顧客基盤の確立として、「日本最大の消費地である東京においては、伊勢丹新宿店、三越日本橋店及び平成22年度増床リモデルオープン予定の三越銀座店の3つの旗艦店を軸に盤石な顧客基盤の構築を図って」[45]いくとしています。

## 4．株式移転比率

株式移転比率は、伊勢丹の普通株式1株に対して三越伊勢丹の普通株式1株を、三越の普通株式1株に対して三越伊勢丹の普通株式0.34株をそれぞれ割当て交付することで合意されました。

| 会社名 | 伊勢丹 | 三越 |
|---|---|---|
| 株式移転比率 | 1 | 0.34 |

出典：「株式会社伊勢丹と株式会社三越との共同持株会社設立による経営統合に関するお知らせ」平成19年8月23日、東京証券取引所 適時開示資料

## 5．株式移転比率の算定根拠

伊勢丹及び三越は、株式移転比率の算定に当たり、伊勢丹は三菱UFJ証券(株)を、三越は大和証券SMBC(株)をファイナンシャル・アドバイザーとして任命し、それぞれ株式移転比率の算定を依頼しました。

伊勢丹は、三菱UFJ証券(株)より平成19年8月22日付で合意された株式移転比率が伊勢丹株主にとり財務的見地から妥当である旨の意見書を取得しました。三菱UFJ証券(株)による株式移転比率の算定結果の概要は以下のとおりです。

| | 採用手法 | 株式移転比率の評価レンジ |
|---|---|---|
| ① | 市場株価法 | 0.24～0.35 |
| ② | 類似会社比較法 | 0.14～0.35 |
| ③ | DCF法 | 0.26～0.45 |

---

45 「株式会社伊勢丹と株式会社三越との共同持株会社設立による経営統合に関するお知らせ」平成19年8月23日、東京証券取引所 適時開示資料

| | | |
|---|---|---|
| ④ | 1株当たり利益希薄化分析 | 0.32〜0.35 |

出典:「株式会社伊勢丹と株式会社三越との共同持株会社設立による経営統合に関するお知らせ」平成19年8月23日、東京証券取引所 適時開示資料

　三越は、大和証券SMBC(株)より平成19年8月23日付で合意された株式移転比率が三越の株主にとって財務的見地から公正である旨の意見書を取得しました。大和証券SMBC(株)による株式移転比率の算定結果の概要は以下のとおりです。

| | 採用手法 | 株式移転比率の評価レンジ |
|---|---|---|
| ① | DCF法 | 0.31〜0.44 |
| ② | 市場株価法 | 0.30〜0.32 |

出典:「株式会社伊勢丹と株式会社三越との共同持株会社設立による経営統合に関するお知らせ」平成19年8月23日、東京証券取引所 適時開示資料

　なお、大和証券SMBC(株)は、参考として時価純資産法による分析等を実施しているとのことですが、適時開示資料にその結果の公表はされておりません。

　上記三菱UFJ証券(株)、大和証券SMBC(株)の第三者機関による算定結果を参考にして、伊勢丹、三越の両社で協議を重ねた結果、平成19年8月23日付で、最終的に株式移転比率は、伊勢丹の普通株式1株に対して三越伊勢丹の普通株式1株、三越の普通株式1株に対しては同0.34株を割り当てることで合意しております。

## 6. 負ののれんの計上

　三越伊勢丹の平成21年3月期の有価証券報告書の「企業結合等関係」の注記において、取得原価が290,137百万円(取得の対価　289,090百万円、取得に直接要した支出　939百万円、新株予約権価額　107百万円)であり、負ののれんの金額が66,171百万円であると開示されています。

　平成20年12月26日に「企業結合に係る会計基準」は「企業結合に関する会計基準」として改正され、平成22年4月1日以後実施される企業結合から

適用されることとされました。改正後は負ののれんは発生した事業年度の利益に計上されます。しかし、本株式移転は平成21年3月期であり、改正前の「企業結合に係る会計基準」によりますので、負ののれんは発生した事業年度の利益として処理する必要はなく、三越伊勢丹における負ののれんの償却方法及び償却期間は5年間の均等償却と開示されています。

## 7．負ののれんが生じた主因と考えられる事項

(1) 共同持株会社の設立の株式移転の会計処理（取得）

　経済的実態が取得と判定される共同持株会社の設立の場合、完全親会社の個別財務諸表では、いずれかの完全子会社を取得企業として取り扱います（企業結合等適用指針120）。

　また、株式移転設立完全親会社が受け入れた株式移転完全子会社株式（取得企業株式及び被取得企業株式）の取得原価はそれぞれ次のように算定することとされています（企業結合等適用指針121）。

① 子会社株式（取得企業株式）
　ア．原則的な取扱い
　　株式移転日の前日における株式移転完全子会社（取得企業）の適正な帳簿価額による株主資本の額に基づいて算定します。
　イ．簡便的な取扱い
　　株式移転日の前日における株式移転完全子会社（取得企業）の適正な帳簿価額による株主資本の額と、直前の決算日に算定された当該金額との間に重要な差異がないと認められる場合には、株式移転設立完全親会社が受け入れた子会社株式（取得企業株式）の取得原価は、株式移転完全子会社（取得企業）の直前の決算日に算定された適正な帳簿価額による株主資本の額により算定することができます。

② 子会社株式（被取得企業株式）
　被取得企業株式の取得原価については、取得の対価に、取得に直接要した支出額（取得の対価性が認められるものに限る。）を加算して算定します。具体

的な算定方法は企業結合等適用指針第37項から第50項に準じることとされています。

ただし、取得の対価となる財の時価は、株式移転完全子会社（被取得企業）の株主が株式移転設立完全親会社（結合後企業）に対する実際の議決権比率と同じ比率を保有するのに必要な数の株式移転完全子会社（取得企業）の株式を、株式移転完全子会社（取得企業）が交付したものとみなして算定することとされています。

(2) 負ののれんが生じた主因

三越伊勢丹のケースでは、伊勢丹が取得企業、三越が被取得企業とされております。

本株式移転日は平成20年4月1日であり、伊勢丹の取得原価は、株式移転日の前日である平成20年3月31日の適正な帳簿価額による株主資本の額に基づいて算定されていると推定されます。

また、三越の取得原価は290,137百万円（取得の対価　289,090百万円、取得に直接要した支出　939百万円、新株予約権価額　107百万円）であり、負ののれんが66,171百万円発生しています。

本株式移転で負ののれんが生じた主因は、市場株価法やDCF法等を総合的に勘案して決定された取得原価を時価純資産が上回ったためと考えられます。すなわち、株式移転比率算定の際には、当初、三越の銀座店などの土地の時価の含み益を移転比率に十分に反映せず、経営統合の際に不動産を時価で評価したため、企業結合時の時価純資産が取得原価を上回ることになり、負ののれんが発生したと考えられます。

## 8．まとめ

本株式移転における株式移転比率は、伊勢丹は三菱UFJ証券(株)に、三越は大和証券SMBC(株)に算定を依頼し、当該第三者機関による算定結果を参考に、それぞれ両社の財務の状況、資産の状況、将来の見通し等を総合的に勘案し、協議をして合意したものです。

三菱UFJ証券(株)においては、①市場株価法、②類似会社比較法、③DCF法、

④1株当たり利益希薄化分析によって算定しており、大和証券SMBC(株)は①DCF法、②市場株価法によって算定しています。

　本株式移転に当たり、三越の資産・負債が時価評価され、時価評価された資産・負債の差額（時価純資産）が、取得原価より高かったため負ののれんが発生したと考えられます。

　上場会社の場合は市場株価法を参考にする場合が多く、今回は市場株価法も入れた複数の手法を参考に株式移転比率を合意しています。

　時価純資産法については、本株式移転においては、大和証券SMBC(株)が参考にしているものの、手法としては採用しておりません。

　しかし、経営統合は事業継続を前提とした中長期的な事業計画をもとに決定されており、本株式移転比率もDCF法も参考とされており、その結果として負ののれんが多額に発生したと考えられます。

### 事例2 (株)中山製鋼所
地域経済活性化支援機構による再生支援

## 1. はじめに

平成25年3月28日に公表された適時開示によれば、(株)中山製鋼所(以下「中山製鋼所」という。)は、平成25年3月28日の取締役会において、(株)三菱東京UFJ銀行と連名にて、(株)地域経済活性化支援機構(以下「機構」という。)に対して、事業再生計画を提出して再生支援の申込みを行うことを決議し、その申込みを行い、同日、機構から再生支援決定の通知を受けました。

その後中山製鋼所は、機構の再生支援手続の中で、企業価値の毀損を可及的に回避しつつ、財務健全化を図ることを目的として、本事業再生計画に基づいて、透明・公正な手続により、①中山製鋼所に対して金融債権を有する関係金融機関等に対して約602億円の債権放棄等の金融支援を依頼し、②連結子会社との株式交換により、グループ一体経営を強化し、③約90億円規模の第三者割当増資を得て、抜本的な事業再構築に取り組み、企業価値の最大化を図ることとしました。

本事例は、地域経済活性化支援機構が支援した上場会社の事例であり、地域経済活性化支援機構の支援前後の会計数値の比較ができることから事例として選んでおります。

## 2. 中山製鋼所の概要

<連結経営指標>  (単位:百万円)

| 回次 | 第115期 | 第116期 | 第117期 | 第118期 | 第119期 |
|---|---|---|---|---|---|
| 決算年月 | H21年3月 | H22年3月 | H23年3月 | H24年3月 | H25年3月 |
| 売上高 | 259,788 | 156,278 | 173,959 | 171,763 | 141,650 |
| 営業損益 | 9,521 | △8,461 | △1,639 | △4,968 | △4,537 |
| 経常損益 | 7,143 | △10,013 | △3,919 | △6,337 | △6,043 |
| 当期純損益 | 2,343 | △19,654 | △6,779 | △11,619 | △56,750 |
| 純資産額 | 84,890 | 66,042 | 59,209 | 49,672 | △15,863 |

| 総資産額 | 239,550 | 228,100 | 215,322 | 204,786 | 109,736 |
| --- | --- | --- | --- | --- | --- |
| 営業活動によるキャッシュ・フロー | 5,636 | 14,083 | 436 | △4,486 | 7,202 |
| 投資活動によるキャッシュ・フロー | △8,822 | △3,570 | △1,068 | △3,369 | 3,766 |
| 財務活動によるキャッシュ・フロー | 8,434 | △2,043 | △362 | 5,752 | △3,182 |

出典：中山製鋼所有価証券報告書（平成21年3月期～平成25年3月期）

＜事業の内容＞

中山製鋼所グループは、鉄鋼の製造、販売を主な事業内容としており、連結売上高に占める鉄鋼セグメントの売上高の割合は約90％となっています。

| セグメント | 位置づけ等 |
| --- | --- |
| 鉄鋼 | 鉄鋼製品については、中山製作所の鉄鋼事業部門が製造・販売を行っており、鉄鋼二次加工製品については、連結子会社においても製造・販売を行っています。また、製品等の輸送については、連結子会社が主として行っています。 |
| エンジニアリング | 中山製鋼所のエンジニアリング事業部門が国内シェアの過半を占める鋼製魚礁の製造・販売のほか建築総合工事、ロールの製造・販売及び機械の加工・組立等を行っています。 |
| 不動産 | 中山製鋼所の不動産事業部門が不動産の賃貸・販売を行っているほか、連結子会社が不動産の売買・仲介、その他サービス事業を行っています。 |
| 化学 | 連結子会社が化学工業製品の製造・販売を行っていましたが、平成25年3月末現在、その連結子会社は連結の範囲から除外しています。 |

出典：中山製鋼所有価証券報告書（平成25年3月期）より筆者一部加筆修正

## 3．中山製鋼所の状況

中山製鋼所グループは、全国に450社超の需要家を有し、平成24年3月期の国内電気炉メーカー各社の有価証券報告書によれば、中山製鋼所グループの売上高は、国内電気炉メーカーの中で最大の規模となっています。

中山製鋼所グループは、平成18年3月期には連結売上高1,972億円、平成19年3月期には連結売上高2,151億円の規模まで拡大を果たしましたが、平成20年のリーマン・ショックに端を発した世界同時不況により急激に悪化した鉄鋼需要の影響を受け、平成22年3月期には営業赤字に転落しました。

　これを受け、中山製鋼所は、営業損益の黒字化に向けて、転炉工場及びコークス工場を休止するとともにエネルギー供給体制の再構築を実施して大幅なコスト削減を行うなどの事業構造改革を実行しました。

　しかしながら、高炉メーカー時代の休止設備や工場敷地を抱え、多重構造の組織人員体制のまま高コスト体質から脱却できずにいたことや、平成18年以降に実施した新規投資に伴う借入がリーマン・ショック等による業績悪化の影響と相俟って返済能力を超えた過剰な有利子負債になったことなど、事業面・財務面及び経営・組織面における窮境原因が相俟って表面化し、平成22年3月期より多額の営業損失を計上し、関係金融機関等より返済猶予を受けている状況です。

　また、平成25年6月19日、中山製鋼所の普通株式は、東京証券取引所の上場廃止基準に係る猶予期間銘柄（債務超過）となっています。

## 4．事業再生計画の概要

　平成25年3月28日に公表された適時開示において、中山製鋼所は今後の事業再生計画の概要を開示していますが、数値計画の開示はされていません。したがって、数値分析でのコメントはできません。

(1) 事業再生計画の基本方針

　本事業再生計画は、中山製鋼所の主力事業である鋼材事業の収益力改善に向けて、徹底したコスト削減を図り、為替を含む市況の影響に耐えうる事業基盤を構築するとともに、優良な顧客基盤の活用に向けたグループ一体経営の強化及び財務体質の改善により、事業の再生を図ることを主要な内容としています。

　本事業再生計画における基本方針は、次の3点です。

① 業界トップクラスのロー・コスト経営の確立
② グループ一体経営の強化による総合力の発揮
③ 健全な財務体質への改善

(2) 企業再編等

本事業再生計画を遂行し、中山製鋼所の事業の再生を図るためには、グループ一体経営を強化し、グループ一体となって再生に取り組むとともに、財務体質を改善する必要があることから、以下の企業再編等を予定されています。

① 株式交換
② 第三者割当増資
③ 利益剰余金填補のための資本剰余金の減少

(3) 金融支援

中山製鋼所は、機構による再生支援手続の中で、関係金融機関等に対して、約602億円の債権放棄を金融支援として依頼することを予定しています。

## 5．株式交換の要旨

(1) 株式交換の目的

中山製鋼所は、連結子会社を完全子会社化することにより、経営の効率化及び外部環境変化への対応力の強化を図り、早期に効率的な体制を実現することができると判断しており、その結果として、各社間の連携促進による販路の強化や生産・物流拠点の有効活用及び積極的な人材交流などによる経営支援の効率化等の効果を見込んでいます。

(2) 株式交換比率

株式交換の方式は、中山製鋼所を株式交換完全親会社、連結子会社を株式交換完全子会社とする株式交換です。

株式交換比率は以下のとおりです。

| | 中山製鋼所㈱<br>（株式交換<br>完全親会社） | 中山三星建材㈱<br>（株式交換<br>完全子会社） | 中山通商㈱<br>（株式交換<br>完全子会社） | 三星商事㈱<br>（株式交換<br>完全子会社） | 三星海運㈱<br>（株式交換<br>完全子会社） | 三泉シヤー㈱<br>（株式交換<br>完全子会社） |
|---|---|---|---|---|---|---|
| 株式交換に係る割当ての内容 | 1 | 177 | 25 | 35 | 563 | 63 |

出典：「地域経済活性化支援機構による中山製鋼所への再生支援決定のお知らせ」平成25年3月28日、東京証券取引所 適時開示資料

中山三星建材(株)の普通株式1株に対して、中山製鋼所の普通株式177株を割当て交付します。中山通商(株)の普通株式1株に対して、中山製鋼所の普通株式25株を割当て交付します。三星商事(株)の普通株式1株に対して、中山製鋼所の普通株式35株を割当て交付します。三星海運(株)の普通株式1株に対して、中山製鋼所の普通株式563株を割当て交付します。三泉シヤー(株)の普通株式1株に対して、中山製鋼所の普通株式63株を割当て交付します。なお、本株式交換に係る割当ての内容は、算定の根拠となる諸条件に重大な変更が生じた場合、連結子会社と協議の上、変更する可能性があるとされています。

## 6．株式交換比率の算定根拠等

(1) 算定の基礎

中山製鋼所の株式交換における株式交換比率については、その公正性・妥当性を確保するため、連結子会社（三星商事(株)及び三泉シヤー(株)を除く）各社がそれぞれ別個に、中山製鋼所及び連結子会社から独立した第三者算定機関に株式交換比率の算定を依頼し、中山製鋼所は、フロンティア・マネジメント株式会社（以下「フロンティア・マネジメント」という。）を、中山三星建材(株)、中山通商(株)及び三星海運(株)は山田FAS株式会社（以下「山田FAS」という。）を株式交換比率の算定に関する第三者算定機関として選定しました。なお、三星商事(株)及び三泉シヤー(株)については、各社の判断により、第三者算定機関に株式交換比率の算定を依頼していません。

フロンティア・マネジメントは、DCF法及び類似会社比較法による算定を行い、その算定結果は以下のとおりです。

| 対象 | 採用手法 | 株式交換比率の算定レンジ |
|---|---|---|
| 中山三星建材（株） | DCF法 | 135～214 |
| | 類似会社比較法 | 165～214 |
| 中山通商（株） | DCF法 | 18～30 |
| | 類似会社比較法 | 18～44 |

| 対象 | 採用手法 | |
|---|---|---|
| 三星商事(株) | DCF 法 | 31～42 |
| | 類似会社比較法 | 25～39 |
| 三星海運(株) | DCF 法 | 533～802 |
| | 類似会社比較法 | 539～580 |
| 三泉シヤー(株) | DCF 法 | 76～130 |
| | 類似会社比較法 | 45～79 |

出典:「地域経済活性化支援機構による中山製鋼所への再生支援決定のお知らせ」平成25年3月28日、東京証券取引所 適時開示資料

　山田 FAS は、DCF 法及び類似会社比較法による算定を行い、その算定結果は以下のとおりです。

| 対象 | 採用手法 | 株式交換比率の算定レンジ |
|---|---|---|
| 中山三星建材(株) | DCF 法 | 150～224 |
| | 類似会社比較法 | 91～256 |
| 中山通商(株) | DCF 法 | 19～29 |
| | 類似会社比較法 | 16～35 |
| 三星海運(株) | DCF 法 | 513～766 |
| | 類似会社比較法 | 450～741 |

出典:「地域経済活性化支援機構による中山製鋼所への再生支援決定のお知らせ」平成25年3月28日、東京証券取引所 適時開示資料

　なお、フロンティア・マネジメント及び山田 FAS は、本事業再生計画で想定されている債権放棄(約602億円)及び第三者割当増資(約90億円)に関する情報は、株価に著しい影響を及ぼす可能性が想定されることから、評価時点における市場株価が必ずしも中山製鋼所の普通株式価値を反映すると判断できないことを理由として、中山製鋼所の株式価値算定に際しては、市場株価平均法を採用していません。

(2) 算定の経緯

　中山製鋼所はフロンティア・マネジメントによる分析結果を、中山三星建材（株）、中山通商（株）及び三星海運（株）は山田FASの分析結果をそれぞれ参考に、各社の財務状況、業績動向、株価動向等を総合的に勘案し、株式交換比率について慎重に交渉・協議を重ねた結果、5(2)の株式交換比率が妥当であるとの判断に至り、合意・決定しています。

(3) 各社の最近3年間の経営成績及び財政状態　　　　　　（単位：百万円）

|  | 中山製鋼所（株）（連結） | | | 中山三星建材（株）（単体） | | |
|---|---|---|---|---|---|---|
| 決算期 | H22/3 | H23/3 | H24/3 | H22/3 | H23/3 | H24/3 |
| 純資産 | 66,042 | 59,209 | 49,672 | 10,503 | 11,312 | 11,530 |
| 総資産 | 228,100 | 215,322 | 204,786 | 19,243 | 20,113 | 18,056 |
| 1株当たり純資産（円） | 369.11 | 309.85 | 228.53 | 14,701.13 | 15,834.24 | 16,139.64 |
| 売上高 | 156,278 | 173,959 | 171,763 | 17,565 | 19,154 | 19,594 |
| 営業利益 | △8,461 | △1,639 | △4,968 | △717 | 914 | 224 |
| 経常利益 | △10,013 | △3,919 | △6,337 | △725 | 900 | 210 |
| 当期純利益 | △19,654 | △6,779 | △11,619 | △913 | 854 | 217 |
| 1株当たり当期純利益（円） | △152.68 | △52.66 | △90.27 | △1,278.05 | 1,196.18 | 304.03 |

出典：「地域経済活性化支援機構による中山製鋼所への再生支援決定のお知らせ」平成25年3月28日、東京証券取引所 適時開示資料

|  | 中山通商（株）（単体） | | | 三星商事（株）（単体） | | |
|---|---|---|---|---|---|---|
| 決算期 | H22/3 | H23/3 | H24/3 | H22/3 | H23/3 | H24/3 |
| 純資産 | 3,924 | 4,124 | 4,469 | 2,610 | 2,699 | 2,847 |
| 総資産 | 15,306 | 18,685 | 19,745 | 9,966 | 11,075 | 10,960 |
| 1株当たり純資産（円） | 2,044.21 | 2,148.32 | 2,327.91 | 2,837.17 | 2,934.46 | 3,094.79 |
| 売上高 | 47,876 | 55,038 | 73,185 | 20,225 | 21,228 | 21,696 |
| 営業利益 | 202 | 492 | 518 | 291 | 332 | 322 |

| | | | | | | |
|---|---|---|---|---|---|---|
| 経常利益 | 196 | 488 | 610 | 309 | 344 | 358 |
| 当期純利益 | 116 | 211 | 348 | 171 | 104 | 158 |
| 1株当たり当期純利益(円) | 60.55 | 109.91 | 181.42 | 185.90 | 114.09 | 171.97 |

出典:「地域経済活性化支援機構による中山製鋼所への再生支援決定のお知らせ」平成25年3月28日、東京証券取引所 適時開示資料

| | 三星海運(株)(単体) | | | 三泉シヤー(株)(単体) | | |
|---|---|---|---|---|---|---|
| 決算期 | H22/3 | H23/3 | H24/3 | H22/3 | H23/3 | H24/3 |
| 純資産 | 2,170 | 2,291 | 2,266 | 733 | 703 | 708 |
| 総資産 | 4,246 | 4,542 | 4,344 | 1,373 | 1,558 | 1,439 |
| 1株当たり純資産(円) | 38,620.77 | 40,779.59 | 40,340.22 | 6,136.20 | 5,865.89 | 5,900.61 |
| 売上高 | 8,120 | 8,936 | 9,325 | 1,678 | 1,721 | 1,532 |
| 営業利益 | △249 | 165 | △4 | △27 | △15 | 2 |
| 経常利益 | △190 | 197 | 10 | △24 | △13 | 4 |
| 当期純利益 | △78 | 128 | △18 | △15 | △28 | 4 |
| 1株当たり当期純利益(円) | △1,395.58 | 2,278.01 | △322.91 | △127.63 | △238.85 | 37.39 |

出典:「地域経済活性化支援機構による中山製鋼所への再生支援決定のお知らせ」平成25年3月28日、東京証券取引所 適時開示資料

## 7．負ののれんの計上

　中山製鋼所は平成25年8月7日に、平成26年3月期第1四半期決算短信を公表し、その中で、(当社を株式交換完全親会社とする株式交換による連結子会社株式取得)を重要な後発事象として開示しています。

　中山製鋼所は、平成25年3月28日開催の取締役会において締結した株式交換契約に基づき、平成25年7月9日を効力発生日として、中山製鋼所の連結子会社である中山三星建材(株)、中山通商(株)、三星商事(株)、三星海運(株)及び三泉シヤー(株)を完全子会社とする株式交換を実施しました。

　株式交換比率は「5(2)」に記載のとおりです。

　中山製鋼所は、本株式交換により、普通株式152,772,900株を割当て交付し

ました。交付した株式は中山製鋼所が保有する自己株式を充当せず、新株式の発行を行いました。

なお、取得原価は14,555百万円、負ののれん発生益は7,031百万円、増加した資本剰余金の金額は4,653百万円であると開示されています。

## 8．負ののれんが生じた主因と考えられる事項

(1) 株式交換の会計処理（共通支配下の取引）

① 少数株主から株式交換完全子会社株式を追加取得する場合

株式交換の「共通支配下の取引」に該当する場合、各株式交換完全子会社に少数株主がおり、株式交換完全親会社が少数株主から株式交換完全子会社株式を追加取得する場合の当該株式交換完全子会社株式の取得原価は、当時の「企業結合会計基準及び事業分離等会計基準に関する適用指針」（企業会計基準適用指針第10号）では、少数株主に交付した株式交換完全親会社株式の時価に取得に直接要した支出額を加算して算定することとされています。

そして、連結財務諸表上、追加取得した子会社株式の取得原価と追加取得により増加する親会社の持分又は減少する少数株主持分の金額との差額は、のれん（又は負ののれん）に計上することとされています。

② 株式交換完全子会社以外の子会社から株式交換完全子会社株式を追加取得する場合

株式交換完全子会社以外の子会社（中間子会社）から株式交換完全親会社が株式交換完全子会社株式を追加取得する場合の当該株式交換完全子会社株式の取得原価は、株式交換日の前日に株式交換完全子会社が付していた適正な帳簿価額による株主資本の額に、株式交換日の前日の持分比率を乗じた中間子会社持分相当額により算定することとされています。

「共通支配下の取引」における親会社が中間子会社から株式交換完全子会社株式を追加取得する取引は、企業グループ内の取引であるため、企業グループの観点からは株式交換前後で経済的実態に何の変化もありません。したがって、連結財務諸表では個別財務諸表の会計処理はなかったものとして処理されることになります。

(2) 負ののれんが生じた主因

中山製鋼所が少数株主から追加取得する株式交換完全子会社株式の取得原価は、少数株主に交付した中山製鋼所の株式数に中山製鋼所の1株当たり時価をかけた金額になります。

したがって、本株式交換に当たり、連結上負ののれんが発生しておりますが、これは少数株主に交付した中山製鋼所の株式数に中山製鋼所の1株当たり時価を掛けた金額が、減少する少数株主持分よりも少なかったためであると考えられ、中山製鋼所の株式交換時の1株当たり時価が想定よりも低かったか、株式交換時における少数株主持分が当初想定した少数株主持分よりも高かったためであると考えられます。

## 9．まとめ

本株式交換における株式交換比率は、中山製鋼所はフロンティア・マネジメントに、中山三星建材（株）、中山通商（株）及び三星海運（株）は山田FASに算定を依頼し、当該第三者機関による算定結果を参考に、それぞれ各社の財務の状況、業績動向、株価動向等を総合的に勘案し、協議をして合意したものです。

フロンティア・マネジメントも山田FASもDCF法と類似会社比較法によって算定しており、本株式交換後に行われる債権放棄や第三者割当増資に関する情報が株価に著しい影響を及ぼす可能性が想定されることから、市場株価法を採用していません。

その結果、負ののれんが発生したとも考えられますが、中山製鋼所が「地域経済活性化支援機構による中山製鋼所への再生支援決定のお知らせ」を公表した平成25年3月28日前後の株価と本株式交換の効力発生日である平成25年7月9日前後の株価を比較しても大きな増減はありません。

| 日付 | 始値 | 高値 | 安値 | 終値 | 出来高 |
|---|---|---|---|---|---|
| H25年3月19日 | 67 | 68 | 67 | 68 | 390,000 |
| H25年3月21日 | 76 | 77 | 67 | 69 | 6,875,000 |
| H25年3月22日 | 70 | 70 | 69 | 70 | 732,000 |
| H25年3月25日 | 70 | 71 | 69 | 70 | 1,003,000 |

| 日付 | | | | | |
|---|---|---|---|---|---|
| H25年3月26日 | 70 | 70 | 67 | 68 | 827,000 |
| H25年3月27日 | 68 | 71 | 67 | 70 | 655,000 |
| H25年3月28日 | 70 | 94 | 69 | 74 | 24,851,000 |
| H25年3月29日 | 71 | 72 | 69 | 69 | 2,793,000 |
| H25年7月1日 | 68 | 68 | 66 | 67 | 346,000 |
| H25年7月2日 | 68 | 70 | 68 | 69 | 457,000 |
| H25年7月3日 | 69 | 69 | 68 | 68 | 351,000 |
| H25年7月4日 | 68 | 69 | 67 | 67 | 691,000 |
| H25年7月5日 | 68 | 69 | 67 | 68 | 998,000 |
| H25年7月8日 | 69 | 70 | 68 | 68 | 597,000 |
| H25年7月9日 | 67 | 68 | 65 | 68 | 1,652,000 |
| H25年7月10日 | 67 | 68 | 66 | 66 | 444,000 |

出典：東京証券取引所 （株）中山製鋼所 株価時系列 より抜粋

　また、株式交換は事業継続を前提とした中長期的な事業計画をもとに決定されており、本株式交換比率もDCF法も参考にされており、その結果として負ののれんが多額に発生したと考えられます。

**《参考文献》**
『事業再編のための企業価値評価の実務―財務&法務デューディリジェンスの実践的手法―』四宮章夫監修 （株）グラックス・アンド・アソシエイツ 弁護士法人淀屋橋・山上合同編、民事法研究会、平成23年
『株式会社伊勢丹と株式会社三越との共同持株会社設立による経営統合に関するお知らせ』平成19年8月23日、東京証券取引所 適時開示資料
『地域経済活性化支援機構による中山製鋼所への再生支援決定のお知らせ』
　平成25年3月28日、東京証券取引所 適時開示資料
『(株)伊勢丹 有価証券報告書』
『(株)三越 有価証券報告書』
『(株)三越伊勢丹ホールディングス 有価証券報告書』

## 財務デュー・ディリジェンスと企業価値評価

2015年3月30日　発行

| 編　者 | 日本公認会計士協会東京会 © |
|---|---|
| 発行者 | 小泉 定裕 |
| 発行所 | 株式会社 清文社 |

東京都千代田区内神田1−6−6（MIFビル）
〒101-0047　電話03(6273)7946　FAX03(3518)0299
大阪市北区天神橋2丁目北2−6（大和南森町ビル）
〒530-0041　電話06(6135)4050　FAX06(6135)4059
URL http://www.skattsei.co.jp/

印刷：大村印刷㈱

■著作権法により無断複写複製は禁止されています。落丁本・乱丁本はお取り替えします。
■本書の内容に関するお問い合わせは編集部までFAX（03-3518-8864）でお願いします。

ISBN978-4-433-57114-6